갈등사회의
공공정책

갈등사회의 공공정책

자유와 책임의 관점에서

초판 1쇄 발행 2022년 11월 30일
초판 2쇄 발행 2023년 9월 15일

지은이 권혁주

펴낸곳 서울대학교출판문화원
주소 08826 서울 관악구 관악로 1
도서주문 02-889-4424, 02-880-7995
홈페이지 www.snupress.com
페이스북 @snupress1947
인스타그램 @snupress
이메일 snubook@snu.ac.kr
출판등록 제15-3호

ISBN 978-89-521-3202-4 93350

갈등사회의 공공정책

자유와 책임의 관점에서

권혁주 지음

서울대학교출판문화원

머리말

이 책은 한국 사회의 문제를 해결하고 지속적인 발전을 도모하는 데 필요한 공공정책을 어떻게 수립하고 집행해야 하는지 살펴보고자 작성되었습니다. 이 질문에 대해 오랫동안 고민하고 연구해 오던 터에, 지난 몇 년간 정치적 가치관의 충돌과 경제적 이해관계의 대립으로 사회갈등이 더욱 심각해지는 상황에서 그동안의 연구를 체계적으로 정리하고 출간하여 사회적 논의에 기여하는 것이 필요하다고 판단했습니다. 대한민국의 성취에 대해 개발도상국뿐만 아니라 선진국에서도 많은 국제적인 찬사를 보내지만, 안으로의 우리 사회는 계층과 지역 간의 갈등에 세대와 성별 갈등이 더해져 큰 위기를 겪고 있습니다. 더군다나 이러한 사회갈등을 관리하고 해소해야 할 정부는 오히려 문제를 악화시키고 있다는 비판을 받고 있습니다. 2014년 세월호 침몰 사건에서 정부는 국정을 효과적으로 관리하고 위기에 대처하지 못했다는 비판을 받았고, 이로 인해 2016년 대규모 촛불시위에 이어 2017년 박근혜 대통령에 대한 탄핵이 초래됐습니다. 여기에 소득 계층 간 불평등이 심화되고, 노인 빈곤과 청년 실업 등의 문제가 악화되면서 사회갈등은 더욱 고조되고 있습니다.

이 같은 정부의 정책 실패와 사회갈등의 고조 현상은 근본적으로 민주주의와 자본주의 체제에서 불가피하게 발생하는 가치관의 충돌과 이해관계의 대립에 기인하지만, 단기간에 급속한 경제적 발전과 민주화를 이룬 한국의 특수한 맥락에서 해당 상황을 이해해야만 이에 적절하게 대응할 수 있습니다. 공공정책을 올바르게 선택하고 효과적으로 추진하는 일은 한국이 성숙한 민주주의 사회로 한 걸음 더 나아가기 위해 반드시 필요한 과제입니다. 그러나 이는 매우 어려운 과제이기도 합니다. 서로 다른 생각과 이해관계를 가진 시민들이 어떻게 정책 목적에 대해 합의하고 이를 실질적으로 추진할 수 있을까? 사회갈등 상황에서 정책을 결정하고 집행하는 행정관료제는 어떠한 규범에 따라 업무를 수행해야 하는가? 진정 관료들은 집권 세력이 결정한 일을 영혼 없이 무조건 집행하기만 하면 될까? 이러한 질문은 학술적 성격의 연구 주제일 뿐만 아니라 실제로 정책결정을 해야 하는 공직자나 정치인들에게 매우 현실적 문제이기도 합니다.

이러한 질문에 답하기 위해 그동안 필자가 연구한 이론적 내용과 함께 사회적으로 중요하게 제기되는 보편적 기본소득, 공적연금 개혁, 탈원전 정책과 같은 실제 사회적 쟁점에 이론을 적용하여 분석한 정책 사례 연구를 포함했으며, 국제개발협력, 인공지능, 민주주의와 같이 앞으로 중요한 쟁점으로 부각될 주제에 대해서도 다루었습니다. 따라서 행정학 연구자뿐만 아니라 현장에서 사회문제를 풀어 가기 위해 고민하는 공직자들이 의사 결정하는 데 실질적으로 유용한 길잡이가 될 수 있기를 바랍니다. 이런 이유로 필자는 행정학 전공자와 공공부문에서 근무하는 공직자를 일차적 독자로 상정하고 이 책을 저술했습니다. 그러나 공공정책에 관심이 있는 사람이라면 누구나 쉽게 이해할 수 있도록 기술하고자 했습니다.

이 책의 또 다른 특징은 공공정책을 정치이론의 관점에서 분석하고 그 방향을 제시하는 데 있습니다. 그동안 정책에 관한 많은 연구는 정책 목적과 수단 사이의 인과론에 초점을 맞추는 합리성의 관점에서 수행되었습니다. 정책의 합리성은 정책이 목적을 달성하는 데 꼭 필요한 요건입니다. 목적과 수단 사이에 인과관계가 없는 정책은 실패할 수밖에 없습니다. 그러나 정책은 불가피하게 사회적 가치를 추구하고 경제적 재화의 분배를 바꾸기 때문에 정치적 성격을 띠게 됩니다. 따라서 정치이론과 규범적 관점에서 공공정책을 이해하고 분석하며 그에 따른 적절한 선택을 해야 합니다. 아무리 정책 수단이 효과적으로 목적을 달성한다고 해도, 우리가 왜 그 목적을 추구하는지에 대해 명확한 생각이 없다면 무의미한 일을 매우 효과적으로 수행한 꼴이 될 수 있기 때문입니다. 게다가 경제성장과 사회적 분배와 같이 시민들이 서로 다른 가치관을 추구하면서 대립하는 상황에서 정책을 결정하기 위해서는 정치이론적 접근이 반드시 필요합니다. 한편, 공공정책에 관한 연구는 정치이론 분야의 발전에도 매우 중요한 기여를 할 수 있습니다. 사회정의, 평등 그리고 시민의 권리와 의무 같은 정치이론의 오랜 쟁점들을 두고 학자들은 서로 대립하는 이론적 관점 사이에서 쉽게 결론 내지 못하고 평행선을 달려왔습니다. 이 같은 이론적 소강 상태를 풀어내면서 정치이론의 현실적 적합성을 높여 주는 방법은 사회의 구체적 맥락과 상황에서 제기되는 공공정책의 쟁점들을 풀어 나가는 연구라고 생각합니다. 이러한 점에서 이 책이 앞으로 공공정책의 정치이론 활성화에 작은 촉매가 되었으면 합니다.

책을 마무리하면서 필자가 저술에 더욱 집중하여 좀 더 빨리 출간하지 못한 아쉬움이 남습니다. 그러나 정책적 쟁점에 대해 때맞춰 의견을 제시하는 것보다 가치 갈등으로 어려움을 겪는 한국 사회에서 올바른 공공정책을 설계하고 집행하는 데 필요한 이론적 연구와 사례를 체계화하는 것이 더 중요하다고 판단했기 때문에, 너무 서두르지 않고 책을 마무리하는 쪽으로 방향을 잡았습니다.

이 책은 여러 분의 조언과 도움으로 완성될 수 있었습니다. 서울대학교 행정대학원에서 공공정책의 정치이론, 현대 복지국가의 거버넌스 세미나에 참여하여 많은 논의를 함께한 대학원생들이 없었다면, 오랫동안 이 주제에 대해 천착하여 연구 작업을 수행하고 마무리하지 못했을 것입니다. 서울대학교 행정대학원 글로벌행정발전연구소 및 국가리더십연구센터의 연구 지원과 한국행정연구소의 학술 저술 출판 사업의 도움을 받았으며, 한국연구재단의 BK사업단 지원으로 연구에 필요한 조사 작업을 수행할 수 있었습니다. 또한, 풀브라이트재단의 지원을 받아 풀브라이트 데모크라시 객원 연구원Fulbright-Democracy Senior Visiting Scholar으로서 하버드 케네디스쿨의 애슈센터Ash Center에 한 해 동안 체류하면서 원고를 마무리할 시간을 갖게 된 것도 큰 행운이었습니다.

교육과 연구를 수행하는 과정에서 스승으로, 선배로서 연구와 교육에 항상 조언을 아끼지 않으신 서울대학교 행정대학원 정정길 교수님, 최종원 교수님, 정치학과 김홍우 교수님과 성균관대학교 김현구 교수님, 김광식 교수님, 박재완 교수님, 옥스퍼드대학교의 스타인 링겐Stein Ringen 교수님께도 감사드립니다. 이제는 고인이 되신 서울대학교 정치학과의 구영록 교수님, 길승흠 교수님, 런던정치경제대학교London School of Economics and Political Science의 탄디카 음칸다위르Thandika Mkandawire 교수님, 서식스대학교의 고든 화이트Gordon White 교수님의 가르침에도 감사드립니다.

이 책의 제3장은 『행정논총』 제59권 3호에 실린 논문을 수정·보완한 것으로, 서울대학교 이승종·이수영·엄석진·고길곤 교수님, 성균관대학교 이명석 교수님, 고려대학교 윤견수 교수님, 명지대학교 한승주 교수님, 『문화일보』 허민 전임기자님, 『한겨레신문』 박찬수 선임기자님의 좋은 논평에 크게 도움을 받았습니다. 제4장은 『한국행정논집』 제21권 4호에 게재된 논문으로, 김병섭·전영한·구민교 교수님의 훌륭한 조언을 받았습니다. 제5장은 한국행정연구원에서 개최한 〈적극행정 세미나〉에서 발표한 글을 수정·보완한 것으로, 정용덕·배수호 교수님의 비판적 지적이 논문을 발전시키는 데 큰 도움이 되었습니다. 제7장은 유자영 박사와 최낙혁 교수와 함께 연구한 공무원연금의 적정성과 지속 가능성에 관한 연구를 기초로 하고 있습니다. 원고 출판을 양해해 준 두 분께 감사드립니다. 제9장의 내용에 대해 일본 국제개발협력학회에서 토론을 해 주신 리츠메이칸 아시아태평양대학교Ritsumeikan Asia Pacific University의 야마가타 다쓰후미Yamagata Tatsufumi 교수님에게도 감사드립니다. 제10장은 박영사에서 출간한 『AI와 미래행정』(2021)에 실린 것으로, 엄석진 교수님의 좋은 논평에 많은 도움을 받았습니다. 그리고 한성대학교 김은주 교수, 한국교육개발원 김효정 박사, 한국행정연구원 장효진 박사, 국회예산정책처 김우림 연구원, 한국외국어대학교 카토카 벤Katoka Ben 교수, 세종대학교 백계화 교수가 행정대학원에서 박사과정으로, 코네티컷대학교의 김유선 교수, 국민연금연구원 문현경 박사와 컬럼비아대학교의 권지윤 박사, 서울대학교의 동그라미 석사가 석사과정으로 함께 연구에 참여했습니다. 책의 출판을 담당한 서울대학교출판문화원에도 감사드립니다. 또한 원고의 심사 과정에서 날카로운 비판과 조언을 주신 심사위원님께도 감사드립니다. 원고의 마무리 교정 작업을 도와준 김만수·박준희 박사과정생과 임서연·원지연·신민규 석사과정생에게도 감사드립니다.

끝으로 가족에게 고마운 마음을 전합니다. 일과 가정의 양립은 고사하고 강의와 연구에만 매달렸지만, 항상 이해해 주고 가정을 잘 보살펴 준 아내 안혜령에게 감사드립니다. 그리고 꿋꿋하게 잘 성장해 준 두 딸 순영·순정은 항상 큰 힘이 되었습니다. 다섯 남매 가운데 말썽꾸러기 저 하나를 키우기가 다른 네 남매 키우기보다 더 힘드셨던 어머님과 작고하신 아버님께 이 책을 드립니다.

2022년 10월

권혁주

차례

제3부 | 정책 갈등과 올바른 정책 대안

표 차례

그림 차례

서론
가치 갈등 사회에서 올바른 공공정책을 찾아서

1. 한국 사회의 가치 갈등과 공공정책의 지향

한국 사회가 계층 간, 세대 간, 지역 간, 남녀 간 대립으로 극심한 홍역을 앓고 있다. 이로 인해 공공정책을 결정하고 집행하는 일이 매우 어려워지고 있으며, 정부가 추진하는 공공정책이 사회문제를 해결하기보다 오히려 첨예한 갈등을 유발하는 경우가 비일비재하다. 이 같은 사회의 대립과 갈등에는 경제적 이해관계와 사회적 집단의 충돌뿐만 아니라 세상을 바라보는 가치관의 대립이 자리 잡고 있다. 이 책은 대립과 갈등으로 얼룩진 한국 사회에서 사회갈등을 해소하는 데 기여하고 지속적인 발전을 도모할 수 있도록 하는 올바른 공공정책과 수단을 탐구하는 것을 목적으로 한다. 여기서 그 출발점은 자유와 책임이다. 이 두 전제를 출발점으로 하여 올바른 공공정책은 무엇이고 어떻게 만들어야 하는지를 함께 찾아보도록 하자.

지난 60년간 한국은 눈부신 경제성장과 민주화에 성공하여 네 차례에 걸쳐 여야 간 평화적 정권 교체를 이루었다. 또한 복지국가 체제도 어느 정도 진용을 갖추어 시민들은 성공을 만끽할 만도 하지만, 한국 사회의 현실은 그렇지 못하다. 물론 세계적으로는 원조를 받던 나라에서 명실상부한 공여국으로 성장하여 국제사회의 책임 있는 일원으로 인정받고 있다. 게다가 우리의 음악과 영화를 즐기는 한류 열풍이 전 세계를 휩쓸고 있다. 그러나 안으로는 지금까지 일구어 온 커다란 성취에도 불구하고 고단하고 우울한 사회 현실에 직면하고 있다. 경제적 풍요와 기술 발전으로 평균수명이 급격히 늘어나 장수의 바람이 실현되었지만, 거꾸로 긴 노년의 삶을 걱정해야만 한다. 실제로 우리나라 65세 인구의 빈곤율이 43.4%에 이르러 OECD 회원국 가운데 가장 높은 수준이다(OECD, 2021). 청년들은 높은 수준의 교육을 받고 다양한 기술을 습득했지만, 대부분이 원하는 일자리를 얻지 못해 낙담하고 있다. 취업을 하더라도 정규직과 비정규직으로 나누어진 노동시장의 이중구조에서 불공정으로 인한 좌절감을 경험하고 있다. 또한 천정부지로 치솟는 집값으로 내 집 마련의 꿈을 포기해야 하는 사람들이 갈수록 늘고 있다. 2021년에 0.81명을 기록한 출산율은 아이를 낳고 키우기에는 너무 고단한 현실을 그대로 보여 준다(통계청, 2021). 경제성장은 우리에게 풍요를 가져다주었지만, 새로운 사회적 고통을 야기하고 있다.

한편, 권위주의 정권의 탄압을 뚫고 민주화를 성취했지만, 한국 정치는 미래의 비전을 제시하고 새로운 발전을 끌어내기는커녕 반목과 대결을 거듭하고 있다. 2016년 후반 100만에 이르는 인파가 매주 거리에서 비선 실세의 국정농단을 비난하는 시위를 벌여 박근혜 대통령의 탄핵을 끌어냈다. 지지 세력을 동원하여 실력을 행사하고 상대방을 비난하는 포퓰리즘 정치가 횡행하는 상황에서 민주주의 헌법 질서와 정치제도가 바람 앞의 촛불처럼 아슬아슬한 위기의 연속이었다. 2017년 집권한 문재인 정부는 적폐 청산이라는 이름으로 국민을 편 가르기 하여 대립과 반목을 조장했다. 소득주도성장 정책이나 비정규직의 정규화 정책, 탈원전 정책을 다양한 이해당사자의 설득과 동의를 구하지 않고 무리하게 추진하면서 이에 반대하는 사람들을 기득권 적폐 세력으로 몰아붙였다. 또한 국회에서 압도적 다수를 바탕으로 부동산 안정화 정책을 무리하게 추진했다. 2주택자, 임대주택 사업자를 투기 세력으로 몰아붙이며 임대차3법을 강행했지만, 부동산 가격의 대폭등이라는 참혹한 정책 실패를 가져왔다. 그 결과 2022년 3월 대통령 선거에서 또 한 번의 여야 간 정권 교체가 이루어지게 되었다.

이렇게 대한민국이 지난 60여 년간 쌓아 온 경제성장과 민주화는 우리에게 물질적 풍요와 정치적 자유를 가져다주었지만, 부정적인 유산도 함께 남겼다. 여기에 빅데이터와 인공지능을 장착한 로봇이 본격적으로 활용되면서, 많은 일자리가 로봇으로 대치될 것이라는 우려도 새롭게 대두되고 있다. 또한 코로나바이러스감염증-19(이하 코로나19), 지구온난화와 같이 전 지구적 재앙이 닥치고 있는 현실이기도 하다. 이렇게 경제 발전과 민주화의 부정적 유산이 초래한 사회문제를 해결하고, 새롭게 대두되는 불확실성 시대의 도전에 맞서 한국은 어떻게 지속적으로 발전할 수 있을 것인가?

2. 결과우선주의의 자가당착

정부가 주어진 사회문제를 해결하기 위해 정책을 설계하고 그것을 적극적으로 추진해도 오히려 더 많은 사회갈등을 초래하거나 실패한 정책으로 귀결되는 일이 자주 발생한다. 이는 우리 사회의 대립과 갈등이 이념과 가치관의 차이에서 비롯되고 있기 때문이다. 어쩌면 다양한 생각과 삶의 방식이 공존하는 민주주의 사회에서 가치관의 대립은 자연스러운 일이며, 공공정책도 이러한 사회적 과정을 반영하여 설계되는 것이 당연하다. 민주주의 정치의 목적은 서로 다른 목표를 추구하면서 충돌하는 이해관계를 조정하여 공공정책을 결정하고 추진하는 것이다.

그러나 우리에게는 이것이 너무나 어려운 일이 되어 버렸다. 단기간에 이룬 경제성장과 민주화 속에서 커다란 사회 변화를 경험하면서 오로지 결과만을 우선시하고 적절한 과정을 무시해 왔기 때문이다. 우리의 현실에서는 올바른 방법보다는 자신의 이익을 위해 규칙과 질서를 어겨서라도 원하는 결과를 만들어 내는 사람이 더 많이 보상받는 일이 허다하다. 권력을 쥔 집권 세력은 법과 제도를 무시한 채 힘으로 원하는 바를 밀어붙이는 일이 다반사다. 적절하고 합당한 과정을 중시하는 국정 운영보다는 수단과 방법을 가리지 않고 원하는 결과를 얻는 것이 더 중요하다고 보기 때문이다. "힘 있는 자가 옳은 자를 이긴다"라는 말은 이와 같은 결과우선주의 태도를 한마디로 요약한 표현이다(박성민, 2006).

기본적으로 결과우선주의는 "최대 다수의 최대 행복"이라는 벤담의 공리주의와 맥을 같이하면서(Petit, 1993), 승리한 자가 정의라고 소크라테스를 비판한 트라시마코스의 냉소적 정의관에서 원천을 찾을 수 있다(Plato, 2007).[1] 그러나 한국 사회에서 결과우선주의는 훨씬 더

1 공리주의와 같이 결과에 초점을 맞추는 결과주의(consequentialism) 관점이 규범적으로 타당하지 않다고 말할 수는 없다. 예를 들어 매일 정해진 시간에 출퇴근

현실적 경험에 바탕을 두고 있다. 무슨 방법을 쓰든 원하는 결과를 창출하면 된다는 결과우선주의의 대표적인 예는 박정희 정부의 '경제제일주의' 정책이다. 박정희 정부는 산업화를 추구하면서 경제성장을 제일의 목표로 삼고, 그에 따라 설정한 경제성장률을 달성하는 데 모든 노력을 기울였다. 짧은 시간에 변화와 발전을 성취하기 위해 사회적 희생을 요구했지만, 그러한 희생을 딛고 자신의 노력에 비해 더 많은 대가를 받은 재벌과 기업들이 부상하게 되었다. 정부에 의해 선택된 전략적 산업의 기업들은 특혜를 받아 급속한 성장을 거둘 수 있었다. 이와는 대조적으로 근면하고 성실한 노동자로 값싼 노동력을 제공한 사람들은 중산층으로 성장하기도 했지만, 성장의 흐름을 타지 못하고 빈곤층으로 전락하기도 했다.

1997년 발생한 금융 위기에서 정부가 취한 구조 조정 정책은 한국 사회가 결과우선주의에 빠져 있다는 것을 또 한 번 뼈저리게 느끼게 하는 계기가 되었다. 동아시아 금융시장에서 국제 금융자본의 연쇄적 이탈과 정부의 미숙한 경제 운용으로 혹독한 경제 위기에 직면한 한국 정부는 위기를 극복하기 위해 국가 경제의 전략적 필요에 따라 승자와 패자를 선택했다. IMF 경제 위기를 극복하는 과정에서 어떤 기업은 부도의 위기를 극복하지 못하고 쓰러져 간 반면, 어떤 기업은 정부의 구제금융을 통해 과거의 경영 실패에도 불구하고 생존했다. 그 가운데 일부는 그 위기를 기회로 삼아 더 큰 성장을 경험하

하더라도 필요한 성과를 창출하지 못했다면 그 사람은 업무를 제대로 수행하지 못했다고 판단할 수 있다. 반면에 주어진 목적을 달성하기 위해 계획을 수립하고 성실히 노력하는 것은 결과주의의 긍정적 모습이다. 그러나 이 글에서 지적하는 것처럼 부당한 행동이나 편법을 활용해 성과를 내는 결과우선주의는 규범적으로 타당하지 않다.

기도 했다. 일반 사람들은 자신의 노력 여부와 관계없이 회사의 운명과 함께 실업자가 되거나 새로운 일자리를 찾아야 하는 냉정한 현실에 직면하기도 했다. 이렇게 승자 중심의 결과우선주의가 팽배한 상황에서 공정한 경쟁보다는 기회주의적 행동이 우선되고, 공정한 과정을 중시하기보다는 성과에 초점을 맞춘 정책이 우선이라는 주장이 설득력을 얻게 되었다.

그러나 이제 우리는 이러한 결과우선주의와 기회주의적 태도를 극복해야 한다. 주어진 목표를 달성하기 위해 정책을 결정하고 그것을 무조건 밀어붙이는 방식, 소위 DAD(decide-announce-defend) 방식을 벗어나야 한다. 결과우선주의와 같이 모순을 내포한 자가당착적 논리에 기반한 정책으로는 한국의 지속적인 미래 발전을 도모할 수 없기 때문이다. 자신이 원하는 결과를 얻기 위해 어느 한편이 규칙을 어기고 기회주의적 행동을 취한다면, 다른 편도 결국 마찬가지로 행동하게 된다. 그러면 죄수의 딜레마 상황에서처럼 각자 개인 이익을 위해 행동하더라도 어느 누구도 최선을 선택하지 못하고 모두가 잘못된 상황으로 내몰리게 된다. 역사적 경험에 비추어 보더라도 권력으로 부당한 정책을 밀어붙이면 억압받는 시민들은 일시적으로 그 결과를 수용할지라도, 결국에는 저항에 나서고 모두가 몰락하는 비참한 상황에 이르게 된다. 이 같은 현실을 우리는 리비아의 카다피 정권의 몰락에서 생생하게 보았다.

물론 한국 사회가 리비아처럼 극단적인 상황까지 갈 가능성은 크지 않다. 그러나 적절한 수단과 방법을 무시하고 결과만을 중시하는 승자에게 사회적·경제적 가치가 우선적으로 배분된다면 대립과 갈등이 더욱 심화되고, 사회는 점점 쇠퇴의 길로 가게 될 것이다. 따라서 가치관과 이해관계의 차이 속에서 사회적 가치를 공정하게 배분하고 국민에게 효과적으로 공공서비스를 제공하는 방안을 모색하는 일이 매우 시급하고 중요하다.

그런데 자본주의 시장경제 체제와 민주주의 체제를 기본 질서로 하는 사회에서는 각자가 자신의 이익을 위해 경쟁하기 때문에 사회적 갈등이 불가피하게 발생한다는 것도 직시해야 한다. 자본주의 경제가 잘 발전되고 민주주의가 확립된 나라에서도 사회갈등은 생기기 마련이다. 자유와 그에 따른 다양성을 인정한다면 서로 다름으로 인한 충돌은 불가피하다. 더욱이 사회적 불평등이 심해지고 인터넷과 소셜미디어의 발달로 같은 생각을 하는 사람들이 집단을 형성하고 이와 다른 집단을 혐오하는 경향까지 나타나면서 갈등은 더욱 심각해졌는데, 이와 같은 현상은 미국의 트럼프 대통령 지지자들의 의회 난입 사건과 영국의 유럽연합 탈퇴 등의 사례에서도 볼 수 있다. 이러한 맥락에서 보면 우리나라에서 제기되는 사회갈등은 한국의 발전 경험에서 유래한 결과우선주의와 함께 자본주의 시장경제 및 민주주의 체제에서 비롯된 사회적 불평등 및 치열한 경쟁과 같은 공통적 요인에도 근거하고 있음을 알 수 있다. 이러한 점을 고려하여 정책 갈등을 효과적으로 관리하면서 올바른 정책을 수립·추진하는 데 필요한 이론과 행정관리 체제를 살펴보고, 그것을 실제 정책 사례에 적용하여 분석하는 것이 이 책의 목적이다. 이를 통해 한국 사회의 미래 발전을 위한 시사점을 모색하고자 한다.

3. 올바른 공공정책을 위한 이론적 전제와 방향

그렇다면 정책 갈등을 적절하게 해소하고 사회에 필요한 공공서비스를 효과적으로 제공하는 공공정책은 무엇이고 어떻게 수립할 수 있을까? 객관적 자료와 과학적인 분석을 통해 공공 문제를 해결하고, 경제적 풍요와 사회 통합을 가져올 수 있는, 모두가 만족하는 정책을 고안한다면 이러한 문제를 해결할 수 있을지도 모른다. 지난 70년 동안 정책학은 과학적이고 합리적인 정책 대안을 만들어 체계적으로 집행하고 평가하는 노력을 기울여 왔다. 이러한 노력은 올바른 공공정책을 수립하기 위해 정책의 내적 타당성을 높이는 학문적 시도라고 평가할 수 있다. 그러나 자료와 증거를 분석하여 객관적이고 합리적인 의사 결정을 하기에 우리의 과학적 지식과 사고는 여전히 충분하지 않아, 명쾌한 하나의 대안을 제시하지 못하는 경우가 대부분이다. 더욱이 그러한 방식으로 대안을 찾아낸다고 하더라도 여러 가지 대안이 존재하기 마련이고, 그 가운데 하나를 선택해야 하는 일은 여전히 남게 된다.

이런 상황에서 우리는 자신의 세계관과 가치관에 따라 판단하기 마련이고, 결국 서로 다른 가치관을 지닌 사람들은 공공정책을 둘러싸고 갈등하는 일이 불가피하게 발생한다. 그렇다면 이러한 갈등을 풀어 가는 방법은 무엇일까? 이 책의 제1부의 1장은 이러한 질문에 답하기 위한 출발점으로, 서로 다른 생각과 가치관을 가진 사람들이 함께 살아가는 공동체에서 갈등을 풀어 가기 위해 공유하는 최소한의 전제가 필요하다는 인식에서 출발한다. 그렇다면 그 기본적 전제는 무엇인가? 자유와 책임으로부터 올바른 정책으로 향하는 몇 가지 규범적 원칙을 도출해 보고자 한다.

그런데 여기서 '올바른 정책'에 대해 짚고 넘어갈 필요가 있다. 올바른 정책이란 합당하게 정한 규범과 당사자 사이의 합의에 따라 결정된 합리적 정책을 말한다. 올바른 정책의 개념을 좀 더 명확히 설명하기 위해 좋음-나쁨good and bad과 대비하여 올바름-그름right and wrong을 비교해 보자(Ringen, 2007). 사람들은 가치관과 선호에 따라 어떤 대상에 대해 좋고 나쁨을 판단하는데, 만일 서로의 가치관이 다르다면 어떤 사람에게 좋은 것이 반드시 다른 사람에게도 좋다고 말할 수 없게 된다. 이에 반해 여러 사람들 사이에 정한 규칙에 따라 합의한다면, 두 당사자는 그 결정에 따라야 할 것이다. 이렇게 결정된 정책은 서로 다른 생각을 하는 사람들 사이에도 공유되며, 올바른 정책이 갖는 최소한의 규범성도 얻게 된다.

그러나 어떤 정책과 관련된 당사자들 사이에 갈등이 존재한다면 어떻게 합의를 끌어낼 수 있을까? 세상을 바라보는 시각이나 삶에 대한 가치관이 다른 사람들 사이에서 어떤 규칙이나 합의가 과연 가능할까? 당사자로서 나 자신이 내리는 판단은 적절한 것일까? 제1부 2장에서는 서로 다른 생각을 품은 사람들 사이에서 정책을 둘러싸고 갈등 상황이 발생했을 때 공공정책을 만들어 내는 민주적 제도의 기반과 시민의 자기성찰에 대해 논의한다. 구체적으로 공공정책을 둘러싼 갈등을 관리하고 그 속에서 적절한 합의를 끌어내는 데 필요한 최소한의 규범에 대해 살펴보고, 이에 시민으로서, 공무원으로서 정책과 관련된 당사자에게 필요한 이성적 사고와 숙의의 역량에 대해 논의하고자 한다. 이러한 숙의 과정을 통해 도출된 공공정책은 올바른 정책으로서 타당성을 가지게 된다는 것이 2장의 논지다.

그러나 이론적 논의를 통해 제도적 기반과 숙의의 역량을 갖추었다고 하여 올바른 정책이 저절로 도출되지는 않는다. 주어진 사회적 조건과 상황 그리고 해당 공공정책의 특성에 따라 고려해야 할 사정이 달라지기 때문이기도 하며, 당사자들의 생각과 판단도 다르기 때문이다. 따라서 주어진 정책 문제에 대해 어떤 정책 대안을 마련하고 그것을 선택하기 위해서는 당사자들 사이의 토론과 설득 및 동의를 통해 결정해야 하는 일이 남아 있다. 올바른 정책으로 사회갈등을 풀어 가기 위해서는 이론을 통해 방향을 잡아 가야 하지만, 구체적인 정책 쟁점에 대해서는 여전히 주어진 현실의 맥락에서 해결책을 찾아야 한다.

4. 올바른 정책의 집행을 위한 행정의 책임

민주주의 사회에서 시민은 주권자로서 모든 권력의 원천이다. 그러나 시민들이 직접 나서서 정책을 정하고 집행하는 대신에 선거로 대표자를 뽑고 정부를 구성하여 공적 업무를 수행하게 한다. 이러한 제도적 체계를 대의민주제라고 부른다. 국민이 선출한 대통령은 행정부의 수반으로서 공무원을 지휘·감독하고, 공무원은 그에 따라 정책을 설계하고 이를 집행한다. 또 다른 국민의 대표 기관인 국회는 공공정책을 시행하는 행정부를 견제하고 감시하며, 고도의 법률적 지식을 갖춘 법률가로 구성된 사법부는 시민들 사이의 법률적 쟁의와 기관 간의 법률적 다툼을 가린다. 이렇게 보면 대의민주제는 시민들 사이의 갈등을 관리하고 해소함을 기본 목적으로 한다고 해도 틀린 말은 아니다. 따라서 이러한 대의민주제가 효과적으로 운영된다면 사회갈등을 원만히 관리하고 해소할 수 있다. 우리나라의 대의민주제가 운용되는 모습과 그 성과를 권위주의, 독재 체제 국가 등을 포함해 세계의 모든

[표 1] 국가 간 민주주의의 질적 수준 비교

국가	자유 보장 지수(2021)	부패 지수(2015)
스웨덴	100	16.2
핀란드	100	8.6
영국	93	16.6
이탈리아	90	50.0
미국	83	29.7
일본	96	17.0
대만	94	n.a.
한국	83	43.4

출처: Freedom House (2022), Quality of Government Institute (2022)

나라와 비교한다면 반드시 나쁘다고는 할 수 없지만, [표 1]에서 보는 것처럼 대의민주주의가 잘 정착된 나라들과 비교하면 여전히 그 성적은 초라하다.

미국 인권단체 프리덤하우스Freedom House의 자유 보장 지수를 보면, 민주주의가 확고히 자리 잡은 나라들과 비교할 때 한국의 자유 보장 지수는 낮은 편에 속한다. 특히 동아시아의 민주주의 국가인 일본과 대만과 비교해도 지수는 훨씬 낮다. 또한 스웨덴의 정부질연구소Quality of Government Institute의 부패 지수를 살펴보아도 한국의 지수는 좋지 않다. 특히 부패는 공적 권한을 사적 이익을 위해 남용하는 행위라고 보면(윤태범, 1993), 한국의 대의민주주의나 행정관료제가 여전히 취약하다는 점을 알 수 있다.

실제로 한국의 대의민주주의 체제가 제대로 작동하지 못하고 오히려 사회 갈등을 부추기고 심화시키는 측면이 있음을 인정하지 않을 수 없다. 그렇다면 우리나라 민주주의를 어떻게 개선해야 할까? 사법부는 법에 따라 갈등 사안을 엄정하게 판단하고, 국회는 공정하고 균형된 관점에서 법률을 제정함과 동시에 국민의 세금이 알뜰하게 제대로 쓰이는지 정부를 감시해야 한다. 행정부는 올바른 정책을 효과적으로 집행하여 국민에게 필요한 공공서비스를 제공해야 한다.

그러나 한편으로 민주주의 원칙에 따라 선거를 통해 선출된 대통령이 자신을 지지한 사람들이 원하는 정책을 추구하는 일은 당연해 보인다. 이는 정치인으로서 투표로 선출된 대통령에게 응당한 정치적 행위다. 또한 행정부의 공무원들은 민주적으로 선출된 대통령의 정책을 충실히 시행해야 한다. 그러나 대통령을 지지하지 않은 시민도 상당수 존재하고, 그들은 정부의 정책에 대해 부정적이거나 비판적이다. 이러한 이유로 실제 공공정책을 설계하고 집행해야 하는 행정부 공무원은 공공정책 갈등의 한가운데에 놓이게 된다. 더욱 어려운 문제는 민주적으로 선출된 정부라고 해도 공약으로 내세운 정책을 모두 추구할 수 있는 것은 아니라는 점이다. 정책 목적과 수단이 법과 규정에 부합해야 하며, 공무원은 헌법에 따라 국민 전체를 위해 정책을 집행해야 하기 때문이다. 이러한 딜레마의 상황에서 국민이 선출한 대통령과 행정관료는 어떠한 관계를 맺어야 하는가? 이 책의 제2부는 대의민주주의 체제의 공공정책 과정에서 중추적인 역할을 맡는 행정부와 공무원의 역할 및 업무 수행에 대해 심도 있게 논의한다. 특히 민주주의와 공화주의라는 우리 헌법의 기본적인 규범적 관점을 통해 국민이 선출한 대통령과 행정관료의 관계를 살펴본다.

제2부 3장은 지금까지 삼권분립을 통해 입법부, 사법부, 행정부 사이의 견제와 균형에 머물렀던 논의를 넘어 대통령과 행정관료제의 통제와 견제의 원리를 제시한다. 4장은 정부가 정책 목적을 달성하기 위해 채택한 정책 수단의 정치적 성격에 대해 살펴본다. 제1부의 1장

과 2장의 논의에서 제시한 바와 같이 다양한 관점과 가치관이 충돌하는 가운데 토론과 설득의 숙의 과정을 통해 정책의 목적이 결정되었다면, 정부의 정책을 집행하는 관료는 이러한 목적을 달성하기 위해 가장 효과적이고 효율적인 정책 수단을 선정하여 집행해야 한다. 이렇게 선택된 정책 수단은 객관적이고 합리적인 도구로서 정치적으로 중립적이며, 따라서 사회적 갈등을 초래하지 않는다. 그러나 과연 도구적 합리성에 따라 선택되었다고 정책 수단이 반드시 중립적일까? 정책 수단에 내생적으로 존재하는 정치적 성격은 없을까? 의도와 관계없이 불가피하게 정치적 성격을 가지게 된다면 그 이유는 무엇일까? 4장은 '정치적인 것'의 의미를 분석하고, 중립적으로 보이는 정책 수단에 대해 비판적 성찰이 필요함을 지적한다. 이를 기초로 정책 수단의 정치적 성격을 고려하지 않고 정책을 집행하면 사회적 갈등을 초래하게 된다는 시사점을 도출한다.

제2부의 5장은 공무원의 적극 행정과 권한 남용에 대해 살펴본다. 과거 권위주의 정권에서 행정권이 부당하게 남용된 경험에 비추어 민주화 이후 행정에 대한 통제와 감독이 강조되어 왔다. 이뿐만 아니라 공공정책을 둘러싸고 사회적 갈등이 빈번하게 발생하여 정책을 집행하는 공무원에 대해 시민들의 불만도 커졌다. 이러한 상황에서 공무원이 갈등에 휘말리지 않기 위해 소극적으로 행정에 임하여 결과적으로 공공 문제를 제대로 해결하지 못하는 상황이 자주 발생한다. 이러한 상황을 타개하기 위해 공무원의 적극 행정에 대한 요구가 증가하고 정부도 이를 권장하는 유인책을 도입하고 있다. 그러나 공무원의 복지부동한 행태가 대응성의 부족으로만 발생한 것일까? 5장은 행정 활동에 대해 대응성과 공공성의 관점에서 이차원적으로 분석하여 공무원이 소극 행정을 넘어 공익에 적극적으로 봉사하지 못하는 원인

은 대응성 부족으로 나타나는 책임 회피뿐만 아니라 사익 추구를 위한 공무원의 권한 남용 때문이라는 것을 주장한다. 따라서 행정을 집행하는 공무원의 책임 회피와 권한 남용을 막고 적극 행정을 수행하기 위해 제도적 책임성 확보와 규범적 성찰이 필요함을 지적한다.

5. 정책 갈등의 사례와 대안

제3부는 정책 갈등을 유발하는 정책의 구체적인 사례를 분석하고 올바른 정책 대안을 찾아보는 다섯 장으로 구성되어 있다. 제3부에서는 제1부의 올바른 정책을 수립하기 위한 이론적 전제와 제2부의 올바른 정책 수행을 위한 행정의 책임에 관한 논의를 실제 정책 사례에 적용하여 분석하고 올바른 정책을 제시하는 것을 목적으로 한다. 이와 같은 사례연구는 자유와 책임이라는 규범적인 전제에서 출발하여 서로 다른 견해가 충돌하는 갈등의 구체적인 상황을 이성적 성찰과 합리적 판단으로 풀어 실질적 대안을 제시한다는 점에서 큰 의미가 있다.

먼저 6장은 갈등을 초래하는 정책적 쟁점을 두고 시민들의 다양한 의견과 이해관계를 수렴하여 숙의적 합의를 모색하는 시민참여 공론조사 사례를 분석한다. 특히 우리나라에서 가장 첨예한 쟁점이었던 원자력발전소와 관련하여 신고리 5·6호기 건설 중단·재개를 두고 문재인 정부에서 실시한 공론화 조사에 대해 알아본다. 이 조사는 숙의를 통해 정책 갈등을 해결한 성공 사례로, 정책의 당사자들이 참여하는 다양한 협력적 거버넌스를 보다 체계화하고 정교화한 제도다. 따라서 앞으로 갈등의 쟁점이 되는 정책을 관리하는 데 크게 활용될 잠재성을 가지고 있어서 사례로 선정했다. 6장은 시민참여 공론조사가 효과적인 정책 갈등관리의 수단으로 적실성을 얻으려면 정책 갈등의 맥락에 맞게 적용되어야 함을 주장하고, 향후 정책적 시사점을 도출하고자 한다.

7장은 우리나라뿐만 아니라 전 세계적으로 정책적 쟁점이 되어 사회갈등을 유발한 기본소득 정책에 관해 보편적 복지국가의 관점에서 분석하고, 소득보장 정책의 올바른 원칙을 제시하고자 한다. 보편적 기본소득은 2010년대 초부터 정치인들이 선거공약으로 제시하기 시작하여 2020년 코로나19 방역 방침에 따라 사회·경제 활동이 제약을 받은 데 대한 보상으로 긴급 경제지원금이 지급되면서 이에 대한 정책적 요구가 급증했다. 반면에 보편적 기본소득은 인기영합주의 정책으로 재정적으로 유지할 수 없다는 비판도 받는다. 7장은 보편적 복지국가의 규범적 원리를 살펴보고 보편적 복지는 보편적 지급이 아닌 보편적 보장의 관점에서 시행되는 것이 올바른 정책이라는 점을 제시한다. 이 보편적 복지 논쟁은 2장에서 논의한 가치갈등이 명확하게 드러나는 사례를 통해 서로 다른 입장이 충돌하는 상황에서 합리적이고 이성적 정책 대안을 찾아보려는 시도다.

저출산·고령화 사회로 접어들면서 공적연금 정책이 세대 간, 사회집단 간 사회갈등의 원인이 되고 있다. 이러한 맥락에서 8장은 공적연금의 중요한 구성 요소로서 개혁 필요성이 제기되는 공무원연금에 대해 분석한다. 특히 공무원연금과 국민연금으로 분리된 우리나라 공적연금 체계를 형평성의 관점에서 논의한다. 분리된 공적연금 체계를 통합된 체계로 개혁하기 위해서는 많은 재정적 비용과 시간이 소요되기 때문에 개혁의 효과보다 비용이 더 클 수 있다. 따라서 분리된 체계에서 형평성을 찾는 노력이 바람직한 접근이라는 전제에서 분석을 시도한다. 형평성을 확보하기 위해서는 각각의 연금제도가 연금의 적정성과 함께 재정적 안정성을 확보해야 한다는 기본적 전제에서 공적연금의 개혁 방향을 탐색한다. 특히 공적연금의 노후생활 보장의 적정성을 평가하기 위해 공적연금의 소비충당률이라는 새로운 분석 개념을 도입하여 보험료 인상과 같은 개혁이 필요하다는 점을 제시한다. 공무원연금 개혁에 관한 쟁점은 역사적인 상황과 맥락 속에서 발생하는 사회갈등을 해결하기 위한 구체적 대안을 모색하는 시도로 다루었다.

9장에서는 한국의 국제개발협력 정책에 대해 분석한다. 개발도상국의 경제·사회 발전을 위해 추진되는 국제개발협력 정책은 이 책에서 다루는 사회갈등과 정반대로 국제사회가 서로 협력하여 평화롭고 조화로운 세계를 만들고자 하는 노력이다. 그러나 우리나라에도 빈곤으로 어려움을 겪고 있는 사람들이 많고, 저출산·고령화로 재정적 수요가 증가하고 있는데, 다른 나라의 국민을 위해 국제개발협력이 적절한 정책인지 비판이 제기된다. 한편 일부 전문가들은 국제개발협력이 개발도상국의 발전과 시민의 안녕보다는 공여국의 이익을 위해 추진된다고 주장한다(Moyo, 2008). 이와 함께 국제개발협력 정책이 개발도상국에서 의도치 않은 부정적 결과를 초래하여 국내외 갈등을 유발하기도 한다. 이러한 관점에서 9장은 대한민국이 추진한 국제개발협력에 대한 자기성찰적 분석을 시도한다. 2장에서 논의한 바와 같이 어떤 정책에 관한 입장이 타당한 것인지 이성적으로 성찰해 보고 적절하지 않은 부분을 고쳐 나가는 노력이 갈등을 미연에 방지하고 해결해 나가는 일차적 방법이기 때문이다. 9장은 한국의 국제개발협력 정책이 국가 이익을 추구하는 외교적 수단으로서뿐만 아니라 규범적 책임에 기반한 노력으로 전환되어야 한다고 주장한다. 앞으로 한국의 국제적 위상이 더 높아지고 중요한 역할을 수행하는 상황에서 외교관계 및 국제협력과 정책을 둘러싸고 사회갈등이 고조될 수밖에 없음을 고려할 때, 9장은 매우 의미 있는 논의의 장을 제공한다.

10장은 급속하게 발전하는 인공지능이 생활 곳곳에 적용되면서 가까운 미래에 발생할지도 모를 정치적·사회적 위협에 대해 살펴본다. 인공지능 기술을 활용하면서 더 좋은 제품을 생산할 수 있고, 그만큼 생활은 훨씬 편리해진다. 그러나 그로 인해 잠재적 위협도 존재한다. 그 가운데서 인공지능 기술을 깊숙이 활용하는 지능정부는 민주주의에 대한 여러 가지 잠재적 위협을 초래할 수 있다. 예를 들어, 일부 시민들의 사회적 일탈 행위로 불편이나 무질서가 발생하는 일을 막기 위해 감시 카메라를 곳곳에 설치하는 일이 일상화되고 있다. 이러한 감시 카메라에 인공지능을 결합하여 정부가 시민을 통제한다면, 시민의 자유를 침해하고 민주주의 체제에 위협이 될 수 있다. 이러한 맥락에서 10장은 앞에서 논의한 시민의 자유와 행정의 책임성 관점에서 지능정부의 잠재적 위협에 대해 살펴보고 그 대응 방안에 대해 논의함으로써 미래에 발생할 사회갈등에 관해 탐구한다.

끝으로 결론에서는 본문에서 논의한 올바른 공공정책 수립에 필요한 요소로서 합리성과 더불어 이성적 성찰과 숙의를 제시하고, 이에 필요한 행정 관리 체제를 제시한다. 또한 이와 같은 주장이 한국 민주주의와 행정 체제에 대해 가지는 미래 지향적 함의를 살펴본다.

| 제1부 |

정책 갈등관리의 이론적 전제와 방안

1장 | 가치관의 대립과 공공정책

2장 | 이성과 숙의를 통한 갈등관리

1장

가치관의 대립과 공공정책

자유와 책임의 두 가지 전제

1. 공공정책의 출발점: 인간의 자유

공공정책은 객관적 자료를 과학적으로 분석하여 합리적으로 결정해야 한다. 공공정책을 바라보는 이 같은 합리성의 관점은 올바른 정책을 만드는 가장 기본적인 필요조건이며, 현대 정책학 연구의 출발이라고 할 수 있다. 합리적 이해와 판단 능력은 국정을 운영하는 정책결정자들뿐만 아니라 실무적으로 정책을 집행하는 공무원들에게도 꼭 필요한 능력이다. 그러나 현실 세계를 보면 합리적인 판단보다는 권력을 가진 정치인의 야망이나 고위 공직자의 직관에 따라 정책이 결정되는 일이 비일비재하다. 또한, 이 같은 일로 인해 정책의 목적을 달성하는 데 실패하는 일이 발생하게 된다. 그 결과로 국정 운영에 어려움을 초래하고 이로 인해 국민이 고통받기도 한다.

이러한 비합리적 정책결정에 대한 위험성을 인식하고 보다 체계적이고 합리적인 정책을 만들기 위한 정책학 연구가 본격적으로 시작된 것은 제2차 세계대전이 끝난 1950년대 이후부터라고 할 수 있다(정정길 외, 2020). 전쟁을 치르며 겪은 비극적 사건과 아픈 경험을 통해 깊은 반성과 새로운 모색의 계기를 얻었기 때문이다. 과거의 전쟁이 국지적 전투를 중심으로 전개된 것에 비해, 제2차 세계대전은 승리를 위해 국가의 모든 자원을 총동원하는 전면전 성격을 띠었다. 유럽 대륙을 제패한 독일에 대항해 홀로 전쟁을 치른 영국 정부는 전쟁에 필요한 무기와 물자를 생산하기 위해 전시 계획에 따라 노동자들을 군수공장 등에 배치했고, 그들에게 필요한 생활물자를 배급했다. 이러한 전시동원 체제를 원활히 운영하기 위해 정부가 해야 할 일은 과거 어느 때와도 비할 수 없을 정도로 급격히 증가했고, 이에 따라 합리적 정책결정이 필수적으로 요구되었다. 전쟁을 치르고 나서도 전후 복구를 위해 정부의 역할은 더욱 확대되었으며, 이에 따라 합리성에 기반을 둔 공공정책의 결정 및 집행의 중요성은 더욱 뚜렷이 드러났다.

한편 태평양전쟁에서 일본과 싸우던 미국은 종전을 위해서 일본의 히로시마와 나가사키에 원자폭탄을 투하하는 결정을 내렸다. 이로써 두 도시는 완전히 파괴되고 수많은 목숨이 희생되었다. 이러한 비극적 경험으로 미국의 고위정책입안자나 연구자들은 물론 세계의 많은 사람들이 현대 국가의 무지막지한 파괴력을 뼈저리게 느낄 수밖에 없었다. 1950년대 초 미국의 정치학자 해럴드 라스웰Harold Lasswell은 공공정책이 객관적이고 합리적으로 결정 및 집행되지 않는다면 국민에게 막대한 희생과 피해를 줄 수 있다는 것을 강조하면서, 과학적이고 체계적인 정책학 연구를 주창했다(Lasswell, 1951). 이렇듯 공공정책 영역이 급속히 확대되고, 그 결과가 우리 생활에 심각한 영향을 줌에 따라 이를 합리적으로 결정 및 집행하기 위해 현대 정책학이 연구되기 시작했다.

이후 공공정책은 과학적 학문으로서 급속히 발전하게 되었고, 학문뿐만 아니라 현실에서도 정책에 대한 체계적인 이해로 정부의 정책을 효과적으로 수립 및 집행하고자 노력했다. 특히 서구 선진국에서는 1960-1970년대에 복지정책, 사회간접자본, 과학기술 등 여러 분야에서 정부의 활동이 급속히 확대되면서 합리적 정책의 중요성이 더욱 강화되었다. 이러한 시각에서 볼 때, 합리적인 정책을 설계하는 데 가장 커다란 장애물은 우리의 합리성이 제한적이라는 점이다(Simon, 1957). 인간의 제한된 합리성으로 인해 정책을 합리적으로 설계하고 집행하는 데 한계를 가질 수밖에 없다는 것이다.

그런데 합리적 사고와 과학적 분석에 기초한 정책을 추구한다고 하더라도, 거기에는 특정 목적이 설정되어 있다는 점에 주목해야 한다. 정부가 어떤 목적을 달성하기 위해 추진하는 구체적인 활동이 정책이라면, 정책에 대한 합리적 접근은 주어진 목적을 가장 효과적이고 효율적으로 달성하기 위해 가장 적합한 수단과 활동을 찾아내는 노력이라 할 수 있다(Lane, 1987). 그런데 공공정책을 통해 우리가 추구하려는 목적은 합리적 사고와 과학적 판단으로만 선택될 수 없다. 공공정책의 목적은 시민들의 삶을 더 좋게 하고 국가 운영을 원활히 하고자 하는 것으로, 정책 수단을 선택하는 것과는 다르게 설정되어야 한다. 그렇다면 정책의 목적을 어떻게 설정할 수 있을까?

최근 우리 사회에서 각자의 다른 가치관으로 이해관계가 첨예하게 대립하고 이로 인해 사람들 사이에 갈등이 심화되고 있다는 점을 고려하면, 정책의 목적을 설정하는 것이 얼마나 어려운 일인지 쉽게 알 수 있다. 실제로 사람들은 각자 나름대로 삶에 대한 가치관을 가지고 각자의 방식으로 살아가고 있는데, 어떤 삶이 바람직한지 알기는 참으로 어려운 일이다. 끊임없는 사유와 대안 탐구를 통해 훌륭한 삶의 본질을 찾아내는 것은 인간 자신의 몫이지만, 그러한 삶을 실현할 수 있도록 바탕을 마련하는 일은 정치 공동체의 역할이다. 그렇다면 훌륭하고 가치 있는 삶은 무엇이고, 이를 위해 정치 공동체는 구체적으로 무엇을 해야 할까? 만일 우리가 이와 같은 근본적인 철학적 질문에 답하면서 가치 있는 삶과 정치 공동체의 본성을 제시할 수 있다면, 정책이 추구해야 하는 목적을 설정하는 일은 쉽게 해결될 수 있을지도 모른다.

그런데 어떤 삶이 훌륭한 삶인지 안다는 것은 어려운 일일뿐더러 사람들마다 가치관이 달라서 정치 공동체에서 성원들 모두가 받아들일 수 있는 공통의 가치관을 찾기란 매우 어렵다. 어떤 사람은 풍요로운 삶을 살아가기 위해 모두가 열심히 일하고 그 결과에 대해 각자 책임지는 것이 올바른 길이라고 생각하는 반면, 어떤 사람은 모두가 최소한의 삶을 영위할 수 있도록 사회가 일정한 책임을 지는 것이 옳다고 믿는다. 흔히들 보수와 진보 성향에 따라 정책에 관한 생각이 다르다고 하지만, 각자의 가치관은 이보다 훨씬 더 다양하다. 이런 이유에서 사회의 많은 사람에게 영향을 주는 공공정책의 목적을 설정하는 일은 근본적으로 어려울 수밖에 없다.

여기서 우리는 정부가 누구에게나 바람직한 어떤 가치를 설정하고 그것을 정책으로 추구하는 일 자체가 과연 옳은 일인지 생각해 봐야 한다. 사람들 사이에 서로 가치관이 다르고 무엇이 바람직한 삶인지 동의하기가 어렵다면, 공공정책에 설정된 목적이 어떤 사람들의 가치관은 반영하지만 다른 사람들의 생각은 무시했기 때문일 수 있다. 다양한 생각과 가치관을 지닌 사람들이 함께 살아가는 공동체에서 공유할 수 있는 규범을 설정하고 이러한 규범적 구조 안에서 각자가 생각하는 바람직한 삶을 추구할 수 있도록 올바른 정책을 모색하는 것이 공공정책의 정치이론적 과제다.[1] 1장에서는 이 같은 규범을 설정해 보고, 제2부와 제3부에서 논의하게 되는 행정의 책임성과 구체적 정책에 관한 갈등의 사례를 풀어 가는 길잡이로 삼고자 한다.

그러나 사람들이 처음부터 끝까지 서로 다른 생각을 하고 있다면, 우리는 공유할 수 있는 정책 목적을 찾아내는 데 한 걸음도 나아가지 못할 것이다. 이 길을 가기 위해서는 우리가 최소한 공유하는 몇 가지 기본적 가치를 찾아내고, 거기에서부터 한 걸음씩 함께 받아들일 수 있는 정책에 대한 탐색을 시작해야 한다. 그 첫 번째 출발점은 바로 우리 모두 자유로운 인간이라는 전제일 것이다. 각자의 생각과 실제 생활에서의 이해관계가 달라 서로 갈등하기도 하지만 우리는 자유로운 인간이라는 점을 모두 공유할 수 있다는 최소한의 믿음이다. 어떤 면에서 보면 아무리 생각이 다르고 다른 방식으로 살아간다 해도 우리가 모두 자유로운 인간이라는 점에 대해서는 필수적으로 동의해야만 한다. 만일 나 자신은 자유를 향유하는 시민으로 지위를 주장하지만 상대방의 자유를 인정하지 않는다면, 여기에서 협력을 도모하기는 어려울 것이다. 한 사람은 자유인이지만, 다른 사람은 노예와 같은 처지라면, 서로 협력하기 위한 논의를 시작할 수 있을까? 그런데 그 노예가 바로 당신이라면 상대방의 주장을 받아들일 수 있겠는가? 우리는 누구에게 예속되지 않고 각자 자기 삶의 주인이어야 한다. 인간은 자기 몸과 마음 그리고 자기 자신의 주인이다. 누구나 자기 생각대

1 정치이론(political theory)은 두 가지 의미로 사용된다. 먼저 현실에서 나타나는 정치 현상을 관찰하여, 이 같은 현상들 사이의 인과적 관계를 과학적으로 밝히는 경험적 이론으로서 정치이론을 의미한다. 두 번째로 정치 공동체의 구성 원리와 거기서 살아가는 시민들이 지켜야 할 규범과 의무에 대한 이론적 고찰을 의미한다. 이 글에서는 두 번째 의미로 사용한다.

로 행동할 자유가 있다(Mill, 1859). 인간의 존엄과 자유에 대한 사상은 오랜 역사에 걸쳐 발전해 온 것으로, 1948년 UN이 채택한 세계인권 선언의 기본 정신이기도 하며, 우리나라 헌법 정신의 기초를 이루고 있다. 이 같은 자유로운 인간이라는 전제는 우리가 최소한 공유해야 하는 믿음이며, 공공정책의 규범을 탐색하는 우리의 출발점이기도 하다.

2. 다양한 가치관과 공공정책

이제 우리 여정의 출발점인 인간의 자유 개념에서부터 공공정책이 추구해야 할 가치와 목적에 대해 논의를 이어가 보기로 하자. 우리가 자유로운 사람이라고 할 때, 자유는 어떤 의미를 지닐까?

소극적 자유와 적극적 자유

옥스퍼드대학교의 정치철학자 이사야 벌린Isaiah Berlin은 개인의 자유에 관해 설명하면서, 자유의 매력과 동시에 그 개념이 가지는 위험성을 날카롭게 지적했다(Berlin, 1969). 그는 자유를 소극적 자유negative liberty와 적극적 자유positive liberty로 나누어 설명하면서, 소극적 자유는 외부로부터 간섭이 존재하지 않는 상태에서의 자유라고 그 개념을 구성한다. 이와 대조적으로 적극적 자유는 한 사람이 가치 있는 것을 적극적으로 추구할 수 있는 자유라고 정의했다. 인간이 추구해야 할 바람직하고 가치 있는 것에 대해 사유하고 거기에 기초하여 삶을 영위하기 위해 노력하는 것을 적극적 자유라 할 수 있다. 그것은 소중한 가치를 실현하기 위해 적극적으로 살아가는 사람이 누리는 자유다. 적극적 자유는 자신이 생각하는 가치관을 실현하기 위해 능동적으로 살아가는 매력적인 모습으로 그려진다. 이에 반해 벌린이 말하는 소극적 자유는 외부의 제약 요소가 없는 상태를 묘사하는 것으로, 남에게 간섭받지 않고 자기 삶을 살아가는 자유를 의미한다. 실제로 특별히 자신의 삶에 대해 고민하지 않고 하루하루를 별다른 의미를 두지 않고 살아가는 사람도 외부의 간섭이 없다는 소극적 관점에서 보면 자유롭다고 말할 수 있다. 그렇지만 현실 속에서 인생을 좀 더 보람 있게 살기 위해서는 자신이 목적하는 바를 이루기 위해 이런저런 고민도 하고 매일같이 열심히 살아가야 한다. 진정으로 자유로운 사람은 외부의 간섭이 존재하지 않는 상태(소극적 자유)에서 자기가 소중하게 생각하는 가치를 위해 살아가는(적극적 자유) 사람일 것이다.

그러나 벌린은 정치적 가치로서 적극적 자유의 위험성에 대해 날카롭게 경고한다. 이는 제2차 세계대전을 전후하여 세계 여러 나라에서 위세를 떨쳤던 공산주의와 국가사회주의 정치체제에 대한 벌린의 개인적 경험과도 관련이 깊다. 공산주의나 국가사회주의 체제는 가장 바람직한 이상 사회를 실현하기 위해 국가와 모든 국민이 최선의 노력을 다해야 한다는 믿음으로 국민의 사상과 모든 생활에 간섭했다. 여기에는 자기들의 정책 노선이 가장 바람직하고 올바르기 때문에 그렇게 생각하지 않는 사람들에게 강요하는 것이 잘못은 아니라는 전체주의적 사고방식이 깔려 있다. 그 결과 이러한 생각을 하는 정치집단인 독일의 국가사회주의가 권력을 잡자 아우슈비츠 학살과 같은 인류 역사상 가장 잔인하고 참혹한 범죄가 자행되었다. 적극적 자유의 위험성을 지적하고 소극적 자유를 옹호한 벌린의 생각은 다른 사람에게 해를 끼치지 않는 범위에서 인간은 자유롭다는 존 스튜어트 밀의 주장과도 일맥상통한다(Mill, 1895). 결국 사람들 개개인은 스스로 원하는 바대로의 삶을 영위해야 하며, 다른 사람들에게 해를 끼치거나 간섭하지 않는다면 사회적 측면에서 문제가 될 것은 없다는 것이다.

따라서 국가는 적극적 자유가 아닌 소극적 자유를 보호하고 옹호해야 하며, 정부가 정책을 통해 적극적 자유를 옹호하려고 할 때 오히려 자유를 위협하게 된다. 무엇이 바람직한 삶인지, 우리가 추구해야 할 바람직한 가치가 무엇인지를 정부가 나서서 주장하고 국민을 설득해서는 안 된다. 더 나아가 국가권력을 통해 국민에게 어떤 특정한 삶의 방식이 바람직하다고 강요하면, 결국 전체주의 국가로 퇴락할 위험에 직면한다는 것이 벌린의 주장이다. 공공정책이 다룰 정치의 영역에는 소극적 자유만이 존재할 뿐 적극적 자유는 개개인의 가치관 영역으로 사적 공간에 있어야 한다는 말이다.

이렇게 보면 국가가 해야 할 일은 사람들이 서로에게 해를 끼치지 않게끔 질서를 유지하는 제한된 범위에서만 인정된다. 그런데 이같이 소극적 관점의 자유주의 정치이론에 따라 공공정책을 결정하고 추진하는 데는 중요한 문제점이 제기된다. 소극적 자유만을 옹호하는 관점은 현실적으로 제기되는 정책적 선택에 길잡이로서 유용성이 매우 떨어진다. 정부가 최소한의 역할을 통해 소극적 자유만을 보호하려고 할 때 자유는 진정 보호될 수 있는지 의문을 제기할 수 있다. 국가가 특정 가치관을 옹호하는 것은 옳지 않다고 하더라도 시민 개개인이 자신의 목적에 따라 삶을 영위하려는 적극적 자유를 지원하는 것은 타당한지에 관해 명확한 대답을 제시하지 못한다.

예를 들어 두 마을 사이에 있는 강을 건널 수 있도록 다리를 건설하려는데 주민의 의견이 갈린다면 어떤 결정을 내려야 할까? 국제무역 정책과 관련하여 다른 나라에 우리 시장을 개방하고 우리도 적극적으로 자유무역 정책을 취할지, 아니면 우리 산업을 보호하기 위해 보호주의무역 정책을 택할지 하는 질문도 첨예한 정책적 갈등을 유발한다(최병선·구민교, 2019). 끊임없이 제기되는 이와 같은 현실적인 정책적 선택에 대해 소극적 자유론은 매우 제한적인 방향만을 제시할 수밖에 없다는 한계가 있다.

공리주의와 비교 불가능성

이 같은 측면에서 공공정책의 방향을 좀 더 뚜렷이 제시하는 것이 공리주의다. "최대 다수의 최대 행복"이라는 벤담의 주장은 공리주의가 제시한 정책적 규범의 핵심을 간결하게 설명한다. 우리가 서로 다른 가치관을 가지고 각자의 삶을 영위하고 있다는 전제하에 공공정책을 결정해야 한다면, 그 정책을 통해 가능한 많은 사람이 더 많은 효용을 누리도록, 즉 최대의 효용가치를 창출할 수 있는 정책 대안을 선택하는 것이 바람직하다는 것이 요지다. 앞에서 예시한 두 마을 사이에 다리를 놓을지, 아니면 예전처럼 배를 타고 강을 건널지를 결정해야 하는 사례를 생각해 보자. 한쪽 마을에 사람이 거의 살지 않아 다리로 왕래하는 사람이 많지 않다면, 다리 건설에 따른 효용가치가 크다고 볼 수 없다. 반면에 두 마을에 사는 사람들이 다리를 통해 자주 왕래하며 경제적 효용을 창출한다면, 다리를 건설하는 것이 옳다. 여기서는 마을 사람들이 어떤 가치관을 따르고, 어떤 삶을 살아가고 있는지를 굳이 따져 볼 필요가 없다. 단지 다리 건설에 따른 효용가치만을 따져 보면 되기 때문이다. 공리주의는 이런 관점에서 결과를 중시하는 공공정책의 규범이고, 어떻게 보면 우리가 사는 오늘날 시장경제의 논리 및 규범적 원리와 잘 부합하는 이론적 관점이다.

노벨경제학상을 받은 버클리대학교의 존 허샤니John C. Harsanyi는 공리주의가 국왕이나 귀족과 같이 권력 있는 사람들의 효용가치만을 중시하지 않고, 특정 교리나 철학적 관점에 좌우되지 않으면서도 모든 시민 개개인이 느끼는 효용가치를 똑같이 고려한다는 점에서 시민의 자유를 존중하는 평등한 정치적 윤리관이라고 본다(Harsanyi, 1982). 이러한 의미에서 공리주의는 군주가 지배하는 계급정치 체제를 비판하고 시민의 자유를 주장하는 근대적이고 민주적인 정치 이념이기도 하다.

그러나 공리주의 논리에는 중요한 약점이 있다. 공리주의는 사람들이 느끼는 효용가치를 측정하거나 비교할 수 있다는 전제를 설정한다. 다시 말해 효용가치의 최대량을 계산하려면 그것을 하나의 잣대로 측정할 수 있어야 한다. 그러나 서로 다른 가치관을 가지고 생활하는 사람들 사이에 특정한 사안에 대해 각자가 느끼는 효용가치를 하나의 잣대로 측정하여 비교할 수 있을까? 예를 들어 가을 단풍의 붉은색의 농후함과 계곡에서 떨어지는 폭포수 소리의 요란함을 비교할 수 없는 이유는 색깔과 소리에 대해 사람마다 느끼는 바가 근본적으로 다르기 때문이다. 마찬가지로 멸종 위기에 처한 도롱뇽과 같은 동물을 보호하려는 사람이 느끼는 효용가치와 고속철도를 건설하는 등 효율적인 물류 체계를 중시하는 사람이 생각하는 효용가치 또한 서로 비교할 수 없다. 그것은 비교 영역과 판단 기준에서 근본적 차이가 존재하기 때문이다. 이처럼 근본적으로 소중한 것이 서로 다른 사람들 사이에는 어떤 사물이나 행동의 효용가치를 비교할 수 없다는 상호간 비교 불가능성이 존재하며, 이것이 공리주의의 치명적인 맹점이다(Rawls, 1982). 결국 고전적 공리주의는 특정한 가치관이 올바르다고 규정짓지 않는 한 공리주의가 주장하는 효용가치의 극대화를 추구할 수 없다는 논리적 모순에 빠진다.

이러한 공리주의의 약점을 보완하기 위해 효용 대신 개인의 선호를 사용하여 논리를 전개할 수 있다. 허샤니는 '동등확률equiprobability'과 '유사조건similarity postulate'이라는 이론적 개념을 통해 선호가 다른 사람들 사이에 공감할 수 있는 사회적 결정이 가능하다고 주장한다(Harsanyi, 1982: 44-48). 예를 들어 A와 B라는 두 사회 중에 어떤 사회에서든지 자신이 어떤 지위나 상황에 놓일 가능성이 확률적으로 같다고 가정해 보자. 그러한 조건으로 A사회와 B사회 가운데 어느 쪽을 선호하는지 질문을 제기해 보자. 여기서 당신이 A사회를 선호한다고 가정할 때, 당신뿐만 아니라 다른 사람도 A사회를 선택했다면, 우리는 A가 우월한 사회라고 판단할 수 있다는 것이다. 이러한 논리는 쟁점이 되는 동일한 사안에 대해 각자 판단에 따라 선택했는데, 두 사람의 선택이 동일하다면 그 선택이 우월한 선택이라고 보는 것이다. 이러한 주장은 우리의 일상생활에도 무리 없이 적용될 수 있으나, 다음 두 가지 문제점을 지닌다. 첫째, 동기의 이질성 문제다. 먼저 A와 B 두 사람이 모두 H라는 말을 사려 한다고 가정하자. 그런데 A는 도축용으로, B는 승마용으로 선호했다면, 두 사람이 같은 선택을 했다고 해도 이는 타당한가 하는 문제가 제기된다. 둘째, 상충된 선호의 문제다. 어떤 사안에 대해 당사자들의 판단이 수렴되지 않고, 두 입장으로 첨예하게 대립하는 상황에 허샤니의 논리처럼 다양한 개인의 선호 속에서 반드시 유사 입장이 도출될 것이라고 확신할 수 없다. 결국 의견이 대립하는 공공정책에 대해 결정 방향을 제시할 수 없다는 한계가 드러난다.

공정으로서의 정의

이처럼 다양한 생각을 하는 사람들 사이에서 개개인의 자유를 존중하면서도 공유할 수 있는 질서를 수립한다거나, 모두가 동의하는 공공정책을 결정하는 일은 양립하기 어려운 조건처럼 보인다. 이러한 이론적 난제에 직면하여 존 롤스John Rawls는 '공정으로서 정의Justice as fairness'라는 이론을 통해 모든 사람이 각자 나름의 가치관을 추구하며 질서 있게 살아가는 조화로운 사회를 만들어 보고자 했다(Rawls, 1971). 여기에는 '원초적 상황original position'과 '무지의 장막veil of ignorance'이라는 개념적 도구를 통해 이론적 실험을 수행하여 공정으로서의 정의에 기반을 둔 사회의 모습을 제시한다.

먼저 롤스는 사람들이 어떤 정치 공동체에서 함께 살아가며 지켜야 할 기본적인 제도를 만들어야 하는 원초적 상황을 가정한다. 어떠한 역사적 유산이나 기득권이 존재하지 않는 백지와 같은 상황에서 모두가 동의할 수 있는 조화로운 사회well-ordered의 제도를 새롭게 만드는 자리를 생각해 보자는 것인데, 원초적 상황으로 신생 독립국이 과거의 유산과 단절하고 제도를 새롭게 구축하려는 일종의 제헌의회와 유사한 상황을 설정한다.

이러한 상황에서 어떻게 하면 누구에게나 공정한 결과를 가져오는 제도를 만들 수 있을까? 롤스는 이를 위해 '무지의 장막'이라는 개념적 도구를 사용하자고 제안한다. 자신이 무엇을 선호하고 앞으로 어떤 삶을 영위하게 될지 모른다는 조건을 부과해 보자는 것이다. 미래의 제도를 고안할 때 자신이 추구하는 삶의 방식이나 선호하는 가치를 염두에 두고 자기에게 유리한 제도를 제안하고 고집한다면 이는 편파적일 수 있기 때문이다. 따라서 새롭게 사회제도를 만들면서 자신의 가치나 선호에 대해 고려하지 않고 논의한다는 '무지의 장막'이라는 조건이 필요하다. 이러한 조건을 준수하면 원초적 상황에서 사람들이 도출한 제도는 누구에게나 공정해질 수 있다.

예를 들어 어린아이 둘에게 맛있는 케이크를 공정하게 나누어 주려는 엄마를 생각해 보자. 먼저 한 아이에게 케이크를 둘로 나누라고 했다고 치자. 만일 케이크 두 조각 가운데 하나를 자기가 먼저 선택할 수 있다면, 아이는 어느 한쪽을 더 크게 자를 것이다. 그러나 케이크 조각을 누가 먼저 선택할지 미리 알려주지 않는다면, 아이는 케이크를 똑같이 자를 것이다. 자신이 나중에 선택하게 될지도 모르기 때문에 똑같이 자르는 것이 자신에게 유리하다고 판단되기 때문이다. 이렇게 볼 때 무지의 장막이라는 조건은 자신의 선호나 삶의 방식을 고려하지 않고 공정한 제도를 고안해 내는 논리적 장치로 이해될 수 있다.

롤스가 이론적 실험에서 제시한 상황과 조건이 지켜진다면 사람들이 모두 다른 가치를 가지고 삶을 영위하더라도 최소한 합의할 수 있는 사회의 두 가지 기본 원칙이 다음과 같이 도출될 수 있다. 첫째, 모든 사람은 다른 사람들과 공존할 수 있는 범위에서 광범위한 자유를 누릴 권리를 가진다. 둘째, 모든 사람에게 동등한 기회가 보장되고, 가장 불리한 상황에 놓인 사람들에게 인간으로서의 존엄성이 보장되는 한 사회의 불평등은 용인된다(Rawls, 1971; Rawls, 1982). 아무리 가치와 선호가 다르더라도, 새롭게 구성될 사회에서 사람은 노예가 아닌 자유롭고 동등한 시민으로서 권리를 가져야 한다는 점에 누구나 동의할 것이라는 점이다. 그렇지만 새롭게 구성된 사회에서도 사람들은 서로 다른 가치와 목적을 가지고 살아갈 것이기에, 그 사회에서 사람들의 삶은 똑같지 않을 것이며 결과적으로 불평등한 모습을 드러낼 것이다.

이러한 두 원칙에 기반을 두고 기본적 가치primary goods의 개념을 도출할 수 있는데, 이는 아무리 다른 가치를 가지고 있더라도 누구에게나 필요하다. 그것은 ① 동등한 권리, ② 활동의 자유, ③ 공직에 참여할 권한, ④ 일정한 경제적 소득과 재산, ⑤ 사회적 존엄 등이다. 그런데 여기서 다시 한번 상기해야 할 것은 롤스가 도출한 두 가지 원칙과 기본적 가치는 무지의 장막이라는 조건이 부과된 원초적 상황에서 도출되었고, 여기에 참여한 사람들은 이러한 두 원칙과 기본적 가치에 대해 일종의 사회계약을 체결했다고 볼 수 있다는 점이다. 따라서 이와 같은 사회제도에 대해 동의하고 사회 성원으로 살아간다면 두 가지 원칙과 그에 따른 사회적 가치를 향유할 권리와 다른 성원에게도 이를 보장할 의무를 지니게 된다.

이와 같은 롤스의 이론적 주장은 특정한 가치관을 전제로 하지 않은 상태에서 공정한 사회제도와 가치의 배분에 대해 기본적 방향을 제시한 것으로 이해할 수 있다. 앞에서 벌린의 소극적 자유론이 가지는 한계로서 개인이 적극적 자유를 추구하기 위한 사회적 기반을 제공하는 국가의 역할에 대한 이론적 근거 부재를 지적한 바 있는데, 롤스의 두 가지 원칙과 기본적 가치는 이에 대한 매우 중요한 이론적 근거를 제시한다.

기능 수행과 잠재력

그러나 공공정책을 설계하는 관점에서 보면 롤스의 주장은 두 가지 중요한 한계를 지닌다. 첫째, 기본재 개념이 모호하다. 둘째, 공공정책이 추구하는 가치를 결정함에 있어서 구체적 방향을 제시하지 못하고 기본적인 원칙만을 제시할 뿐이다. 먼저 첫 번째 한계에 대해 논의해 보자. 자유와 기회의 평등 같은 기본재는 인간의 자유에서 논리적으로 도출되는 것들인데, 이를 제외하면 롤스가 제시하는 기본재는 적절한 수준의 소득과 재산이다. 그런데 사람들이 각자 원하는 삶을 추구하는 데 필요한 재화는 서로 다르며, 장애인의 경우에는 일정한 생활 수준을 유지하려면 다른 사람에 비해 더 높은 수준의 기본재가 있어야 한다. 그렇다면 사회가 보장해야 하는 기본재는 어느 수준이 적정한가? 롤스는 이에 대해 적절한 답을 제시하지 못한다.

이에 대해 아마르티아 센Amartya Sen은 잠재력 이론을 통해 기본재를 구체화하고 그 수준을 설정하는 데 필요한 기본 방향을 제시한다. 사람들이 자기 나름대로 가치를 추구하며 서로 다른 모습으로 살아가더라도 기본적으로 어떤 행위를 수행하기 위한 기능을 필요로 하며, 그러한 기능 몇 가지를 조합하여 어떤 활동을 할 수 있는 선택 가능한 잠재력을 가지게 된다는 것이다(Sen, 1993). 예를 들어 걷거나 달리는 기능, 글을 읽거나 쓰는 기능이 있다면, 이를 조합하여 축구를 하거나 수필을 작성하는 능력을 잠재력이라고 할 수 있다. 적절한 소득과 재산과 같은 기본재가 인간의 외부에 존재하는 물질적 재화라고 한다면, 기능과 잠재력은 그 같은 물질적 재화를 소비하여 얻게 되는 내적 잠재력을 의미한다. 사람이 기능 수행을 위해서는 음식물을 섭취하여 적절한 영양 상태를 유지해야 하고, 교육을 받아 글을 쓰고 읽을 수 있어야 한다. 이러한 기능 수행은 삶을 영위하는 데 필요한 구성 요소로서 누구에게나 중요하며, 그러한 기능 수행 능력을 조합하여 어떠한 잠재력을 활용할 것인가는 각자 결정하는 것이다.

기능 수행과 잠재력은 사람의 생물학적 특성을 결정하는 DNA 구조와 이것을 구성하는 핵산nucleotide과 유사하다. 각자 외모나 생물학적 특성은 다르지만 이를 결정하는 DNA 속 핵산은 모두 똑같이 네 가지 기본 요소로 구성되어 있다. 다만 이것이 어떻게 조합되는가에 따라 사람마다 신체적 특성이 다르게 나타난다. 이와 마찬가지로 서로 다른 가치와 선호를 가지고 모두 자기 방식대로 삶을 살아가더라도, 기본적으로 필요한 기능 수행과 잠재력이 필수적이다. 이렇게 본다면 모든 사람에게 주어지는 기본재의 보장 수준은 기능 수행과 잠재력을 지니는 데 필요한 수준으로 볼 수 있다. 이처럼 센의 잠재력 개념은 롤스의 이론을 보완해 주며, 공공정책의 관점에서도 매우 중요한 시사점을 지닌다. 권리의 주체로서 시민은 자기 자신의 삶을 살아갈 자유를 지니며, 나름대로 삶을 살아가는 데 필요한 최소한의 기능 수행과 잠재력을 소유하거나 향유함에서 평등하며, 공동체의 시민들은 타인의 이와 같은 권리를 보호할 의무가 있다는 원칙을 끌어낼 수 있다.

롤스의 두 번째 한계점으로 지적한 공공정책의 관점 모호성과 관련하여, 기본재의 개념을 구체화한 잠재력·기능 수행 이론 역시 상당한 모호함으로 인해 실용적인 정책 방향을 제시하지 못한다는 약점이 있다. 예를 들어 어떤 잠재력이 모든 사람에게 꼭 필요한 것인지는 분명하지 않다. 이에 대해 마사 누스바움Martha Nussbaum 같은 학자는 인간이 가져야 하는 덕성에 비추어 누구에게나 꼭 필요한 잠재력 목록을 작성하는 것이 가능하다고 주장하기도 한다(Nussbaum, 1993). 그러나 이렇게 모든 이가 가져야 할 덕성을 주장하는 것은 특정한 삶의 가치와 방식을 옹호하는 것으로, 다른 사람의 자유를 침해하는 결과를 가져올 수 있다는 위험을 안고 있다.[2]

---

2 이러한 측면에서 롤스를 비판할 수 있다. 원초적 상황에서 사회계약에 참여하는 개인은 앞으로 구성될 사회에서 자신이 어떠한 가치를 가지고, 어떤 위치에 놓일지 모른다는 것이 무지의 장막의 조건이다. 그럼에도 불구하고 주어진 상황에서 자신에게 가장 유리한 조건을 찾아 합리적 선택을 한다고 가정한다는 점이다(Mulhall & Swift, 1996). 자신의 이익을 추구하는 인간의 모습을 전제하고 있다는 비판이다. 그렇다면 공공정책이 추구하는 가치를 결정하는 데 공리주의로서 허샤니의 이론이 내포한다고 비판받았던 내적 동기의 상충과 선호의 순환 문제를 여전히 가지게 된다. 롤스는 후기 이론에서 공정으로서의 정의라는 자신의 이론을 형이상학적 이론으로서가 아니라 정치적 이론으로서 재정립하고자 했다

이와 같은 한계는 근본적으로 훌륭한 삶의 가치를 찾아내는 것은 여전히 인간 자신의 몫이라는 관점에서 볼 때 불가피한 것으로 보인다. 그러나 시민들이 각자의 삶을 실현할 수 있도록 사회적 기반을 마련하려고 노력하는 것이 바로 공공정책의 과제이기도 하다. 인간이 모두 자유롭고 따라서 서로 다른 생각을 하는 것을 존중한다고 했을 때도, 사람들이 함께 추구해야 할 어떤 가치와 목적을 정하는 것은 여전히 매우 어렵다는 점을 알 수 있다. 그렇다면 막다른 골목과도 같은 이 과제를 푸는 방법은 무엇일까?

3. 정치 공동체에서 구성원의 책임

지금까지 자유를 중심으로 논의한 인간의 모습은 현실에서 살아가는 사람과는 동떨어진 개인으로서 무미건조한 모습이었다는 점에 주목할 필요가 있다. 현실에서 매일 살아가는 사람들의 생각과 경험을 충분히 반영하지 못하고, 사람으로서 아주 최소한의 모습을 가정할 뿐이라는 점을 지적할 수 있다. 인간의 모습을 이렇게 최소한으로 상정한 것은 우리의 논의를 분석적으로 차근차근 진행하기 위함이다. 이렇게 최소한의 인간 모습을 전제했을 때는 자유로운 인간으로서 모두가 평등하다는 주장과 인간으로서 살아갈 적절한 기본재에 대한 권리를 가진다는 근거를 도출해 낼 수 있었다. 그러나 사회 현실에서 공

(Rawls, 1993). 서로 양립하기 어려울 수 있는 다양한 가치관이 존재하는 다원주의 사회에서 서로 공존하며 살아가는 정치 질서를 마련하는 이론으로 의미를 부여한다. 그러나 공공정책이 추구해야 하는 가치를 정하는 데 방향을 구체적으로 제시하지 못한다는 모호성은 여전히 존재한다.

공정책이 추구해야 할 가치와 목적에 대해서는 여전히 이론적 공백이 존재한다는 점을 알 수 있다.

여기서 아리스토텔레스가 인간은 정치적 동물이라고 지적한 점을 상기해 보자. 인간은 혼자 고립되어 사는 것이 아니라 공동체 속에서 삶을 영위하면서 자신의 본성을 발현할 수 있고, 이를 통해 훌륭한 삶을 살게 된다는 말이다(Ryan, 2012). 공동체의 삶을 통해 반드시 훌륭한 삶을 살 수 있다고 단언할 수는 없지만, 우리가 공동체에서 살고 있다는 점은 분명한 사실이다. 이는 우리가 공공정책의 가치와 목적을 살펴보는 데 출발점이 되는 두 번째 전제다. 공동체에서 함께 살아가는 사람들은 일상생활 속에서 부딪히는 어떤 사건이나 사물에 대해 서로 비슷한 생각을 하고, 즐거움과 아픔을 여러 사람과 같이 느끼기도 한다. 더 나아가 문화를 공유하고 여러 가지 사안에 대해 비슷한 태도를 보인다. 특히 언어를 공유하여 의사소통할 뿐만 아니라 그 속에서 자기 자신의 성격과 모습을 형성해 나간다(Taylor, 2007).

우리의 마음속에는 나 자신의 이해관계를 극대화하려는 경제적 합리성과 함께, 좋은 것을 가족과 이웃뿐만 아니라 어려운 사람과 나누려는 측은지심도 있다. 나아가 주위 사람들로부터 존경받고자 하는 바람도 있다. 우리의 자아는 논리적이고 합리적인 동시에 감정적이고 본능적인 모습도 가지고 있다(Kahneman, 2011). 내면에서 복잡하게 고민하거나 주위 사람들과 공감하는 등 함께 살아가는 사람들이 지니고 있는 삶의 가치는 서로 많이 상반되거나 전혀 다르지 않을 수 있다. 바람직한 가치나 삶에 필요한 재화 등은 딱딱한 논리적 실험이 아닌 우리 주변 사람들의 생각을 들어봄으로써 어렵지 않게 알 수 있다. 그뿐만 아니라 다른 사람들과 함께 살아가면서 서로 도와야 한다는 것도 잘 알고 있으며, 서로 공감하고 있다(Sandel, 1982). 실제로 같은 공동체에서 살아가는 사람들은 개인으로서 각자의 생각만을 갖는 것이 아니라 비슷비슷한 사고방식을 지닌다. 예를 들어 커피는 우리에게 기호식품이지만, 대다수 스위스 사람에게는 비상식량에 반드시 들어가는 필수품에 속한다.[3] 마찬가지로 한국 사람의 대부분은 김치 없이는 밥을 맛있게 먹을 수 없는 공통된 취향을 가지고 있다.

이렇게 생활 세계에서 사람들이 공유하는 가치관을 반영하여 사회적 재화의 배분과 같은 문제에 대해 논의하고 의사 결정해야 한다는 것이 공동체주의 관점이다. 이러한 공동체주의 관점은 논리적이고 추상적이기보다는 생활 세계에서 경험적 논리를 도출한다는 점에서 현실적이다. 그런데 여기서 한 걸음 더 나아가 공동체의 역사와 문화를 이해하고 그 구성원의 생각을 살펴 모두 동의하는 사회질서와 제도를 만들 수 있다는 가능성을 제시한다. 구체적으로 함께 살아가는 사람들 사이에 공유하는 가치나 선호가 존재하므로 그에 따라 공공정책이 추구해야 할 가치나 목적을 정할 수 있지 않을까 하는 가정을 하고, 구체적인 정책에 대해 접근한다(MacIntyre, 1981).

그러나 공동체의 현실은 항상 조화로운 것만은 아니다. 생활 세계 속에서 살아가는 우리는 서로 이해하고 협력할 때도 있지만, 서로 다른 생각과 이해관계로 인해 대립하고 갈등하기도 한다. 그리고 그 갈등으로 사회적 분열이 발생하거나 고통받기도 한다. 공동체에서 사람들은 삶의 방식과 문화를 서로 공유한다지만, 그들 사이에 존재하는 이견을 좁히기는 여전히 어렵다. 공동체에 필요한 덕성을 서로 달

3 2019년 4월 스위스 연방정부는 커피가 열량이 높지 않아 비상식량으로서 효용성이 높지 않다고 판단하여 이에 대한 국민 의견을 수렴하여 커피를 비상식량 품목에서 제외했다.

리 이해하고 있으며, 더욱이 한 사람의 생각이 공동체 모든 사람의 생각을 대변한다고 보기도 어렵다(Rothstein, 1998). 공공정책이 추구해야 하는 가치와 목적을 정확히 안다고 생각하는 사람이 있다면, 그 의견에 다른 사람들은 과연 동의할 수 있을까?

이 질문은 공동체에서 함께 생활하는 사람들이 서로 비슷한 생각을 하더라도 어떤 제도를 만들거나 정책의 방향을 정하는 것은 여전히 어렵다는 점을 보여 준다. 이렇게 공동체에서 함께 살아가는 사람들의 다양한 차이를 인식하면, 우리의 논의는 마치 원점으로 되돌아온 듯하다.

그런데 공동체에서 함께 삶을 꾸리는 사람들은 최소한 몇 가지 사안에 대해 동의하고 공유할 수밖에 없다는 점에 주목해야 한다. 첫째, 자유인으로서 평등한 권리를 가진 시민의 권리는 국가라고 하는 정치공동체에 의해 보장받아야 현실적으로 누릴 수 있다는 점이다(Stilz, 2009). 우리는 모두 자유로운 인간이라는 전제에서 논의를 출발했지만, 이는 국가의 보호 없이는 보장받을 수 없는 전제이기 때문이다(Rousseau, 1762). 우리의 경험에 비추어 보더라도 서로 다른 가치를 가지고 각자의 삶을 살아가는 사람들 사이에는, 교묘한 술수로 상대방을 속이거나 물리적 폭력으로 상대방을 억압하는 일이 비일비재하다. 이러한 일이 아무런 제약 없이 일어난다면 공동체에서 인간의 자유는 파괴되고, 자유로운 시민들의 공동체가 아닌 힘센 주인이 힘없는 노예를 억압하는 사회가 되어 버릴 것이다. 자유를 가진 시민 사이의 사회계약을 통해 성립된 국가가 권리를 보장할 때 이러한 문제를 막을 수 있다(Rousseau, 1762).

둘째, 우리가 공동체에서 함께 살아가고 있다면, 거기에는 불가피하게 몇 가지 규칙이 필요하다는 사실이다. 하나의 공동체에서 함께 살아간다는 것은 단순히 주어진 영역에서 각자의 삶을 영위하는 게 아니라 상호작용을 한다는 것이다. 따라서 공동체에서 함께 살아가기 위해서는 여러 가지 규칙이 필요하며, 이를 설정하면 우리는 그 규칙에 따라야 할 의무를 지니게 된다. 이러한 규칙에는 사회적 가치를 공정하게 나눈다거나, 빨간불이 켜지면 길을 건너지 않고 기다려야 한다는 것과 같이 여러 사람이 편리하고 안전하게 생활하기 위한 규범들이 있다. 그러나 이와 같은 규칙의 내용을 정하는 것은 여전히 어렵다. 그러나 일단 공동체에서 어떤 규칙을 정했다면, 이를 지켜야 한다는 의무도 발생한다는 점을 인지해야 한다.

셋째, 공동체에서 살아가기 위해서는 각자 소유하고 사용하고 소비하는 재화도 있지만, 공동체에서 함께 사용하고 소비해야 하는 재화도 있다. 그 가운데 깨끗한 물과 공기와 같이 사람이 살아가는 데 꼭 필요한 것은 공동체의 성원이 공유할 수밖에 없다. 또한, 공동체에서 더 나은 생활을 위해 서로 협동하면서 공유하는 공공재도 있다. 예를 들어, 논농사를 짓는 마을에서 농업용수를 효과적으로 확보하기 위해 공동으로 관개시설을 구축한다면, 훨씬 더 효과적으로 농사지을 수 있을 것이다. 이뿐만 아니라 도로, 전기, 항만, 공항, 철도 등과 같은 사회간접자본도 공공재의 성격을 매우 강하게 가진다. 또한 코로나19 대유행에서 경험했듯이 전염병을 막기 위한 방역 시설과 인력 그리고 환자를 치료하는 건강·보건 체제 등 사회제도도 공동체를 유지하기 위해 꼭 필요한 공공재다. 이처럼 공공재는 공동체가 유지되고 원활히 작동되기 위해 필요한 재화나 가치다. 따라서 개인들의 다양한 특성과 생활 방식에도 불구하고 공동체 성원 모두에게 일정한 혜택을 제공한다.

공공재는 한 번 사용했다고 하여 그 가치가 하락하지 않는다. 예를 들어 어느 마을에 있는 공원에서 누군가가 산책을 했다고 하여 오후에 그 공원에서 휴식을 취하는 사람들의 즐거움이 감소되지 않는다. 이같이 공공재는 비배제성과 비경합성이라는 속성을 가지기 때문에 사람들은 공공재의 혜택을 누리고자 하지만, 이를 창출하는 데 드는 비용을 부담하기를 꺼리는 이기적인 모습을 보인다. 그러나 공동체에서 함께 살아가는 사람들은 모두 그 혜택을 누리는 만큼 공공재를 창출하는 데 이바지해야 할 책임이 있다. 물론 그 책임을 어떻게 나누고 부담할지는 여전히 어려운 문제다. 그러나 공공재는 공동체가 유지되고 사람들이 원활하게 생활하는 데 꼭 필요한 것이므로, 이를 효과적으로 창출하고 유지하는 것이 공공정책의 핵심 과제임은 분명하다.

4. 공공정책의 두 전제: 자유와 책임

공공정책은 정부가 추진하는 공공의 목적과 이를 수행하기 위한 수단에 대한 간결한 지침이다. 공공의 목적을 달성하기 위한 수단으로서 정책은 기본적으로 합리성과 효율성의 관점에서 선택될 수 있다. 그러나 시민들의 가치관이 서로 달라 공공정책의 목적을 설정하는 일은 매우 어려울 수밖에 없다. 이 장에서는 이렇게 서로 다른 생각을 가진 사람들 사이에서 정부가 공공정책을 추진할 때, 사회에서 공유할 수 있는 출발점이 되는 가치와 규범에 대해 살펴보았다.

먼저 논의의 출발점으로서 자유에 대해 논의했다. 인간은 누구에게 예속되지 않는 자기 자신의 주인이며, 이같이 대접받아야 한다는 자유에 대한 믿음은 우리가 모두 공유하는 가치로서 논의의 첫 출발점이 된다. 소극적 자유에 대한 보호와 옹호는 정치와 정책의 영역이며, 자신이 원하는 삶을 살아가는 적극적 자유는 사적 공간에 존재함을 지적했다. 따라서 정부가 추진하는 공공정책은 시민의 자유가 속박당하지 않도록 최대한 보장되어야 하며, 사람들 스스로가 추구하는 삶에 대해 간섭해서는 안 된다. 그러나 정부가 최소한의 역할로 소극적 자유만을 보호하려고 하면 자유는 진정으로 보호될 수 없다. 따라서 국가가 특정한 가치관을 옹호하는 것은 옳지 않더라도, 시민 개개인이 자신의 목적에 따라 삶을 영위하려는 노력에 사회적 기반을 제공해야 함을 지적했다.

우리는 인간으로서 살아가는 데 필요한 기본재를 활용하여 적절한 기능 수행과 잠재력을 가질 권리와, 그 권리를 동료 시민들에게도 보장해야 할 책임이 있다. 한편 각자의 방식으로 서로 다른 목적을 추구하며 살아가는 사람들 사이에는 불평등이 발생할 수밖에 없음을 지적했다. 이러한 불평등 속에서 사회는 약자를 보호하고, 그가 인간으로서 존엄성을 지킬 수 있도록 생활 수준을 적절하게 유지해 줄 책임이 있다.

그러나 개인의 자유에만 초점을 맞추면 공동체에서 함께 살아가는 사람들을 제대로 반영하지 못한다는 약점을 지적했다. 이에 한 걸음 더 나아가 사람들이 정치 공동체에서 함께 살아간다는 사실에 근거하여 기본적 규범으로 책임에 대해서도 살펴보았다. 아무리 생각이 다른 자유로운 사람이라도 그 자유는 정치 공동체에서 보장받을 수 있으며, 공동체에서 다른 사람들과 함께 살아가기 위해서는 일정한 규칙들이 필요하고, 이를 준수해야 하는 책임과 의무가 있음을 지적했다. 예를 들어 자동차를 운전할 때 오른쪽으로 통행해야 하는 것은 가치 차원이 아니라 안전을 위해 모두가 지켜야 하는 공동체의 규칙이기 때문이다. 한편 공동체가 유지 및 발전하기 위해서는 깨끗한 공기나 공원, 도로와 같은 공공재가 있어야 하고, 이것을 창출하고 관리하는 것은 결국 시민들의 몫이라는 점도 알 수 있었다.

공동체에서 시민의 자유를 보장하고 공공재를 만들어 내기 위해 정치 공동체 조직의 한 형태로 국가가 존재하는 것이며, 실제로 정부는 공공정책을 통해 그러한 다양한 일을 집행한다. 따라서 다양한 가치를 가진 사람들이 공유할 수 있는 최소한의 기본적 규범인 개인의 자유와 공동체에 대한 책임이 공공정책이 추구해야 하는 목적의 기본적 전제가 된다. 그러나 어떤 사회에서 특정한 시점에 시민들의 안녕과 복지를 위해 정부가 공공정책을 통해 수행해야 할 역할과 범위, 공공재를 창출하기 위한 재정적 부담 등 구체적 상황에서 제기되는 정책적 갈등은 여전히 과제로 남아 있다. 이러한 정책 갈등은 주어진 상황과 조건에서 정책 당사자들이 풀어야 하는 과제다. 2장에서는 정책 당사자들이 이성에 기반한 숙의를 통해 갈등을 풀어 나가는 방법과 역량에 대해 논의하기로 한다. 여기서 자유와 책임은 이와 같은 구체적인 정책적 목표와 수단을 결정하는 데 첫 번째 출발점이다.

2장

이성과 숙의를 통한 갈등관리

1. 민주 사회에서 갈등 해결을 위한 전제와 역량

한국 사회는 사회적 불평등, 고용 불안, 고령화 등으로 인해 극심한 사회갈등을 겪고 있다. 또한 원자력발전소 건설이나 남동권 신공항 건설 같은 중요 국가정책을 둘러싼 사회갈등도 날로 심각해지고 있다. 또 다른 예로 인천국제공항 비정규직 직원의 정규직 전환을 둘러싸고 청년들 사이에서 불공정 논란이 일어나기도 했다. 그러나 이와 같은 주요 갈등 사안에 대해 이해당사자들은 상호 수용 가능한 대안을 찾기보다 자기 주장을 앞세우는 데 집중하여 갈등이 쉽게 해결되지 못하고 있다. 정부도 중재자로서의 역할을 적절히 수행하기는커녕 오히려 갈등을 증폭하는 경우가 빈번하게 발생했다.

더욱이 갈등 당사자들이 합리적이고 이성적인 대화와 협상을 통해 타협하기보다 상대방을 비난하거나 헐뜯으며 서로 상처를 주는 사례가 비일비재하다. 또한 시민들과 사회집단들이 보수와 진보 등 서로 다른 가치관을 가진 사회 진영으로 나뉘어, 상대방의 행동이나 입장은 따져 보지 않은 채 비난하고 우리 편은 무조건 옹호하는 행태를 보이는 현실이다. 이런 만성적 대립과 사회적 갈등을 효과적으로 관리하고 해소하지 못한다면, 한국 사회는 성숙한 민주사회로 발전하기는커녕 사회적·정치적 분열의 나락으로 추락하게 될 것이다. 그렇다면 사회갈등을 어떻게 효과적으로 관리하여 국민적 통합과 사회적 조화를 이룰 것인가? 2장에서는 효과적인 갈등관리를 위해 이성과 숙의에 따른 방법을 논의하고자 한다. 특히 숙의에 필요한 사회적 규범과 개인의 이성적 역량에 대해 탐색해 보고자 한다.

함께 살아가는 공동체에는 다양한 취향과 재능과 목적을 가진 사람들이 섞여 있다. 따라서 그로 인해 갈등이 발생하는 것은 자연스러운 일이기도 하다(권혁주, 2016). 또한 사회가 원활히 작동하도록 사회 구성원은 사회에 필요한 서로 다른 소임을 수행하는데, 그에 따른 경제적·사회적 보상도 천차만별이다. 이러한 이유에서 사회 구성원은 한정된 경제적 자원과 사회적 지위를 두고 어떻게 배분하느냐에 따라서 갈등이 양산된다(Rawls, 1993). 근본적으로 민주주의의 정치 공동체에서 구성원들은 서로 다른 이념이나 가치관으로 가치 배분에 대해 상반된 생각을 할 수 있는데, 민주주의의 건강성은 이러한 사회적 갈등을 어떻게 관리하고 해소하는가에 따라 좌우된다(Goodin, 2008).

그러나 우리 사회는 사회갈등을 적절하게 해결하기보다 갈등의 대립 구조에서 우리 편이 승리하여 싸움의 전리품을 독점하는 결과에만 집착하는 모습을 보여 왔다. 지난 60년간 원하는 결과를 얻기 위해 수단과 방법을 가리지 않고 정책을 추진했던 방식은 박정희 정부뿐만 아니라 IMF 경제 위기 속 김대중 정부에서도 마찬가지였다. 그러나 이런 방식으로 사회갈등을 대하면 대립의 골은 더욱 깊어지고 갈등은 더욱 심각해지는 악순환을 초래할 수밖에 없다. 2장에서 효과적으로 갈등을 관리하는 역량과 함께 숙의 방법과 규칙에 대해 논의하고, 이를 토대로 제2부와 제3부의 분석을 이어 가기로 하자.

갈등관리를 위한 두 가지 조건

사회갈등을 효과적으로 관리하기 위해서는 다음과 같은 두 가지 조건이 충족되어야 한다. 첫째, 사회갈등을 관리하는 과정에서 갈등 당사자들이 최소한의 규범을 지켜야 한다. 이는 어느 한쪽만이 아니라 당사자 모두가 함께 지키는 규범으로서 받아들여져야 한다. 그래야만 사회갈등의 당사자들이 공정한 과정을 거쳐 도달한 해결 방안에 합의하고, 그 결과를 수용할 것이기 때문이다. 갈등 상황에서 어떻게든 자신의 이익을 관철하겠다는 태도는 한번은 성공할 수 있지만, 다음번에는 사태를 더욱 극단적으로 몰고 갈 가능성이 높다. 그런데 갈등 과정에서 지켜야 할 규범을 당사자들이 정확히 인지하지 못하고 있다면, 그것을 준수하기는 어려울 것이다. 따라서 갈등관리의 규범을 명확히 제시해 보고자 한다.

둘째, 갈등을 적절하게 관리하기 위해서는 사회 구성원이 갈등관리 역량을 갖춰야 한다. 갈등의 당사자나 중재자가 규범을 준수하되 자기 자신의 입장을 단호히 주장하고 상대방의 주장을 적절히 수용할 수 있는 갈등관리 능력이 있어야, 사회갈등이 공정하고 효과적으로 관리될 수 있기 때문이다. 이러한 맥락에서 사회갈등을 공정하게 관리하는 최소한의 기본적인 규범을 제시하고, 시민들과 더불어 공적 임무를 수행하는 사람에게 요청되는 갈등관리 역량과 이를 활용하는 방안에 대해 논의하고자 한다.

이러한 점에서 이 글은 지금까지 학계에서 수행된 기존의 연구와 차별성을 가진다. 먼저 사회갈등 상황에서 자신의 이익을 최대한 확보하는 데 초점을 맞추는 협상론적 관점의 연구와 차이가 있다(이달곤, 2005). 즉, 공정한 토론을 통해 적절한 대안을 찾아가는 과정에 강조점을 두고자 한다. 이러한 면에서 당사자 간의 갈등이 전개되는 과정과 영향 요인을 분석하는 갈등관리에 대한 경험적 연구와도 다르다고 할 수 있다(나태준, 2004; 배귀희·임승후, 2010; 하혜영, 2007). 또한 이해당사자들이 자신들의 이해관계를 충족시키기 위한 경제적 합리성의 전제를 넘어 이성적 판단에 근거한 사회갈등의 관리 역량에 대해 살펴본다는 차별성을 가진다.

갈등관리의 사회적 전제와 역량

사회갈등을 해결하는 데 필요한 기본적 규범을 논의하기 위해 가장 먼저 우리가 출발점으로 삼아야 하는 전제는 모두 자유로운 시민으로서 평등한 권리를 가지며, 공동체에 필요한 공공의 역할과 책임을 나누어 가진다는 원칙이다. 그러나 1장에서 논의한 바와 같이 시민의 자유와 공동체에 대한 책임이라는 기본적 원칙을 통해 사회문제를 해결하기 위한 기본 방향을 설정할 수는 있지만, 특정한 맥락에서 진행되는 구체적 정책 사안을 둘러싼 사회적 가치 배분의 갈등을 실질적으로 풀어 나가기란 매우 어려운 일이다. 따라서 구체적인 정책 사안과 그로 인한 사회적 쟁점 그리고 실질적 상황과 조건에 대해 구성원들이 합리적 논리와 이성적 사고로 논의하여 해당 갈등을 풀어 나갈 수 있는 실용적 방법을 마련하는 것이 필요하다.

두 번째로 갈등의 당사자로서 상대방을 공동체의 성원으로 인정하고 공존해 나간다는 원칙이 전제되어야 한다. 이 같은 전제를 충족하면서 우리가 직면한 구체적인 사회적 갈등을 관리하고 해소하는 데

폭력이나 탄압과 같은 방법이 아닌 당사자 간의 대화와 설득 그리고 협상과 타협이 가장 적절한 수단이라는 점을 인정하면 논의를 시작할 수 있다(Deutch, 2006). 그렇다면 우리는 어떻게 각자 다른 생각이나 상충되는 입장 속에서 서로 합의할 수 있는 대안을 찾아낼 수 있을까?

이 같은 질문에 답하기 위해, 이해당사자가 가져야 하는 첫 번째 갈등관리 역량으로 자기성찰 능력을 제시하고 이에 대해 논의하기로 한다. 사회갈등이 사회 성원 간 대립하는 입장의 충돌로 발생하는 것이라면 갈등을 해결하기 위해 상대방과 절충을 시도하기에 앞서 자신의 입장에 대해 객관적이고 비판적인 성찰이 필요하기 때문이다. 자기 입장이 올바르지 않거나 스스로 이익에 부합되지 않는다면, 그것을 먼저 수정하는 것이 가장 효과적인 갈등 해결 방법이 될 것이다. 과연 우리는 적절하고 타당한 입장을 취하고 있는가? 이 질문에 객관적인 답을 하기 위해서는 자신의 입장을 스스로 되돌아봐야 한다. 그렇다면 갈등을 해결하기 위한 명확하고 합리적인 입장을 취하는 데 요구되는 자기성찰은 어떻게 수행되어야 하는가?

두 번째 단계는 갈등의 직접적 원인이 되는 사회 쟁점의 성격에 대한 분석과 이에 대한 적절한 접근 방법을 선택하는 분석 역량에 대해 논의하고자 한다. 사회갈등의 원인이 되는 쟁점들은 각각 다른 성격을 내포하고 있으며, 그에 따라 쟁점을 논의하기 위해 그에 맞는 접근 방법을 선택해야 한다(Mashaw, 1983). 예를 들어 원자력발전소 고준위폐기물 처리장 입지 선정과 같은 사안은 방사성 물질 처리에 관한 과학적·기술적 문제라는 특징을 띤다. 반면에 공공개발을 위한 토지수용과 관련된 토지보상가 설정 같은 문제는 경제적 성격을 가진다. 이처럼 쟁점의 성격이 다르면 그에 대한 분석과 협상의 접근 방법도 달라져야 한다. 본 장은 이러한 쟁점의 성격과 그에 따른 차별적 접근 방법에 대해 다루어 보기로 한다.

셋째, 갈등을 관리하고 해결하기 위해 우리에게 필요한 대화와 토론 역량에 대해 살펴보고자 한다. 협상을 통해 갈등을 풀어내고 관리하기 위해서는 대화와 토론이 필요하다. 이를 통해 상대방에게 의사를 전달하고 그의 생각과 필요도 청취해야 갈등을 풀어내는 실마리를 찾아낼 수 있기 때문이다(Gutmann & Thompson, 1996). 대화를 통해 갈등을 풀어내는 과정에서 당사자 사이에 토론은 논쟁, 설득, 흥정 같은 일정한 형태를 띠는데, 다수가 토론에 참여하는 경우 숙의, 심의 또는 공론이라는 형식을 취하게 된다(Goodin, 2008). 이 같은 방식을 통해 갈등 해결을 위한 의사 결정은 단순히 자신의 주장을 관철하기 위함을 넘어 가장 적절한 대안을 찾아내는 노력으로, 이에 필요한 역량을 살펴본다.

이와 같은 논의를 전개하기에 앞서 갈등의 개념과 논리적 구조에 대해 먼저 체계적으로 분석해 볼 필요가 있다. 사회갈등에 대한 체계적 분석으로 사회갈등의 구조를 정확히 이해하고, 이론적 맥락에서 갈등관리 규범에 대해 구체적으로 논의할 수 있기 때문이다. 또한, 갈등관리에 필요한 역량을 논의하는 바탕을 마련할 수 있기 때문이다.

2. 사회갈등의 구조와 갈등관리의 원칙

사회갈등은 어떤 사회적 쟁점에 대해 최소 두 당사자가 상반된 입장으로 대립하여 긴장을 야기한 상태라고 정의할 수 있다(Raider, Coleman & Gerson, 2006). 이와 같은 개념 정의를 기초로 하여 사회갈등의 기본 구조를 [그림 2-1]을 통해 자세히 살펴볼 수 있다. 첫째, 사

이해당사자 A	사회적 쟁점	이해당사자 B

사안에 대한 입장	→	사회갈등	←	사안에 대한 입장

출처: 권혁주(2016)

[그림 2-1] 사회갈등의 기본 구조

회갈등은 한 사람이나 하나의 사회적 주체만으로는 발생하지 않는다. 다시 말해 최소 둘 또는 그보다 많은 수의 사람들이나 단체 등이 당사자로서 관련되어야 한다. 둘째로 어떤 사회적 쟁점이 제기되면 그것을 둘러싼 갈등이 발생하게 된다. 사람들이 서로 다른 생각이나 이해관계를 가지고 있더라도 특정한 쟁점 사안이 제기되기 전까지 갈등은 잠재적 상태로 남아 있다. 그러나 어떠한 계기를 통해 구체적 쟁점이 제기되면 그 갈등이 표면화된다. 일반적으로 정책 갈등은 정부가 구체적인 정책을 제시하여 그것이 쟁점화될 때 표면화된다. 셋째, 어떤 특정한 사안이 제기되었을 경우, 그에 대한 상반된 입장이 존재해야 갈등이 나타난다. 결국 사회갈등이란 어떤 쟁점에 대해 당사자들이 서로 상반된 입장을 가지며, 그러한 대립으로 인해 긴장되고 불편한 상황을 초래하는 상태다.[1]

이렇게 사회적 갈등의 기본 구조를 파악하면 갈등을 해소하거나 관리하는 몇 가지 방안을 도출할 수 있다. 그 가운데는 우리가 채택하

1 일반적으로 갈등 상황에서 사람들은 신체적으로 긴장과 불안과 같은 불편함을 느끼게 된다. 또한 부조리 혹은 부당함에 대해 정신적인 불편함을 느끼기도 한다. 그런데 어떤 사안에 대해 상대방과 다른 입장을 가지고 있더라도 불편함을 느끼지 않는 경우도 있으며, 그 같은 경우 갈등 상황이라고 보기 어렵다. 예를 들어 서로 다른 팀을 응원하면서 운동 경기를 보는 두 사람이 서로 다른 입장에서 그 상황을 즐기고 있다면, 이는 갈등 상황이라고 볼 수 없다.

기에 적절하지 않거나 적용하기 어려운 것도 있으며, 어떤 것은 유용할 수 있다. 민주주의 사회에서 시민들의 자유와 공동체에 대한 책임이라는 두 가지 전제 조건을 상정하고 우리에게 유용한 갈등관리 방안과 최소 원칙을 살펴본 다음, 그 적절성을 판단해 보기로 하자.

갈등관리의 세 가지 원칙

갈등 해소 방안으로 첫째, 갈등 상황에서 갈등의 상대방이 더는 존재하지 않도록 몰아내거나 억압하여 경쟁적 입장을 취하지 못하게 하는 방법이다. 갈등이 발생하려면 최소한 당사자 둘([그림 2-1]의 이해당사자 A와 B)이 존재해야 하는데, 한 당사자가 갈등 상황에서 사라지거나 입장을 제시할 수 없는 상황에 놓인다면 갈등은 없어지기 때문이다. 예를 들어 1970-1980년대 권위주의 정권 아래에서 민주화를 요구하던 시민들이 거리 시위를 벌이는 등 민주화 투쟁으로 사회갈등이 빈번히 발생했다. 이때 권위주의 정권은 민주화를 요구하는 학생들이나 재야 인사를 구속하는 등 탄압하는 방법으로 반대자의 목소리를 억눌렀다.

이같이 권위주의 정권의 정치적 탄압과 같은 억압적 방식은 갈등의 상대방을 제거하거나 자신의 의견을 펼칠 수 없도록 만들어 갈등을 해결한 사례다. 갈등의 당사자인 상대방을 공동체에서 공존하는 구성원으로 인정하지 않는 방식이다. 이는 갈등의 원인이 되는 문제를 제대로 해결하지 못한 채 밖으로 표출되지 않게 하는 것으로, 이렇게 잠재되어 있는 갈등은 언제든지 다시 대두될 수 있다. 우리나라에서는 권위주의 정권의 억압적 정책으로 갈등이 해소된 것처럼 보였지만, 결국은 권위주의 정권의 탄압과 폭력에도 불구하고 시민들의 저항이 계속되어 민주화를 이루게 되었다.

그러나 세계의 여러 국가에서 권위주의 정권의 억압적 통치는 계속되고 있다. 이렇게 갈등 당사자를 계속 억누르면 급기야 누적된 사회적 불만이 폭력적 양상으로 표출되거나 심하게는 내전 상태에 이를 수 있다. 리비아의 카다피 정권의 몰락이 그러한 예다. 2011년 '아랍의 봄'이 리비아에 밀어닥치자 견고하게 보였던 카다피 정권은 속수무책으로 무너졌는데, 잠재되어 있던 갈등이 폭발하고 내전 사태로 이어진 점은 억압적 방식이 효과적인 갈등관리 방안이 아님을 극명하게 보여 준다.[2] 근본적으로 상대방을 인정하지 않는 방식은 서로 다른 생각과 삶을 존중하는 민주주의의 방식이라고 볼 수 없다. 따라서 이 같은 방법은 효과적이지 않을뿐더러 민주주의 규범에 비추어 봐도 적절하지 않다. 갈등의 이해당사자인 상대방과의 공존을 인정하는 것은 갈등관리의 첫 번째 원칙이다.

둘째, 갈등의 원인인 쟁점 사안을 취소하여 갈등을 해소하는 방안을 생각할 수 있다. 쟁점 사안이 사라지면 그것에 대한 반대 입장도 없어지기 때문이다. 때로는 정부나 공공 기관이 잘못된 정책을 추진하여 갈등이 생기는 경우가 있는데, 이때 해당 정책을 취소하면 갈등도 해소된다. 1990년대의 동강댐 건설 사업은 자연환경 및 생태계 보호라는 입장에서 지역주민의 강력한 반대에 부딪혔는데, 정부가 댐 건설 사업을 백지화하면서 갈등이 해소되었다(이선우·문병기·주재복·정재동, 2001). 그러나 정부의 정책은 대부분 국가적 혹은 사회적 필요로

---

2 리비아의 카다피 정권이 몰락하는 데는 시민들을 무자비하게 탄압하는 리비아 군대를 나토 공군기가 폭격하면서 무력화시킨 것이 결정적 역할을 했다. 리비아는 2003년 화학무기 폐기 및 핵개발 프로그램 포기를 선언하면서 서구가 더 이상 개입하지 않을 것으로 기대했다. 그러나 나토는 민주화를 요구하는 시민에 대한 리비아 군의 탄압을 인권 유린으로 판단하고 개입했다.

입안 및 추진되는 것으로, 정책을 결정하기 전까지 치밀한 분석과 합리적 판단을 통해 최적의 대안을 선택하는 노력이 필요하다. 따라서 잘못된 정책의 설계나 의사 결정의 잘못으로 갈등이 발생했다면 정부의 책임이며, 그러한 정책은 취소하는 것이 적절하다고 판단된다. 그러나 정부가 추진하는 정책이 정책 설계의 오류로 인하여 쉽게 취소된다면, 정부에 대한 국민의 신뢰도 크게 떨어질 것이다. 따라서 이러한 정책 오류가 발생하지 않도록 정책에 대한 세밀한 분석과 합리적 의사 결정으로 최선의 정책을 마련하는 것이 매우 중요하다.

그러나 정부가 합리적으로 정책을 결정하더라도 정책에 관한 이해당사자의 판단과 이해관계가 서로 달라 갈등을 유발하는 경우도 빈번하다. 이와 같은 상황에서 잘 준비된 해당 정책을 취소하는 것은 적절한 갈등관리 방안이 될 수 없다. 그렇다고 해서 이미 결정된 정책을 발표하고 무조건 밀어붙이는 식의 행태도 적절하지 않다. 그 같은 방식은 오히려 더 많은 갈등을 초래할 수 있다. 해당 정책의 쟁점 사안에 대해 분석하고 당사자들과 협의하여 이를 수용할 수 있도록 수정하고 보완하는 것이 가장 적절하다고 본다. 따라서 자신의 입장을 견고하게 주장하되 더 적절한 대안이 존재할 가능성도 열어 놓는 것을 두 번째 규칙으로 제시할 수 있다.

세 번째 방법은 당사자 사이에 대화와 협상으로 갈등을 관리하는 것이다. 즉, 쟁점 사안에 대한 입장이 다른 당사자들이 자기 입장을 명확히 표현하고, 이에 기초하여 대화와 협상으로 갈등을 풀어 가는 접근 방법이다. 사회적 갈등이 당사자 사이에 서로 다른 경쟁적 입장으로 인해 발생하는 긴장 상태라고 한다면, 세 번째 방법은 두 가지 입장이 서로 상충되지 않도록 타협안을 도출하는 방법이다. 앞의 두 방법과 달리 민주주의 사회에서 사회갈등을 풀어 가는 가장 적절한 관리 방법이라고 할 수 있다.

대화와 협상으로 갈등을 풀려면 갈등 당사자가 해당 쟁점에 그런 입장을 취하게 된 배경과 근거를 파악할 필요가 있다. 예를 들어 2015년 밀양 송전탑 건설을 둘러싼 갈등 상황을 보면, 송전탑 건설로 수용되는 토지의 보상가격이 낮아 반대하는 농민들이 많았다(이광석, 2014). 따라서 토지 보상가격을 조정하면 입장의 변화를 얻을 수 있을 것이다. 또 다른 측면으로 고압전기가 흐르는 송전탑이 지역 주민의 건강에 유해하다고 판단한 사람들도 있었다. 그렇다면 고압 송전탑의 건강 유해 여부를 검토하고 그에 따른 대안을 만드는 것이 필요할 것이다(이광석, 2014). 이처럼 갈등을 유발하는 정책에 대한 당사자들의 입장에는 경제적 이해와 사회적 필요 등 다양한 배경이 작용한다. 따라서 갈등 해결에 필요한 중요한 실마리는 갈등 당사자가 그런 입장을 취하는 배경과 근거에서 찾을 수 있다. 사회적 필요나 경제적 이해를 충족해 주면 상충되는 입장을 바꿀 수 있으며, 갈등도 해소할 수 있기 때문이다.

[그림 2-2]는 사회갈등 상황에서 당사자 입장의 기저에 경제적 이해와 사회적 필요 그리고 가치관이 자리 잡고 있다는 심층적 구조를 보여 준다. 이 구조에 가장 기본적인 위치와 토대를 형성하는 것은 사회 성원인 시민들이 각자 나름대로 가지는 가치관과 삶의 방식이다. 우리는 가치관에 따라 삶을 영위하고 여러 가지 사회적 필요를 가지게 된다. 이와 같은 사회적 필요를 충족시키기 위해서는 물질적 자원이 필요하며, 이에 따라 경제적 이해관계를 갖는 것이다. 가치관과 그에 따른 삶의 방식, 이해관계는 자신만의 사유와 판단을 통해 형성되기도 하지만, 공동체에서 생활하면서 사회화를 통해 이루어지기도 한다. 이와 같은 당사자들의 내적 가치관과 이해관계는 특정한 정책 사

출처: 권혁주(2016)

[그림 2-2] 사회갈등의 심층 구조

안에서 자신의 입장으로 구체적으로 나타난다.

3. 갈등관리 역량 ①: 이성을 통한 자기성찰

사람이 어떤 가치관을 가지면, 그에 따라 반드시 특정한 삶의 방식과 사회적 필요, 경제적 이해관계를 형성하여 특정한 입장을 필연적으로 취하는 것이 아니다. 사람은 다양한 조건과 상황에 영향을 받으며, 이성reason과 합리성rationality을 활용하여 주어진 조건을 고려하여 판단한다. 또한, 감정emotion에도 의존하여 유사한 가치관을 지니고 있더라도 내적 사고 과정에 따라 다른 입장을 취할 수도 있다. 따라서 갈등 상황에서 당사자들 입장의 심층 구조에 대해 사례별로 구체적으로 분석하는 것이 필요하다.

여기서는 상대방뿐만 아니라 갈등 당사자로서 자기 자신에 대한 깊은 분석도 중요함을 강조하고자 한다. 지금까지의 논의에서 우리는 다른 사람의 세계관이나 철학적 가치를 존중하고, 서로 다른 생각과 이해관계를 가진 사람들이 공존한다는 전제하에서 논의를 전개해 왔다. 이는 상대방에 대한 존중과 그의 자율적 판단에 대한 인정을 의미한다. 그런데 이에 더해 자신의 세계관이나 철학적 가치에 대해 주체적으로 성찰해 보는 것도 매우 중요하다(Bourdieu, 2004). 오랜 시간 사회화를 통해 얻게 되었거나 일상의 반복으로 자신도 모르게 형성된 가치관은 온전히 자신의 것이라고 말할 수 없을 것이다. 그로 인한 자신의 입장도 결국은 진정한 자신의 것이 아니기 때문이다. 자기 삶에서 추구하려는 가치에 대한 내적 성찰은 인간이 주체로서 자율성을 가지고 살아가는 데 있어 필요조건이다.

만일 우리가 비판적 성찰을 통한 세계관과 철학적 가치를 가지고 있다면, 거기에서 도출된 삶의 방식과 사회적 필요는 진정으로 자신이 원하는 것이라 할 수 있다. 그리고 이러한 사회적 필요를 충족시키는 데는 경제적 이해관계가 요구된다. 예를 들어 세상을 살아가는 데 사회와 자연에 대한 지식과 이해가 매우 중요한 가치라고 생각하는 사람은 자녀에게도 이에 관한 교육이 필요하다고 판단할 것이며, 교육의 내용과 제도에 대해 커다란 관심을 가질 것이다. 그러나 이러한 사고 과정은 단순하지 않다. 소중하게 생각하는 가치와 그것을 실현하는 적절한 수단을 선별하고 선택하는 판단 과정에서 우리는 감성과 합리성, 그리고 이성의 세 가지 정신적 사고 능력을 사용하게 된다.

감정의 두 가지 영향

감정은 인간 마음의 한 부분으로, 세계관이나 철학적 가치와는 다른 차원에서 이루고자 하는 바를 가지게 한다. 감정은 사람이나 사물에 대해 좋아하거나 싫어하는 마음을 갖는 것으로 개인적 성격과 취향을 형성한다. 따라서 개인의 특성을 구성하는 매우 중요한 요소이며, 사회적 사안에 대한 입장을 정하는 데 커다란 영향을 끼친다. 자신에게 익숙하고 편안한 것을 좋아하고, 낯선 것을 불편해하고 좋아하지 않는 감정은 사회적 의사 결정에도 영향을 끼칠 수밖에 없기 때문이다. 예를 들어 자신이 태어나고 자란 지역에 대한 애착은 자연스러운 감정이다. 이러한 감성에 따라 그 지역에 대한 정부의 투자를 지지할 수 있다.

그런데 어떤 감정은 의사 결정과 깊이 연관된 동시에 의사 결정의 방향에도 큰 영향을 준다(Lerner, Li Valdesolo & Kassam, 2015: 802-803). 예를 들어, 배우자와 말다툼한 사람이 직장에서의 의사 결정 사안에서 필요 이상으로 부정적인 견해를 제시하는 경우처럼 감정이 그 사람의 다른 결정에 영향을 주기도 한다. 또한 어떤 사안에 대해 비슷한 감정을 느끼지만, 정도의 차이에 따라 의사 결정과 행동에 다른 영향을 주기도 한다. 예를 들어 어떤 불행한 사건에 대해 공포를 느낀 사람은 그로 인한 위축으로 적극적인 행동을 피하지만, 같은 종류의 사건에 분노를 느낀다면 적극적으로 행동할 수도 있다(Marcus, Neuman & MacKuen, 2000). 한편, 주식 투자와 같은 의사 결정에서 어떤 사람은 위험을 감수하더라도 더 많은 수익을 추구하는 반면 어떤 사람은 적은 수익을 받아들이면서 안정적 투자를 선호하기도 한다. 위험을 감수하거나 안정을 추구하는 감정은 의사 결정과 관련된 감정이라고 할 수 있다.[3]

---

3 본질적으로 의사 결정과는 관련이 없으면서도 그것에 영향을 주는 감정을 '부대감정(incidental emotions)'이라고 하고, 의사 결정과 본질적으로 관련 있는 감정

이렇게 감정에 의해 의사 결정이 영향받는 것은 기본적으로 문제가 되지 않는다. 그러나 감정이 적절히 조절되지 못하여, 의사 결정에 지나치게 부정적인 영향을 끼치는 상황에 이른다면 문제다. 적절한 대책으로 위험을 관리할 수 있음에도 두려움 때문에 중요한 선택의 기회를 놓친다면 감정에 지나치게 영향받는다고 할 것이다. 지역감정은 출신 지역에 대한 애착을 넘어 다른 지역 출신의 사람들을 차별하고 부당하게 대우하여 여전히 우리 사회에 큰 문제가 되기도 한다. 따라서 감정이 합리성과 충돌할 때 그에 대한 적절한 자기 통제와 관리가 필요해진다.

합리성의 한계

합리성은 목적 달성을 위해 수단을 선택할 때 목적과 수단 사이의 인과관계를 파악하고 여러 대안 가운데 가장 효과적이고 효율적인 수단을 결정하는 능력이다. 감정이 취향과 느낌으로 의사 결정에 영향을 준다면, 합리성은 논리적 사고와 과학적 분석에 따라 판단한다는 차이를 보인다. 개인의 경제적 이익 추구를 기본 원칙으로 하는 자본주의 시장경제 체제에서는 경제적 이익을 얻기 위해 가장 적은 비용이 드는 수단을 선택하는 경제적 합리성이 가장 중요한 판단의 기준이 되었다. 따라서 경제적 합리성은 많은 사람에게 다양한 사회적 쟁점이나 정책 사안에 대한 입장을 정하는 중요한 판단 근거로 작용한다.

사회과학에서도 개인의 행태를 이해하는 최소한의 전제가 경제적 합리성이라는 이론적 가정이 존재한다(남궁근, 2021). 방법론적 개인주

을 '연관감정(integrated emotions)'이라고 한다.

의는 사람들의 선호와 가치의 차이에도 불구하고 누구에게나 적용되는 행위 패턴이라고 보기 때문이다. 그러나 경제적 합리성만이 자신의 입장을 정하는 데 활용되는 판단 기준이라고는 볼 수 없다. 자신의 경제적 이익에만 집착한다면 공동체에서 필요한 공공재를 창출하지 못하고 결과적으로 자신에게도 불리한 상황을 초래하게 된다. 그러므로 우리가 어떤 사안을 이해하고 판단하기 위해서는 자신의 경제적 이익뿐만 아니라 자신과 상대방을 포함하여 사람들이 함께 살아가는 공동체의 필요에 대해서도 고려해야 하는 것이다(Ostrom, 1990). 자신에게 직접적으로 돌아오는 일차적 이익뿐만 아니라 공동체 운영에 필요한 공공재를 창출함으로써 공동체 성원의 이차적 이익까지 가능하려면 경제적 합리성만으로는 부족하다.

이성적 판단의 세 가지 기준

자신과 공동체 전체의 이익을 염두에 두고 자기 입장을 취하기 위해서는 합리적 판단뿐만 아니라 이성적 판단이 필요하다. 이는 자신의 이익과 비용을 비교하는 합리적 사고뿐만 아니라 무엇이 자신과 공동체에 적절한지도 판단하는 것이다. 합리성이 과학적 분석과 논리적 사고에 따른다면, 이성적 사고는 옳고 그름과 적절함에 따라 판단하는 철학적 성찰의 과정이다. 따라서 인간이 온전히 자신의 삶을 영위하면서 자유를 향유하려면 감성과 합리성에 더해 이성을 바탕으로 스스로 판단하는 능력을 가져야 한다. 링겐은 내적 성찰을 통해 이성적으로 판단하면서 고려해야 할 세 가지 기준을 제시했는데(Ringen, 2007), 이는 갈등 상황에서 자신의 입장을 반추해 보는 데 매우 유익한 기준이 된다.

첫째, 이성적으로 판단하기 위해서는 효과성에 대해 고려해야 한다. 우리가 설정한 목적을 달성하고자 할 때에는 어떤 수단을 정해야 하는데, 선택 수단이 목적을 효과적으로 달성할 수 있는지를 판단해야 한다. 만일 목적을 달성하기 위해 자신이 원하는 수단을 선택했다 하더라도 그 수단으로 그 목적을 달성할 수 있다는 인과관계가 존재하지 않는다면, 그러한 선택은 이성적이지 않다고 본다. 여기서 효과성을 고려하는 데에는 이성적 사고와 합리적 판단이 중첩되어 있음을 알 수 있다.

둘째, 이성적 판단을 위해 적절성에 대해 고려해야 한다. 우리가 선택한 목적과 수단의 관계가 효과적이더라도 공동체에서 함께 사는 사람들에게 그것이 적절한 것으로 용인되는지 판단해야 한다는 것이다. 적절함을 판단하는 데 누구나 동의하는 객관적 기준이 존재한다고 보기는 어렵다. 또한 어떤 사회에서 용인되는 것이라도 항상 적절하다고 볼 수도 없다. 이러한 모호성 속에서 결정하는 것이 이성적 판단이다. 또한 자신의 세계관과 철학적 가치에 근거한 내적 성찰 과정을 통해 적절함을 판단하는 이성을 발휘하게 된다.

셋째, 우리가 원하는 목적이 그럴 만한 가치가 있는지에 대해 판단해야 한다. 우리가 정한 수단이 목적을 효과적으로 달성할 수 있더라도 그 목적이 가치 있는지를 살펴야 한다. 만일 우리가 추구하는 목적이 가치 없거나 사소한 것이라면 이를 위해 크게 노력할 필요가 없기 때문이다. 판단은 사회적 인식을 고려하면서 자기의 세계관이나 철학에 근거한 내적 성찰을 통해 이루어진다. 이렇게 볼 때 이성적 판단이란 자기 가치관에 근거하여 내적으로 판단하는 정신적 작용에 기초함을 알 수 있다. 이성적 사고는 갈등 상황에서 자신의 입장을 반추할 수 있게 하며, 궁극적으로 자유로운 인간으로서 살아가는 데 필요한 자율성의 원천이라고 할 수 있다.

실제로 우리 사회에서 발생하는 사회갈등을 살펴보면, 쟁점 사안에 대한 당사자들의 입장이 합리적이고 이성적인 판단에 근거한 것이 아니라 고정관념이나 어떤 생각을 무의식적으로 혹은 무비판적으로 수용한 결과인 경우가 많다. 또한 스스로 결정한 입장이더라도 감정에 지나치게 영향받았다거나, 오직 경제적 합리성에만 근거하여 자신의 이익만을 취하려는 경우도 있다. 때문에 자신의 입장이 자신의 이익에 반하거나 그럴 만한 가치가 없는 목표를 추구하는 상황이 발생한다. 이러한 경우라면 사회갈등 상황에서 상대방과의 대화와 협상에 앞서 내적 성찰을 통해 스스로 입장을 적절하게 수정할 필요가 있다. 그러면 사회갈등을 해소하고 자기 자신에게도 가치 있는 것을 추구할 수 있게 된다. 따라서 감정을 통한 정체성의 표현과 합리성을 통한 과학적 사고와 더불어 이성을 통한 자기성찰적 능력은 사회갈등을 주체적으로 해결하는 데 필요한 가장 핵심적인 역량이라고 할 수 있다.

4. 갈등관리 역량 ②: 쟁점 분석과 관리 방법의 선택

사회적 쟁점은 갈등이 발생하는 직접적 원인이다. 서로 다른 생각과 이해관계를 지닌 사람들 사이에서도 쟁점이 없다면 갈등은 발생하지 않는다. 어떤 사회적 쟁점이 대두되고 그에 대해 서로 경쟁적 입장을 가지면서 비로소 갈등이 나타나기 때문이다. 그런데 여기서 갈등의 쟁점이 모두 똑같은 성격을 지니지 않는다는 점에 주목해야 한다. 따라서 쟁점의 성격을 정확히 분석하고 그에 따라 적절한 갈등관리 방법을 취하는 것은 갈등관리에서 필요한 핵심 역량이라고 할 수 있다.

이익 갈등

사회갈등을 초래하는 쟁점 가운데 경제적 속성을 가진 경우가 가장 많다(박길성, 2010). 경제적 재화의 분배를 둘러싸고 당사자 사이의 이해관계가 충돌하는 것이 이익 갈등이다. 자본주의 시장경제 체제에서 가장 빈번한 경제적 이해관계의 충돌은 대표적으로 임금을 둘러싼 노동자와 기업 간 갈등이다. 이때 노조 파업이나 직장 폐쇄와 같이 실력 행사도 하지만, 노사 협상을 통해 갈등을 조정하는 것이 가장 적절한 방법이다. 이 밖에도 공공사업에 의한 토지수용 보상과 같이 공공기관과 토지 소유자 사이에 보상가격을 둘러싸고 경제적 이해관계가 충돌하는 이익 갈등도 존재한다. 토지 보상을 해야 하는 공공기관은 보상에 드는 비용과 사업이 완료된 이후 얻게 되는 수익 등을 고려하여 가격을 제시하는 반면, 토지를 수용당하는 당사자들은 이로 인해 자신이 치러야 하는 기회비용을 감안하여 가격을 제시한다.

이처럼 경제적 이해관계의 충돌로 이익 갈등을 초래하는 쟁점이라면 당사자들은 경제적 합리성에 따라 문제에 접근하는 것이 필요하다. 자신의 비용과 편익을 계산하여 가격을 도출하는 경제적 합리성을 활용해야 한다는 것이다. 실제 공공 갈등의 사례에서 보면 자신의 편익을 무리하게 높게 상정하여 갈등을 더욱 악화시키는 경우가 많다. 비용과 편익을 적절하게 형량하여 합리적인 입장을 정하고 상대방과 흥정하는 것이 이와 같은 쟁점에 의한 갈등을 해결하는 적절한 방법이다. 그러나 당사자들이 경제적 합리성에 의한 가격을 제시하더라도 서로가 원하는 가격 사이에는 대부분 커다란 차이가 발생한다. 당사자들은 흥정bargaining을 통해 이와 같은 차이를 극복할 수 있는데, 서로 원하는 가격 사이의 적절한 중간값을 선택하게 된다.

기술적 갈등

사회적 쟁점 가운데는 앞서 말한 경제적 속성 외에도 과학적이고 객관적인 분석을 요구하는 과학적·기술적 쟁점이 존재한다. 원자력발전소 방사성 폐기물 처리시설 입지 선정과 같은 쟁점이 여기에 속한다. 스웨덴에서는 1970년대부터 핵연료 폐기물 보관시설 입지를 둘러싼 사회갈등이 있었다(정지범, 2010). 1980년대 이후 스웨덴 정부는 원자력발전사가 핵연료 폐기물 보관시설 입지 선정을 위해 안전한 관리, 저장, 지하 처분과 관련하여 과학적으로 철저히 연구하도록 요구했다. 이에 따라 원자력발전사업자들은 안전한 보관시설의 입지를 찾기 위해 지질학적·공학적 연구를 수행했으며, 이를 기초로 중저준위 방사성폐기물 처리시설 입지를 선정하여 설치했다(*World Nuclear News*, 2018). 최근에는 고준위 방사성폐기물을 처리하기 위한 시설의 입지 선정 작업도 마무리 단계에 접어들고 있다. 스웨덴이 방사성 폐기물 처리장 입지를 둘러싼 사회갈등을 적절히 관리하여 처리장을 설치할 수 있었던 데에는, 쟁점에 대한 과학적·기술적 연구를 기반으로 의사 결정하고 이를 통해 사회적 갈등을 풀어 나갔기 때문이다. 이러한 과정에서 갈등의 쟁점이 과학적·기술적 분석이 필요한 사안인지를 먼저 정확히 파악하는 것은 매우 중요하다.

우리나라에서도 공공정책을 추진할 때 다양한 국책 연구소와 민간 연구소 등이 정책적 쟁점에 대한 과학적·기술적 해결책을 제시하기 위해 객관적이고 전문적인 연구 활동을 수행하고 있다. 그러나 이러한 과학적 연구가 특정한 입장을 옹호하는 데 초점을 맞춘 사례도 있어, 과학적·기술적 연구에 대한 신뢰성이 손상되기도 했다. 따라서 과학적 연구는 특정한 입장에 치우쳐 이뤄지면 안 되며, 분석적·논리적 접근 방법에 따라 엄격히 수행되어야 한다. 과학적 분석 결과의 기초 아래 서로 상충되는 입장 사이에 발생하는 갈등을 관리하기 위해서는 분석과 증거에 기반한 논증을 해야 한다.

그런데 체계적이고 과학적 연구를 수행하더라도 쟁점 사안에 대해 하나의 해결책을 명확히 제시하지 못하는 경우가 많다. 연구 결과가 특정한 정책 대안을 분명하게 제시하지 못할 수도 있기 때문이다. 아무리 열심히 연구해도 과학적 결론이 도출되지 않는 사례가 있으며, 때로는 서로 다른 입장이 과학적으로 모두 수용 가능한 때도 있다. 이 같은 상황에서는 과학적 분석 위에 이익갈등을 해결하는 방식인 경제적 합리성이나 이성적 접근을 활용해야 한다.

정체성 갈등

세 번째 사회갈등을 유발하는 쟁점은 사회집단의 정체성에 관한 것으로, 집단의 서로 다른 정체성으로 인해 사회갈등이 초래되는 경우다(정용덕, 2011). 사람들에게는 각각 개인적 특성이 있는데, 그 같은 특성을 다른 사람들과 공유하면서 집단을 형성하고, 집단의 다른 사람과 정체성을 공유하게 된다. 예를 들어 사람은 여성과 남성이라는 두 집단으로 나누어져 있으며, 백인과 흑인 그리고 황색인종 등 피부색에 따라 인종으로 구분하기도 한다. 또한, 어떤 특정 지역 출신의 사람들은 그 지역의 문화적 특성을 공유하며 집단을 형성한다. 이러한 정체성에 따라 어떤 쟁점은 사회적 갈등을 유발하기도 하는데, 정체성의 쟁점은 경제적 합리성이나 과학적·객관적 논증을 통한 갈등 해결이 어렵다. 그래도 사람들이 서로 다르다는 것을 인정하고 공동체의 기본적 전제에서 이성을 통한 설득과 타협이라는 갈등 해결 방안을 채택하는 것이 필요하다.

우리나라에서도 지역감정으로 인해 오랫동안 사회갈등이 발생해 왔다. 특정 지역 출신이라는 정체성으로 다른 지역 출신과 구별하고, 그로 인해 서로 다른 입장을 가지게 되는 경우가 발생한다. 그런데 이러한 정체성과 관련된 쟁점은 집단 간 차이에서 비롯되기도 하지만, 특정 집단에 대해 오랫동안 사회적 차별 등 불이익이 부과됨에 따른 부당성에 기인하는 경우가 많다. 예를 들어 노동시장에서 여성이 남성보다, 유색인종이 백인보다 사회적 차별을 더 받아 왔다면, 정체성 갈등도 쉽게 발생한다. 집단의 정체성과 함께 차별과 불이익의 경험이 중첩되면서 정체성 갈등이 사회의 불평등 구조에 대한 갈등과 함께 엮이는 것이다. 따라서 이러한 쟁점은 당사자뿐만 아니라 사회적 불평등을 해소하려는 정부 정책이 함께 추진되는 사회적 개선 노력이 필요하다.

정체성 갈등은 개인이 특정한 집단과 자신의 정체성을 동일시하는 여부와 상관없이 사회적으로 어떤 집단의 정체성을 부여하면서 훨씬 더 복잡한 양상을 띠게 된다. 예를 들어 미국에서 태어난 멕시코계 이민자의 자녀가 자신은 미국 사람이라는 정체성을 가지고 있다고 생각하는데, 다른 사람들은 그를 멕시코계 사람으로 인식하여 차별이나 불이익을 받는 경우가 있다. 이렇게 본인의 선택이나 책임과는 관계없이 부당한 차별을 받게 되면 당사자가 느끼는 억울함은 매우 클 수밖에 없으며, 이로 인한 사회갈등은 매우 심각하게 나타날 수 있다.

가치 갈등

넷째로 철학적·이념적 가치관의 차이에서 비롯되는 가치 갈등이 있다. 사람들은 각자 나름대로 가치관을 가지고 인생을 살아가는데, 이러한 가치관에 근거하여 정책 사안을 판단하고 다른 입장을 가지게 된다. 이러한 입장이 서로 충돌하게 되면 가치 갈등이 발생한다. 가치관은 복합적으로 구성되어 있어 유사하거나 다른 부분도 있지만, 특정한 쟁점을 둘러싸고 갈등이 발생하면 가치관의 차이가 명확히 노출된다. 예를 들어 임신중지 허용 여부를 둘러싼 사회적 논쟁에서 신체에 대한 여성의 주체성을 강조하는 입장과 생명을 가진 태아의 존엄성을 강조하는 가치관이 첨예하게 대립한다. 이러한 쟁점이 사회갈등을 초래하는 경우에 경제적 합리성이나 과학적 객관성은 갈등 해결 방법으로 한계를 지닌다. 여기에서는 이성에 기초한 토론과 숙의의 접근 방법이 필요하다. 그러나 가치관이 다른 사람들 사이에서 설득은 매우 어렵다. 따라서 서로의 차이를 인정하고 그 속에서 공존을 모색하는 것도 진지하게 고려해야 한다(Gutmann & Thompson, 1996).

이렇게 사회적 쟁점은 서로 다른 성격을 가지므로 갈등에 대한 접근 방법도 달라져야 한다. 그런데 현실에서 드러나는 쟁점은 다양한 성격을 동시에 내포하는 복합적 양상을 띠어서 특정한 성격으로 한정하기 어렵다. 복합적인 성격을 가지는 쟁점에 대해서는 여러 가지 접근 방법을 함께 채택하는 것이 중요하다. 먼저 해당 쟁점의 구성 요소 가운데 과학적·기술적 분석이 필요한 부분을 파악함과 동시에 대안에 대한 논증 작업이 선행되어야 한다. 그러고 나서 경제적 흥정이나 이성적 타협을 모색한 최종적 대안이 정책으로 채택 및 추진되어야 기술적 문제가 발생하지 않는다.

5. 토론과 심의의 규범

자기성찰과 쟁점에 대한 분석이 끝났다면, 이제 사회갈등을 해소하기 위해 갈등 당사자와 만나야 한다. 상대방과의 상호작용은 다양한 방식으로 진행할 수 있다. 폭력이나 강압 혹은 위계 등과 같은 비윤리적 방법을 배제하고, 공동체에서 함께 살아가는 성원으로서 대화 형식을 선택하는 것이 가장 적절하다. 그런데 상대방과의 대화는 단순한 의사소통의 수준을 넘어, 갈등의 원인이 되는 해당 쟁점에 대해 자기 입장을 설명하고 상대방의 입장을 청취하면서 정보를 교환하는 깊이 있는 토론 형식을 취해야 한다. 이러한 과정을 통해 갈등 당사자들은 상대방과 협상하고 그에 따라 적절한 타협책과 같은 대안을 모색한다. 타협안을 성공적으로 도출하여 최종적으로 결정하면 갈등을 해소하거나 적절히 관리할 수 있게 된다. 이렇게 구체적인 의사 결정을 취하는 것을 목적으로 하는 토론을 '심의deliberation'라고 한다. 즉, 심의란 의사를 결정하기 위해 쟁점 사안에 대해 논의하고 각자의 입장을 개진하는 것이다. 이때 정보교환뿐만 아니라 자신의 입장에 대한 합리적이고 이성적인 근거를 제시해야 한다(Gutmann & Thompson, 2004). 한편 이와 같은 의사 결정을 위한 토론에 많은 사람이 참여하여 공개적으로 진행하는 것을 '공론public deliberation' 혹은 '공적 심의'라고 한다.

토론 방식

그렇다면 토론은 어떠한 방식이 적절할까? 토론에서 지켜야 할 규범은 무엇인가? 입장이 다른 상대방과 합의된 결론에 도달하기 위한 토론에서는 해당 쟁점의 성격에 따라 알맞은 방식을 취해야 한다. 앞에서 논의한 바와 같이 해당 쟁점이 과학적·기술적 성격을 가진다면 과학적이고 논리적인 증명과 설명의 방식이 필요하다. 자신의 주장을 뒷받침하기 위하여 객관적인 사실에 기초한 자료와 이에 대한 분석의 결과를 제시하는 것이 가장 적절하다. 서로 다른 입장을 가진 당사자 사이에 이러한 토론은 증명과 설명의 형식을 취하게 되며, 이를 통해 과학적이고 객관적인 결론에 도달하는 것을 목적으로 한다. 과학적 결정은 갈등 당사자의 입장과는 별개로 객관적 증거와 분석에 기반해야 한다. 반면에 갈등을 초래한 쟁점이 물질적 재화의 배분을 둘러싸고 벌어지는 경제적 성격이라면, 토론은 당사자 사이의 입장을 좁혀서 타협안을 찾아내는 흥정의 형태를 띠게 된다. 흥정이란 객관적이고 가장 적절한 대안이 존재하는 것이 아니라, 두 입장 사이에 있는 어느 한 지점을 선택하는 것이다.

한편 갈등 쟁점이 가치관과 관련된 것이라면 이성에 따른 토론과 설득이 필요하다. 설득은 토론을 통해 상대방의 생각을 바꾸어 자신의 입장과 같거나 유사하게 만드는 것이다. 현실에서 공동체 속 사람들의 가치관은 서로 다른 점과 유사한 점이 있으며 그로 인해 어떤 쟁점에 대한 서로 다른 입장을 지니지만, 이성에 따라 서로의 생각을 체계적으로 설명하고 경청하는 과정을 거쳐 설득과 그에 따른 동의에 이를 수 있다. 그러나 설득은 상대방뿐만 아니라 자신도 상대방의 주장에 설득당할 수 있다는 열린 자세로 임해야 한다.

사회갈등을 초래한 쟁점이 사회집단의 정체성에 관한 것이라면 과학적 분석이나 경제적 합리성, 이성적 사고에 기반한 토론으로 이를 해결하는 것이 불가능할 수도 있다. 정체성은 문화적 속성을 지니는데, 사람은 문화적 속성에 대해 일체감을 가지고 있기 때문이다. 따라서 집단의 정체성과 관련된 쟁점을 상대방과 서로 다른 입장에서 토론하는 경우에 상대방의 문화와 그에 따른 사회적 상징과 절차 등에 대한 감성적 이해와 존중도 매우 중요하게 고려되어야 한다.

토론의 규범

협상을 위한 토론에서 자신의 입장과 견해를 관철하겠다는 단호한 의지와 태도는 갈등 당사자로서 기본적이며 핵심적인 요건이다. 타협안을 찾기 위해 양보보다는 자신의 입장이 최대한 반영된 합의를 도출해 내는 것이 갈등 해결을 위한 협상의 목적이기 때문이다. 그러나 갈등 당사자가 모두 수용할 수 있는 결정에 도달하기 위해서는 적절한 규범을 준수하며 토론해야 한다. 그렇다면 갈등 당사자가 각자의 입장을 조정하기 위해 토론 과정에서 지켜야 할 기본적인 규범은 무엇일까? 거트먼과 톰프슨이 제시한 다음 세 가지 규칙은 이 같은 규범 가운데 가장 핵심적인 내용을 담고 있다(Gutmann & Thompson, 1996). 첫째, 자신의 입장에 대한 타당성을 설명하는 토론 내용이 일관성을 가져야 한다. 의사 결정을 위한 토론에서는 자신의 주장을 제시할 뿐만 아니라 상대방의 주장을 비판해야 한다. 몇 가지 주제를 놓고 일련의 토론이 진행될 때에는 일관성을 유지하는 것이 필요하다. 어떤 토론자가 상황에 따라 논리를 바꾸거나 필요에 따라 증거를 달리 해석한다면, 공정하고 합리적이지 못한, 즉 어느 편에 치우친 부당한 결론을 내리게 될 것이다.

특정한 장소와 제한된 시간에서 이루어지는 토론의 경우에는 토론이 일관성 있게 이루어지는지를 사람들이 쉽게 파악할 수 있다. 그러나 여러 번에 걸쳐 서로 다른 곳에서 진행되면 토론자의 주장이 일관성 여부를 파악하기가 쉽지 않다. 토론의 일관성은 주장의 앞뒤를 판단하는 것뿐만 아니라 주장하는 사람의 말과 행동도 따져서 주장하는 바와 전혀 다르게 행동하는 사람도 일관성 없는 것으로 간주해야 한다. 우리 사회에서 냉소적으로 회자되는 '내가 하면 로맨스, 남이 하면 불륜(내로남불)'이라는 말은 일관성이 결여된 주장이 얼마나 위선적인지 잘 보여 준다.

2020년 발생한 박원순 전 서울시장 성추행 고소 사건을 살펴보자.

박 전 시장으로부터 성희롱, 성추행을 당했다고 주장한 여성에 대해 박원순 전 서울시장과 같은 더불어민주당 소속 여성 국회의원들은 사건의 진상을 파악하고 법률적인 결론이 나기 전에 해당 여성을 '피해자'로 단정할 수 없다고 했다. 그런데 해당 여성 국회의원들 대부분은 과거 유사한 상황에서 성폭력 피해자에 대한 우선적인 보호를 강조한 바 있다. 형사적 판단 이전에 성폭력 피해자의 인권 보호와 무죄추정 원칙이라는 두 입장이 오랫동안 대립하고 있지만, 해당 국회의원들이 자신의 정치적 편의에 따라 주장을 바꾸는 행태는 문제해결보다 갈등을 더욱 심화시키는 상황을 초래했다.

둘째, 토론에서 제시된 주장과 이를 뒷받침하는 정보를 공개해야 한다는 공개성 원칙이다. 이는 어떤 주장이나 정책이 정당한 것인가를 가늠하는 중요한 기준이 된다. 정부가 어떤 정책을 공개적으로 추진할 경우에 그 목적을 달성하기 어렵다면, 이는 정당하지 못한 정책이기 때문이다. 물론 외교정책이나 지역개발 정책과 같이 정책에 대한 보안이 필요한 때도 있다. 그러나 민주주의 정치체제에서 정부는 이러한 정책들도 일정한 절차를 거쳐 공개하고 추진 과정에 관해 설명해야 하는 의무를 가진다. 공공정책 과정에 대한 공개와 그에 대한 적절한 책임을 지는 과정이 없다면 민주주의는 다수가 지배하는 권위주의로 퇴락하기 쉽기 때문이다. 토론에서도 자기 주장을 공개하지 못하거나 소수에게만 제시할 수 있다면, 그 주장은 정당하지 않을 가능성이 매우 크다. 어떤 지역 공동체에서 도로 건설 계획에 찬성하는 사람들이 그 이유를 공개적으로 밝힐 수 없다고 한다면, 그 주장은 정당한 것으로 받아들일 수 없을 것이다. 도로 근처에 개발 가능한 부지를 사적으로 소유하여 도로 건설에 따른 이익이 큰 까닭에 그런 주장을 한다면, 이는 지역 발전을 위해 추진하는 도로 건설 목표와는 관계없기 때문이다. 이처럼 공적 결정으로 사적 이익을 얻는 부분을 공개적으로 제시한다면, 그 결정을 옹호하는 주장은 설득력을 잃게 된다. 따라서 공개성 기준을 통과하지 못하는 주장은 정당한 것으로 받아들일 수 없다. 이 밖에도 토론과 심의 과정에서 공개적으로 정보를 제시하면, 각각의 주장과 그에 따른 대안의 정당성, 적절성 및 효과성 등을 철저하게 심의할 수 있으며, 도출된 최종 대안에 대한 당사자의 합의는 매우 탄탄해질 것이다.

토론과 심의에서 지켜야 할 세 번째 규칙은 토론 상대에 대한 존중과 예의다. 갈등 당사자들은 토론 과정에서 상대방의 입장을 비판하면서 자기 주장을 제시하는데, 이러한 과정에서 상대방에 대한 존중과 예절을 잃지 않아야 한다. 비록 상대방의 입장에 동의하지 않더라도 그러한 주장을 하는 상대방의 권리를 인정하고 그에 대해 적절한 토론 예절을 갖추어야 한다. 최근 인터넷이나 소셜미디어의 발달로 사회적 논의가 매우 다양한 방식으로 진행되는데, 이 과정에서 많은 사람이 익명으로 자기 주장을 내세우거나 익명이 아니더라도 그 주장의 근거를 공개적으로 제시하지 않는 경우가 비일비재하다. 이로 인해 토론이 건설적이기보다는 상대방의 주장을 비방하거나 근거를 훼손하는 데 집중하는 양상을 보인다. 토론에서 상대방에 대한 존중과 예의는 근본적으로 우리 모두 자유롭고 평등한 존재로서 공동체에서 함께 살아가는 구성원들이라는 점과 맥을 같이한다. 그런데 인터넷과 소셜미디어가 한층 더 발달함에 따라 취향과 견해를 같이하는 사람들이 인터넷에서 쉽게 집단을 형성하고 그들만의 소통과 대화를 이어 가면서, 이견을 가진 집단을 혐오하는 현상이 발생하고 있다(Sunstein, 2018). 사회집단이 그들만의 세상에서 그들과 다른 견해와 주장에 대해 청취하고 소통하지 않는 것은 결과적으로 상대방을 인정하지 않는 것이다. 이러한 사회적 단절 현상을 막기 위해 상대방을 존중하면서 진행되는 토론이 중요하다.

6. 결론

한국 사회는 사회적 양극화와 고용 불안으로 생활이 더욱 팍팍해지고 있다. 세대 간 차이와 지역 간 불균형으로 상대방에 대한 불신도 심화된 모습이다. 더욱이 사회갈등을 대화와 설득을 통한 타협과 조화로 이끌어야 할 정치는 진영 간 대립으로 오히려 대결을 부추기고 갈등을 조장하고 있다. 이러한 상황이 지속된다면 심각한 사회 분열과 대립을 초래하여 우리가 쌓아 온 민주주의와 경제 발전의 성과가 모두 무너져 버릴 수 있다는 우려를 지울 수 없다. 이 같은 곤경을 타개하기 위해서는 공동체가 이성과 합리성에 기초한 토론과 심의를 통해 상생하는 국정 관리를 도모해야 한다. 여기에서는 서로 다른 가치관과 경제적 이해관계를 가진 사람들이 어떻게 사회갈등을 풀어 나갈 것인가를 고민하면서 토론과 심의의 방법을 제시했고, 거기에 필요한 역량과 방법에 대해 살펴보았다.

그리고 사회갈등을 관리하고 원만히 풀어 나가기 위해 갈등 당사자를 포함하여 모든 사람이 자유로운 시민으로서 평등한 권리를 가지며, 그에 따라 서로 다름을 인정해야 한다는 점을 강조했다. 또한 공동체에서 일정한 책임을 공정하게 나누어 가져야 한다는 점도 민주사회에서 갈등 해결을 위한 중요한 출발점이라고 지적했다. 이러한 전제 아래 사회갈등을 풀어 나가는 방법으로 상대방을 인정하고 당사자 간의 대화와 설득, 협상과 타협의 방법을 모색하는 것이 상대방을 억압하는 방법에 비해 올바를 뿐만 아니라 훨씬 효과적이라고 설명했다.

이와 함께 우리가 갈등을 효과적으로 관리하기 위해 갖춰야 할 역량과 접근 방식에 대해 논의했는데, 첫째로 이성을 통한 자기성찰을 제시했다. 이성과 합리성에 비추어 상대 입장과 전략에 대한 분석뿐만 아니라 자기 생각과 판단이 타당한지를 성찰해 보는 것이 매우 중요하다는 점을 강조했다. 이는 갈등을 관리해 나가는 주체로서 어떤 고정관념이나 이해관계를 비판 없이 추종하는 종속된 행위자가 아니라, 스스로가 자율성을 가진 주체로서 갈등을 풀어 가는 역량을 가졌음을 의미한다. 이러한 성찰을 통해 자신이 추구하려는 것이거나 그럴 만한 가치가 없는 것이라면 견해를 바꾸는 것이 가장 적절한 갈등 해결 방법이다.

그리고 갈등관리 역량으로 쟁점에 대한 분석력을 살펴보았다. 갈등을 유발한 쟁점의 다양한 성격에 따라 사회갈등은 이익 갈등, 과학적·기술적 갈등, 정체성 갈등, 가치 갈등으로 나타나는데, 적절한 해결 방안을 모색하기 위해 경제적 합리성, 과학적 분석, 이성을 활용해야 하며, 상대방과의 흥정과 설명, 그리고 설득 방식을 적절히 선택하여 상호 수용 가능한 타협안을 찾아야 한다고 설명했다.

끝으로 토론과 심의 과정에서 당사자들이 지켜야 할 규범에 대해 살펴보았다. 특히 자신의 주장을 전개하는 데에 일관성, 공개성, 상대방에 대한 존중을 제시했다. 토론에서 당장 자기 입장을 관철하기 위해 일관성 없는 주장을 하거나 근거 없는 논리를 제시한다면, 토론이나 심의를 통해 갈등을 해결하는 것이 효과적이지 못하게 된다. 결국 사회갈등관리에 실패하고 사회는 분열과 대결로 치닫게 될 것이다. 반면에 토론의 규범을 준수하면서 심의에 임하면 훨씬 더 효과적으로 타협안을 도출할 수 있어 사회갈등을 적절히 관리하고 해소할 수 있다.

그러나 안타깝게도 우리 사회는 경제적·정치적 이해관계의 대립과 더불어 집단 간의 분열과 혐오가 심화되는 상황이다. 이러한 현실을 타개하기 위해서 이성과 숙의를 통해 갈등을 관리하는 노력이 더욱 절실히 요구된다. 물론 상대방은 거짓과 위선을 일삼는데 자신만이 이성에 근거하여 규범을 따른다면, 오히려 손해 보지 않을까 하는 우려를 제기할 수 있다. 그러나 모두가 이성적 판단이나 규범에서 벗어난 수단과 방법을 사용한다면, 결과적으로 모두에게 손해가 되는 상황에 빠지게 될 것이다. 반대로 이성적 성찰과 정확한 분석에 기초한 토론을 거쳐 심의한다면 모두에게 유익한 결과를 만들어 낼 수 있을 것이다. 결국 자신의 이익을 넘어 모두에게 도움이 되는 방법을 선택하는 성숙한 태도가 우리의 과제라 할 수 있다.

지금까지 이성을 통한 갈등관리를 논의했는데, 이를 위한 제도화 방안에 대해 논의하지 않아 논의 범위의 한계가 있다. 프랑스의 국가공공갈등위원회와 같이 갈등관리를 위해 공식적인 제도를 도입하는 방안이나, 6장에서 소개하는 시민참여 공론조사를 제도화하는 방안도 생각할 수 있다. 그러나 갈등관리의 규범과 역량은 민주주의 정치제도와 행정 제도 속에서도 충분히 활용될 수 있기에, 반드시 새로운 제도를 요구하지는 않는다. 오히려 갈등관리를 위해 민주주의 제도를 충분히 활용하지 못했다는 지적이 정확하다 할 것이다. 따라서 기존의 민주주의 정치·행정제도 속에서 갈등관리 역량을 제대로 활용하는 일이 급선무라고 판단된다. 물론 새로운 제도를 통해 갈등을 관리하는 대안에 대해서도 가능성을 열어 두어야 한다.

| 제2부 |

행정의 책임성과 정책 관리

3장 | 민주 · 공화주의 관점에서 정치 · 행정의 통제와 견제

4장 | 정책 수단의 정치적 성격

5장 | 적극행정과 권한 남용

3장

민주·공화주의 관점에서 정치·행정의 통제와 견제

책임성과 정치적 중립을 중심으로

1. 민주화 유산과 국정 운영의 위기

대한민국은 눈부신 경제성장과 함께 민주화에 성공하여 네 차례에 걸쳐 여야 간 정권 교체를 평화적으로 이루어 왔다. 이와 더불어 복지국가로서 다양한 사회적 위험으로부터 국민을 보호하기 위한 제도를 구축했다. 이러한 발전 과정에서 정부가 핵심적인 견인차 역할을 수행한 것은 주지의 사실이다. 이제 정부는 우리 사회가 직면한 불확실성의 시대에 원활한 국정 운영과 효과적인 정책 집행을 통해 국민에게 안녕을 보장하고 풍요로운 삶을 영위할 수 있도록 필요한 기반을 제공해야 한다. 그뿐만 아니라 저성장 시대에 빈부 격차가 심화되고, 세대 간 갈등이 증폭되는 상황에서 사회적 통합과 안정을 이루기 위한 역할을 수행해야 한다.

그러나 대한민국의 정부가 급격한 기술 변화와 사회구조의 변동에 따른 정책적 수요에 효과적으로 대응하고 있는지에 대해서는 회의

적이라고 대답할 수밖에 없는 현실이다. 박근혜 정부는 2008년 세계 경제 위기 이후 지속되는 경기 침체에서 벗어나기 위한 돌파구를 제시하기는커녕 메르스(중동호흡기증후군)와 같은 신종 전염병 확산에 속수무책이었고, 세월호 참사에서는 정부의 무책임과 무능력을 노정했다. 2017년 박근혜 대통령 탄핵 이후 등장한 문재인 정부는 소득주도 성장정책을 추진하면서 최저임금의 급격한 인상 등 무리한 정책으로 실업률을 통제하지 못하는 등 국정 운영의 한계를 보여 주었다.

박근혜 대통령에 대한 국회의 탄핵소추와 헌법재판소의 파면 결정은 대한민국 정부에 대한 신뢰를 땅에 떨어지게 했다. 국정 운영이 헌법과 법률에 따라 관료체제를 통해 합리적으로 이루어지지 못하고 대통령의 비선 실세에 의해 좌우되는 바람에 커다란 혼선이 초래되었다. 문재인 정부에서도 급격한 정책 변동을 무리하게 추진하여 경기 침체 등 국정 운영에 어려움을 겪었다. 또한 정권 초기에 공무원의 정치적 중립성이나 전문성을 존중하지 않고 과거 정부에서 정책을 수행한 책임을 물어 많은 직업 관료가 공직을 떠나거나 전문성에 맞지 않는 보직으로 전보되었다. 이와 같은 현상은 비단 최근에만 일어난 것이 아니며, 여야 간 정권이 교체될 때마다 발생했다(오성호, 2011).

경제 발전과 민주화, 복지국가의 구축을 성공적으로 이룬 대한민국이 사회적 양극화, 경제적 침체뿐만 아니라 행정관료제의 정치적 중립성마저 심각한 도전에 부딪힌 이유는 무엇인가? 행정관료의 책임성, 정치적 중립성, 전문성이 취약해진 원인은 무엇인가? 이러한 문제를 극복하고 우리에게 직면한 정책적 도전에 효과적으로 대응할 수 있는 국정 운영 방안은 무엇인가? 3장에서는 과거의 발전국가 논리에서 벗어나 새로운 정치·행정 간의 관계를 설정하는 규범적 근거를 제시하여, 적절하고 효과적인 국정 운영에 기여하고자 한다. 특히 대한

민국의 헌법 정신인 민주주의와 공화주의의 원칙에 따라 국정을 운영하기 위해 행정에 대한 정치의 통제와 함께 정치에 대한 행정의 견제가 필요하다는 논거를 제시하고자 한다. 이로써 민주주의 정치체제에서 다수의 지지를 받고 수립된 정부가 지지자들이 요구하는 정책을 국정에 반영하면서도, 헌법과 법률이 요구하는 국민 전체를 위한 국정을 운영할 수 있도록 행정의 중립성을 확보하는 길을 모색하고자 한다. 행정의 중립성과 책임성이 효과적으로 확보된다면, 공공정책이 초래하는 갈등이 줄어들고 비록 갈등이 발생한다 해도 이를 효과적으로 관리할 수 있기 때문이다.

최근까지도 한국의 정치·행정 관계에 관한 연구는 많이 축적되어 왔다(박천오·주재현, 2007; 이종수, 2009; 한승주, 2018). 그러나 발전국가에서 비대해진 행정 통제에 관한 연구가 주류를 이루면서 정치에 대한 행정의 견제와 관련된 연구는 많지 않았다(양재진, 2003). 또한 그러한 연구가 있었다 해도 주로 관료의 전문성, 윤리 의식 등 미시적 차원의 분석에 초점을 맞추고 있다(박천오, 2016; 박천오·박시진, 2018). 본 연구는 거시적 수준에서 정치·행정의 관계를 민주주의와 공화주의 관점에서 살펴보고, 그 실천 규범을 도출하고자 한다는 점에서 차별성을 가진다. 이러한 논의를 통해 성숙한 정치·행정의 규범적 관계를 정립하고, 이로써 정치인과 행정관료가 서로 신뢰하는 동시에 통제 및 견제함으로써 우리나라의 국정 관리가 한층 더 성숙해지는 데 이바지하고자 한다.

또한 민주주의와 공화주의 원칙에 대해 살펴보고, 이를 통해 정부 내에서 정치·행정 간의 규범적 관계를 규명해 보고자 한다. 구체적으로 2절에서는 민주주의의 근간이 되는 원리로서 자유와 다수결원칙을 강조하는 자유주의와, 이와 대비하여 시민의 자유와 책임을 중시하는 공화주의에 대해 논의한다. 제도적 측면에서는 국민의 지지에 기초해 정부를 수립하는 민주주의 원리에 따라 행정에 대한 정치의 통제 논리를 제시하고, 삼권분립과 같이 권력에 대한 견제 논리를 강조하는 공화주의 논의를 통해 정치에 대한 행정의 견제 필요성을 제시한다. 3절에서는 민주주의 원칙에 근거해 정치의 행정에 대한 통제의 실천적 규범적 논리를 책임성 측면에서 제시한다. 4절에서는 공화주의에 따른 정치에 대한 행정의 견제를 뒷받침하는 규범으로서 정치적 중립성의 논거를 제시한다. 5절에서는 앞의 논의에 기초해 정치와 행정의 바람직한 관계에 대해 이야기한다. 이로써 발전국가 시대와 민주주의 공고화 시대의 정치·행정의 관계를 극복하고자 한다.

여기에서는 정치와 행정의 관계를 논의하기 위해 국민으로부터 지지를 받아 정당한 대표성을 얻은 사람과 집단을 대통령과 집권 세력으로 표현하며, 국가의 행정 업무를 담당하는 전문적 조직과 사람을 행정관료제와 공무원으로 표현한다. 이러한 구분은 개념적이며, 실제 집권 세력의 일원이면서 공무원인 경우나 구분이 애매한 경우도 있음을 유의할 필요가 있다. 한편 민주주의 체제에서 행정관료제와 공무원이 가지는 민주적 정당성의 기본적 근거는 헌법에 있으며, 그 내용은 전문성이다. 정치와 행정의 통제와 견제라는 부분에 초점을 맞춘 까닭에 본서에서는 행정의 내적 특성인 전문성에 대해서는 본격적으로 다루지 않고, 우리나라 행정의 전문성이 상당한 수준에 이르렀다는 가정하에 논의하기로 한다. 또한, 연구 범위는 대통령 및 집권 세력과 행정관료제의 관계에 국한하며, 민주주의·공화주의의 핵심 제도인 행정부와 의회 및 사법부의 관계는 포함되지 않은 점에서 연구 범위가 제한적임을 미리 밝힌다.

2. 민주주의와 공화주의 그리고 견제와 균형

민주주의에 따른 정치의 행정 통제

우리나라의 헌정 체제와 정부는 민주주의와 공화주의 원리에 따라 구성 및 운영되어야 한다. 실제로 헌법 제1조 1항에는 "대한민국은 민주공화국이다."라고 천명되어 있다. 그런데 민주주의와 공화주의는 이론적으로 매우 유사하나 동일한 것은 아님을 유의해야 한다. 민주주의는 정치체제의 원리로서 모든 시민이 정치에 평등하게 참여하여 자신의 선호를 투영하는 것을 원칙으로 한다(Dahl, 1998; Krislov & Rosenbloom, 1981). 공화주의는 주권자로서 시민의 자유와 정치 공동체에서 필요한 책임을 기본 원리로 상정한다(Skinner, 1990; Pettit, 1999). 따라서 민주주의와 공화주의는 유사하면서도 다른 원리로서 긴장 관계에 있다. 때문에 각자의 강점을 최대한 살리면서 다른 한편으로 약점을 보완한다면, 민주주의와 공화주의는 상호보완적인 관계로 조화롭게 양립될 수 있다. 본서에서는 정치와 행정 간의 통제와 견제에 필요한 이론적 규범을 수립하기 위해, 민주주의와 공화주의를 개념적으로 분리하여 각각의 이론에서 도출되는 정치와 행정 간의 규범적 관계를 살펴보고 서로 보완될 수 있도록 하고자 한다.

민주주의는 주권을 가진 시민이 평등하게 정치에 참여하여 대표를 선출하고, 이를 통해 그들의 선호를 정부 활동에 반영함으로써 구현된다.[1] 선거는 정기적으로 공정하게 이루어져야 하며, 정부는 국정

---

1 이 절에서 논의되는 민주주의 개념은 '자유민주주의'라고 표현할 수도 있으나, 공화주의와 대비되기 위해 '민주주의'라고 표현한다. 같은 맥락에서 공화주의를 '공동체 민주주의'라고도 할 수 있다.

운영 결과에 대해 책임을 지게 된다(Dahl, 1998). 그런데 시민들의 가치관과 선호는 서로 다르므로 민주주의에서의 의사 결정은 기본적으로 다수결의 원리에 따른다. 민주주의 원리의 근간은 존 스튜어트 밀과 벌린의 소극적 자유론에 두고 있다. 밀에 따르면 인간의 자유는 다른 사람에게 해를 끼치지 않는 한 최대한 향유되어야 한다(Mill, 1859). 사람들의 선호는 평등하게 취급되어야 하며, 따라서 자신이 선호하거나 옳다고 생각하는 것을 다른 사람에게 강요해서는 안 된다. 이와 같은 맥락에서 벌린은 자유를 소극적 자유와 적극적 자유로 나누고, 민주주의를 수호하기 위해서는 소극적 자유를 기본 원리로 삼아야 한다고 주장했다(Berlin, 1969). 즉, 민주주의에서 사상의 자유, 종교의 자유는 스스로 선택하는 것이며, 다른 사람이나 국가에 의해 강요받아서는 안 된다는 것이다. 적극적 자유는 시민이 자기 삶의 과정에서 스스로 추구하는 것이며, 국가가 특정한 가치를 국민에게 요구한다면 이는 민주주의에 커다란 위협으로 작용한다는 것이 벌린의 주장이다.

이러한 논리에 따라 민주주의에서 의사 결정은 다수결의 원리에 따른다. 다수결의 원리는 개개인의 주장과 선호의 경중을 따지지 않고 모두를 등가로 인정한다. 그리고 그 총수를 합산하여 다수가 정한 바를 따르는 방식이다. 이는 각각의 주장과 내용은 고려하지 않는 '단순 합산' 방식이다(Goodin, 2004). 예를 들어 대통령 선거에서 A후보자와 B후보자가 있을 때, 다수 유권자가 A후보자에게 투표한다면 그 후보자가 당선되어 정부를 구성할 것이다. B후보자를 지지한 유권자들의 선호는 정책에 반영될 확률이 낮으며, 최소한 그 임기 동안 A대통령 정부의 정책에 따라 생활해야 한다.

또한 행정관료제에 속한 공무원들은 국민이 선택한 A대통령 정부의 정책을 충실히 집행해야 한다. 만일 다음번 선거에서 B후보자가 당선되어 정부를 구성한다면 행정관료들은 B대통령 정부의 정책을 집행해야 한다. 국민의 선택을 받아 대표성을 가진 대통령은 민주적 정당성을 가지지만, 행정관료제는 그와 같은 정당성을 가지지 않기 때문이다. 따라서 민주주의 관점에서 대통령 및 집권 세력과 행정관료의 관계는 정책결정의 주체로서의 대통령과 그 정책을 집행하는 수단으로서의 행정관료제로 볼 수 있다. 이러한 관점에서 보면 민주적 정당성을 가진 대통령과 집권 세력이 행정관료제를 적절하게 통제하는 것이 민주주의에서 정치와 행정 관계의 핵심적 요건이다.

행정학에서 오랫동안 큰 영향을 끼친 정치·행정 이원론도 이러한 민주주의 이론에 규범적 근거를 두고 있다. 정치적 개입으로부터 보호된 행정관료가 전문성을 가지고 업무를 수행하되, 궁극적으로는 민주적 정당성을 가진 대통령의 지휘·감독을 받아야 한다는 논리다. 그런데 현대 사회에서 정부의 역할과 기술적으로 복잡하고 전문성이 있어야 하는 정책결정이 대폭 확대됨에 따라 행정관료의 재량권이 늘어나게 되었다(정정길 외, 2017). 행정국가화 현상으로 묘사되기도 하는 이 같은 재량권 확대는 행정의 전문적 결정을 넘어 정치적 결정의 성격을 가짐에 따라 선출된 집권 세력에 의한 행정관료제의 효과적인 통제는 현대 행정의 매우 중요한 과제가 되었다(Aberbach & Rockman, 1994). 한국의 맥락에서 이 과제는 행정의 전문화와 더불어 급속한 경제성장 과정에서 주도적 역할을 해온 행정관료제에 대한 민주적 통제와 중첩된다(한승주, 2018). 다음 절에서는 민주적 통제가 행정의 책임성에 따라 실현되어야 한다는 점을 주장하고자 한다.

공화주의에 따른 행정의 정치 견제

그렇다면 공화주의적 관점에서 정치와 행정의 관계는 어떻게 설정되어야 하는가? 이 질문에 답하기 위해서 민주주의의 취약점을 분석하고, 그에 대한 공화주의적 대안을 살펴보기로 하자. 민주주의 정치체제는 한 사람의 군주나 독재자가 통치하여 전횡에 휘둘리기 쉬운 체제에 비해 모든 사람을 동등하게 취급하고 의견이 다른 경우 다수의 선호에 따른 정부의 의사 결정으로 훨씬 합리적이고 안전하다.

그러나 민주주의가 권력자의 전횡이라는 위협으로부터 자유로운 것은 아니다. 아리스토텔레스는 1인이 통치하는 군주정이나 소수가 통치하는 귀족정뿐만 아니라, 대중이 정권의 주체가 되는 민주주의도 나쁜 정치로 타락할 수 있다고 지적했다(Aristotle, 1992). 아리스토텔레스에 따르면 좋은 정부란 구성원 모두를 포괄하는 정치 공동체의 이익에 이바지하는 것이고, 나쁜 정부는 정권을 소유한 사람들이 자신만의 이익을 위해 통치하는 것이다. 소수의 집권자가 자신의 이익을 위해 다수를 희생시키는 독재정치 체제는 현대에서도 쉽게 찾아볼 수 있다. 그렇지만 권력을 잡은 다수가 자신의 이익을 위해 공동체 전체의 이익을 훼손시키는 일도 얼마든지 가능하다. 예를 들어 라틴아메리카의 아르헨티나, 베네수엘라 같은 나라에서 다수의 지지를 받은 정부가 지지층을 위해 인기 영합 정책을 적극 추진한 나머지 국가 경제를 망가뜨린 사례가 있는데, 민주주의가 대중영합주의와 결합한 경우다(Knight, 1998). 그러나 이보다 더 심각한 민주주의의 약점은 독일 히틀러의 나치 정부의 사례에서 발견된다. 다수가 선택하고 지지한 정부가 극악무도한 독재 정부로 얼마든지 변모할 수 있다는 가능성을 보여 주었다. 국민이 전체주의적 이데올로기에 동원되어 민주주의가 전체주의화된 가장 비극적인 역사다.

소수든지 다수든지 권력을 소유한 사람이나 집단이 그 권력을 독점하고 전횡을 행사한다면 정치 공동체는 권력에 예속되고 시민들은 자유인으로서의 지위를 상실하게 된다. 공화주의 관점에서는 정치 공동체에서 권력의 독점과 전횡을 막는 것이 매우 중요한 과제다. 공화주의는 밀이나 벌린이 주장한 개인적 관점에서의 소극적 자유뿐만 아니라 시민의 자유를 보장하는 정치 공동체의 역할을 중시한다(Stilz, 2009). 즉, 자유의 필수 요건으로 외부의 간섭이 없도록 하는 것뿐만 아니라 자유를 향유할 수 있는 정치 공동체를 제도적으로 보장하는 것도 중요하다. 시민의 자유는 정치 공동체에서 실현되기 때문이다.

공화주의 시각에서도 시민은 주권자이고 이들은 국가권력의 원천이다. 이러한 점에서 민주주의와 기본적으로 같은 출발점에 서 있다. 그러나 공화주의에서 자유는 밀이 주장한 것과 같이 국가의 간섭이 없는 소극적 자유와는 맥락이 다르다. 공화주의는 정치 공동체에서 다른 시민들과 공존하는 상태에서 주인으로서의 자유, 비지배로서의 자유를 강조한다. 비지배non-domination는 타인으로부터 지배받지 않는 것을 의미한다. 페팃에 따르면, 사람 A가 B를 지배하는 것이 성립되려면, 다음과 같은 조건을 충족해야 한다(Pettit, 1999: 52).

- B가 선택할 수 있는 사안에 대하여
- A의 자의적 기준에 따라
- B를 간섭할 능력을 갖추고 있는 것

다시 말해, 지배란 반드시 실제로 다른 사람의 자유로운 선택에 간섭하는 것을 의미하는 것이 아니다. 간섭할 수 있는 능력을 소유하여 다른 사람의 자유를 잠재적으로 침해할 수 있으며, 이를 통해 다른 사람을 통제하는 능력을 의미한다. 겉으로는 간섭이 없을 것 같아도 실제로는 타인을 지배하는 것이 가능하다. 우리는 이러한 지배가 없어야 비로소 자유롭다고 할 수 있다. 이것이 비지배 자유의 핵심 내용이다. 이러한 점에서 직접적 간섭에 의한 경우에만 자유를 침해했다고 파악하는 밀과 벌린의 소극적 자유의 개념과는 다르다. 따라서 비지배로서의 자유는 지배와 압제로부터 자유로운 자유인으로서의 자유다. 주인으로부터 아무런 간섭을 받지 않는 노예의 자유에 대비하여, 정치 공동체에서 자유인으로서 자유를 향유하는 것을 강조한다. 이러한 자유는 자기의 생각과 선호를 외부의 간섭으로부터 보호하는 데 초점이 있는 것이 아니라, 자유인으로서 자유를 다른 자유인과 함께 공동체 속에서 향유하는 공존을 강조한다.

자유인으로서의 자유는 정치 참여를 핵심 내용으로 한다. 일찍이 아리스토텔레스는, 인간은 정치적 동물이라고 주장했다. 이는 인간이 자신의 본성을 실현하기 위해서는 공동체의 삶이 중요하다는 것을 강조한 것이다. 루소도 자유인으로 삶을 영위하기 위해 독립된 정치적 공동체, 즉 공화국이 필요하다고 강조했다(Stilz, 2009). 아렌트는 물질적 삶을 영위하는 '노동', 미적 가치를 추구하는 '작업'과 함께 공동체에서 자신의 의사를 표하는 '정치적 행위'는 자유로운 인간이 되기 위한 필수적 요건임을 강조한다(Arendt, 1958). 그런데 이러한 공동체의 삶을 영위하기 위해 자유인은 공동체에서의 정치적 의사 결정에 참여하는데, 의사 결정에 따르고 집행하는 데는 일정한 규율이 필요하다. 규율은 시민들이 비지배의 자유를 향유할 수 있게 하는 조건이자 동시에 어느 정도 이를 제약하기도 한다. 그러나 이러한 제약을 통해 자유를 보호하고 더 큰 자유를 누릴 수 있게 된다. 예를 들어 거리에서 신호등은 사람들을 일시적으로 멈추게도 만들지만, 전체적으로 여러 사람이 더 빠르고 편리하게 통행할 수 있도록 작동하므로 사람들을 좀 더 자유롭게 한다. 이러한 규제와 이를 지키는 규율은 공동체의 삶에 필요한 것으로, 법률에 대한 존중으로 나타난다. 이는 공화주의 관점에서 중요한 정치적 덕성이다(Constant, 1818; Ryan, 2012에서 재인용).

그러나 이러한 규제와 규율은 항상 시민들의 자유를 빼앗고 궁극적으로 권력에 예속되게 만들 위험성을 내포한다. 특히 정치 공동체에서 행정을 담당하는 정부는 그 같은 권한에 시민을 예속시키려는 유혹에 빠지기 쉽다. 통치자는 질서와 규제라는 이름으로 군림할 위험성이 항상 있다. 이를 막기 위해 주권자인 시민들은 합의를 통해 헌법을 만들고, 이 헌법에 따라 의회는 기본 원칙과 규율을 정하고, 정부는 이를 준수함으로써 공동체의 질서와 시민의 자유를 유지할 수 있게 된다(Maihofer, 1990). 국정 운영에 참여하는 사람들은 자신의 경제적 이해를 위한 이기적 행동이 아니라 헌법과 법률에 따라 권한을 행사할 의무를 갖는다.

따라서 공화주의 관점에서 보면, 제도적으로도 민주주의의 다수결에 따라 성립한 정부가 권력을 독점적으로 행사하지 못하도록 권력을 분립하는 것이 매우 중요하다. 정치권력을 입법부, 행정부, 사법부로 나누어 견제와 균형이 유지되도록 만든 삼권분립은 이러한 권력 행사에 제한을 두는 대표적인 제도로서 미국 헌법 제정 시 처음 도입되었다. 미국 헌법의 삼권분립에 이론적 근거를 제시한 몽테스키외Montesquieu는 그의 저서 『법의 정신De l'Esprit des Lois』(1748)에서 권력의 분립과 견제의 필요성을 강조했다.

로마공화정의 역사뿐만 아니라 법률에 따라 통치한 영국의 입헌군주정치의 경험도 몽테스키외의 삼권분립 이론에 중요한 영향을 주었다. 영국은 비록 군주가 존재하고 행정부가 의회의 다수파에 의존하지만, 의회의 법률 제정과 행정부의 집행이 따로 운영되어 왔고, 정치권력으로부터 독립성을 확보한 사법부가 존재한다는 점에서 몽테스키외는 당대 영국의 헌정질서를 높이 평가했으며, 법에 따른 권력의 분립 가능성을 확인했다. 그러나 삼권분립의 견제와 균형 원칙이 실제 정치제도의 구성에 처음 적용된 것은, 영국 군주의 지배에서 벗어나 독립된 시민의 공화정부를 구축하려던 신생독립국가 미국이었다. 미국 헌법 제정 과정에서 커다란 소임을 수행한 제퍼슨Jefferson과 매디슨Madison 같은 연방주의자는 대통령에게 권력이 집중되어 마치 군주와 같은 대통령이 되는 것을 제도적으로 막기 위해 삼권분립에 따라 정부를 구성하고자 했다(Ryan, 2012).

그렇다면 삼권분립에 따라 의회와 행정부 그리고 사법부가 각각 견제와 균형을 이룬다면, 행정부 내에서 대통령과 행정관료제의 관계도 권력 분립 차원에서 설정되어야 하는가? 몽테스키외나 미국의 연방주의자들은 대통령을 포함한 집권 세력과 행정관료제의 관계를 견제의 관점에서 명시적으로 파악하지 않았다. 이는 독일의 바이마르헌법에 분명하게 나타난다. 1919년 제정된 독일연방공화국 헌법은 관료제에 대해 헌법적 지위를 부여하면서 관료는 국민 전체에 대한 봉사자라고 명기하고 있다(Marx, 1957). 이는 군주제에서 공화정으로 전환한 독일에서 행정관료가 집권 세력이 아닌 국민 전체에 봉사한다는 원칙을 천명한 것으로, 공화주의 관점에서 집권 세력과 행정관료제의 관계를 처음으로 분명하게 제도화한 것이다. 이보다 훨씬 앞서 헤겔은 『법철학Grundlinien der philosophie des Rechts』에서 관료는 국민 전체를 위해 봉사한다는 관점을 제시했다(Fukuyama, 2014). 행정관료제에 헌법적 지위를 부여한 바이마르헌법은 이후 다른 나라의 헌법 발달 과정에 큰 영향을 끼쳤다. 대한민국헌법도 공무원과 행정관료제에 헌법적 지위를 부여하여 이들이 대통령과 집권 세력을 견제하도록 근거를 제공한다.

대한민국 헌법 제7조 1항에는 "공무원은 국민 전체에 대한 봉사자이며, 국민에 대하여 책임을 진다."라는 규정이 있다. 이를 통해 대통령과 집권 세력이 특별한 정치적 지향을 두고 국정을 운영하고 정책을 추진하더라도 공무원과 행정관료제는 국민 전체의 봉사자로서 정책을 추진해야 할 지위와 의무를 가짐을 명확히 한 것이다. 또한, 헌법 제66조 4항에서는 행정권이 대통령에게 독점되는 것이 아니라 대통령을 수반으로 하는 정부에 속한다고 규정한 점도 유의할 필요가 있다. 국민의 선택을 받은 대통령만이 아니라 행정관료제 또한 헌법에 따라 행정권을 수행하는 권한을 가지고 있다는 것이다. 헌법 제7조 2항은 "공무원의 신분과 정치적 중립성은 법률이 정하는 바에 의하여 보장된다."라고 규정함으로써, 이러한 소임을 수행할 수 있는 기반을 제공하고 있다. 또한, 정치적 중립성을 헌법적 규범으로 공무원들에게 명확히 하고 있는바, 다음 장에서 논의하는 바와 같이 이 조항이 행정에 의한 대통령과 집권 세력에 대한 견제의 근거가 되는 규범이라 할 수 있다. 4장에서는 정치에 대한 행정의 견제 논리로서 정치적 중립성을 구성적 정치성으로 개념화하여 제시하고자 한다.

3. 정치의 행정 통제: 책임성

1960년대부터 1990년대 초반까지 한국은 급속한 경제 발전을 이룩하기 위해 국가 주도의 경제 발전 정책을 추진했다. 이 같은 국정 운영 패러다임은 발전국가론으로 잘 설명된다. 발전국가 패러다임은 국가의 최우선 정책 목표를 달성하기 위해 정부가 전략적으로 개입하고, 이에 대한 입법부와 사법부의 견제는 매우 형식적으로 행사되는 권위주의 체제를 바탕으로 한다. 발전국가 체제가 한국에서 효과적으로 운영될 수 있었던 것은 역사적으로 관료제의 전통을 가진 점과, 1950년대 이후 확대된 초·중·고 및 대학교육을 통해 길러진 우수한 인재가 행정관료로 충원되었기 때문이다. 특히 박정희 정부 시기에 경쟁적인 임용고시와 함께 공무원들이 업무에 몰입하도록 실질적인 신분 보장, 보수 인상, 연금 보장 강화 등의 인사 정책이 시행되었는데, 이는 국가 주도 경제 발전의 필요조건인 관료제의 전문성이 급속히 제고되는 데 도움을 주었다(윤견수·박진우, 2016).

발전국가의 행정관료 체계에서 국정 운영과 정책 조정은 경제기획원이 맡았다. 경제기획원은 장기적 발전 계획을 수립하고 이를 각 부처가 수행하도록 조정하는 정책조정체계를 운영했는데(Choi, 2014), 경제기획원은 박정희 대통령이 직접 책임을 묻는 체제였다. 또한, 박정희 대통령은 수출진흥확대회의 등과 같은 정책조정회의를 통해 중앙정부, 일선 행정관청 등 다양한 기관이 정책 토론 및 조정회의에 참여하도록 함으로써 정책을 조정, 통제했다. 이뿐만 아니라 정부 부처의 업무를 모니터링하고 정책을 조정하기 위해 박정희 정부 이래 청와대 참모 조직이 급격히 확대되었다(Jung, 2014). 요약하자면 발전국가 패러다임의 국정 운영에서 대통령과 행정관료제는 위계적인 관계로서 통제의 대상이며, 권력에 의한 통치 수단으로서의 역할을 행정관료 체제가 수행했다.

더욱이 정부가 산업 정책 등을 활용한 경제 발전 정책을 추진하면서 특정 산업이나 기업을 지원하는 데 공정한 경쟁이나 투명성의 원칙에 따르기보다는 국가 전략 차원에서 접근했고, 때로는 특정 기업에 특혜를 주는 자의적 정책결정이 이루어졌다. 이 과정에서 경제 발전이 아닌 다른 사회적 가치는 희생되었다. 권위주의 정권은 노동자,

도시 빈민 등 사회 기층 세력의 경제적 요구를 묵살하고 그들의 정치적 참여를 제한했으며 반발을 억압했다(양재진, 2005). 이러한 점에서 한국의 발전국가 체제는 관료적 권위주의 체제라고 할 수 있다. 민주주의 관점에서 볼 때, 발전국가 체제는 민주적 정당성이 없는 정부이며, 경제적 성과를 통해 그러한 정당성의 결여를 메우고자 시도한 것이다(권혁주, 2007).

발전국가 정치체제는 1987년 민주화 이후 새로운 변화를 맞게 되었다. 대통령은 선거를 통해 당선되었지만, 군부정권의 권위주의 유산을 물려받은 노태우 정부는 권위주의에서 민주주의 체제로 이행되는 과도적 한계를 극복하지 못하여 본격적인 개혁을 시도하지 못했다. 과감한 개혁은 오랜 민주화 투쟁의 경력과 민주적 선거를 통해 당선된 김영삼 정부에서 시도되었다. 김영삼 정부는 권위주의 정권의 폐해를 청산하고 새로운 민주주의 정치 질서를 만드는 한편(김형준, 2007), 정부 개입보다는 시장 자율에 따르는 경제 질서 구축을 목표로 삼았다. 또한, '작은 정부'라는 기치 아래 1993년과 1994년 두 차례에 걸쳐 정부조직을 개편함으로써 장·차관의 수를 줄이고 중앙부처 공무원을 1,000여 명가량 축소했다. 이뿐만 아니라 1993년 행정쇄신위원회, 1997년 규제개혁위원회를 설치하여 규제를 지속적으로 개혁했고, 경제기획원으로부터 공정거래위원회를 분리하여 시장 규제의 독립성을 강화했다.

김영삼 정부는 경제에 대한 정부의 정책적 개입을 축소하는 것뿐만 아니라, 행정관료의 부패 척결을 위한 숙청과 개혁 정책을 추진했다. 이는 권위주의에서 상당한 권력을 누린 행정관료제에 대한 집권세력으로서의 통제를 강화하는 작업의 일환이기도 했다. 정부는 이를 효과적으로 수행하기 위해 일차적으로 강력한 공권력을 활용했다. 특히 김영삼 정부는 군부의 비밀결사체인 하나회를 해체하여 군부 엘리트가 정치 세력화하는 것을 차단했으며, 정치인과 관료들의 정경유착 같은 부패에 대해서도 강력한 개혁 정책을 시행했다. 이에 더하여 '공직기강 확립방안'과 '공직사회 분위기 쇄신대책'을 통해 공직 사회의 의식 개혁을 시도했다. 그러나 행정관료제를 통제하기 위해 공권력을 활용한 정책들은 결과적으로 공무원의 조직 몰입을 가져오지 못한 것으로 평가된다. 당시 공무원들은 오히려 무사안일하거나 책임을 회피하는 등 복지부동伏地不動의 태도를 보였다(김호정, 1993).

외환 위기 와중에 집권한 김대중 정부는 역사상 처음으로 여야 간 평화적 정권 교체로 수립된 정부로서, 행정관료제에 대한 정치적 통제의 필요성을 분명히 느끼고 있었다. 특히 정권 교체로 정부의 국정 운영 이념의 전환뿐만 아니라 지지 세력의 지역적 기반에서도 커다란 변화가 있었던 김대중 정부는, 관료제에 대한 통제를 위해 정치적 통제와 관리적 통제 방안을 동시에 사용했다. 정치적 통제로는 청와대 비서실을 강화하여 청와대가 정부 각 부처를 강력하게 장악·통제함과 동시에 장·차관 등 정부의 주요 보직에 좌파 정치인을 비롯하여 호남 출신 학자와 전문 경영인 등을 임명하는 방식을 취했다. 또한 개방형 직위, 성과 평가 및 성과급제 등의 관리적 통제 방식을 도입했다(양재진, 2003: 271).

이는 공무원도 개인적 이익을 추구하는 존재라는 전제하에, 그들의 개인적 이해관계와 조직 행동이 일치되도록 한다는 것이 정책의 핵심이다(박천오·주재현, 2005). 그러나 이 같은 통제 방식은 행정관료제에 대한 불신을 전제로 하여, 결과적으로 공무원이 개인적 이익을 추구하는 행위를 정당화하는 약점이 있다. 또한, 공무원들이 공적 업무에 적극적으로 몰입하도록 하는 규범적 기반을 제시하지 못하는 한계가 있다. 한편 정치적 통제 방식은 다음 절에서 논의하는 바와 같이 대통령과 청와대 비서진과 같은 집권 세력의 정치적 성향에 따라 행정관료제의 정치적 편향을 가져오는 문제점을 초래한다.

그렇다면 행정관료제와 공무원을 통제하기 위한 실천 규범 원칙은 무엇인가? 박천오·주재현은 이에 대해 주관적 책임을 제시하면서 이것은 곧 사회화, 훈련, 전문성을 통해 형성되는 인품으로 양심, 충성심, 일체감 등을 의미한다고 지적했다(박천오·주재현, 2005). 그러나 이와 같은 인품은 공무원으로서 가져야 할 인성 요소지만, 행정관료제를 통제하기 위한 제도적 측면으로서의 규범이 되지 못하는 약점이 있다. 또한, 국민이 선택한 집권 세력이 행정을 통제한다는 민주적 측면의 규범도 제공하지 못한다.

여기에서는 행정 통제의 민주주의에 근거한 규범으로서 책임성 원칙을 대안으로 제시하고자 한다. 기술적 책임성, 관리적 책임성 등 행정학에서 책임성의 개념은 매우 다양하게 사용되며(Romzek & Dubnick, 1987), 그에 따라 개념적 혼선도 발생하고 있다(엄석진, 2009). 그러나 기본적으로 책임성 원칙은 국민으로부터 세금을 거두어 그것을 집행하는 행정부가 주권자인 국민을 대표하는 의회에 책임지는 것으로(Beattie, 1995), 의회가 행정부에 대해 견제하도록 하는 기본적 원칙이다. 이러한 책임성 원칙은 국민에 의해 선출된 집권 세력이 행정관료제를 통제하는 규범의 원리로서도 적용될 수 있다. 책임성은 권한을 위임받은 자가 그 권한을 행사함에 관해 설명해야 하는 책임으로 정의할 수 있다(Brandsman & Schillemans, 2013). 이때 설명은 권한 행사에 대한 정보 제공, 질문과 토론 및 결과 평가로 구성된다(Brandsman & Schillemans, 2013: 955).

이러한 책임성의 개념을 더 정확하게 이해하기 위해서는 권한

[표 3-1] 책임성의 순차적 개념

책임의 발생	책임의 수행	결과에 대한 책임
공무에 대한 권한을 위임받음	위임받은 권한을 집행	업무 수행 결과로 의도한 효과 창출 및 평가
직무를 수행할 책임	업무 과정을 설명하고 정당화할 책임	직무 결과에 대한 책임

의 위임responsibility of mandate, 그 위임된 권한 행사에 대한 설명 책임accountability for administration, 권한 행사 결과에 대한 책임responsibility for outcome으로 순차적으로 이해할 필요가 있다([표 3-1] 참조). 이를 구체적으로 보면, 먼저 권한을 위임받으면서 책임이 일차적으로 발생한다. 권한으로서의 책임은 공적 행위자가 어떠한 공무를 수행할 정당한 권한을 위임받았다는 것이다. 예를 들어 행정관료가 대통령과 장관으로부터 공적사회보험에 대한 업무를 관장하는 위임을 받았다면, 공적사회보험의 행정에 관해 책임진다고 말할 수 있다. 둘째, 위임받은 권한을 집행하는 과정에 대한 책임이 이차적으로 제기된다. 과정에 대한 책임은 어떤 공무를 수행할 권한을 위임받은 공직자가 그 업무를 수행하는 과정에서 구체적으로 자신의 행위를 설명하고 정당화하는 것이다(Bovens, 2005). 행정관료들은 해당 업무를 합법적으로, 그리고 합리적 방식으로 수행해야 하며, 그 과정에 대해 국민의 권한을 위임받은 대통령에게 설명해야 한다. 대통령을 수반으로 하는 정부는 다시 국민의 대표자인 의회에 설명하고 공개하는 것은 민주주의의 기본적 규범이다. 이러한 과정을 통해 행정관료는 자신이 위임받은 직무의 결과에 대해 평가받는 것이 책임성의 세 번째 표현인 결과의 책임으로 연결된다. 이때의 책임 개념은 공무를 통해 의도한 결과를 창출했는지를 따지는 것이다. 책임의 문제는 정책 목적을 달성하기 위

해 공무를 수행했더라도 의도한 결과를 창출하지 못하거나 의도한 수준에 못 미치는 경우에도 발생하며, 이에 대해 다양한 방식으로 평가받음으로써 책임진다.

따라서 책임성은 행정관료가 위임받은 권한을 집행하는 데 법적 절차를 준수하고 의도한 결과를 창출하기 위해 최선의 노력을 다했는지, 정책 수단이 합리적이었는지, 업무 수행이 효율적이었는지를 설명하고 정당성을 검증받아야 하는 실천적 규범을 제공한다. 또한, 결과의 측면에서 의도한 성과의 창출 여부에 관한 책임을 따지는 규범적 근거를 제공한다.[2] 결론적으로, 대통령은 이러한 책임성의 규범을 기반으로 행정관료제를 통제하며, 정부의 수반으로서 다시 의회에 책임을 지도록 하여 국민주권의 원리를 실천하는 민주주의의 규범을 제공한다.

4. 행정의 정치 견제: 정치적 중립

2008년 1월 이명박 당선인의 대통령직인수위원회에서 한 공무원이 업무 보고를 하면서 "우리는 영혼 없는 공무원"이라고 발언하여 큰 논란을 일으킨 바 있다. 공무원은 대통령과 집권 세력의 정책을 충실히 시행할 뿐, 어떠한 가치나 원칙을 가지고 정책을 판단하거나 적절하

2 책임성의 규범을 실천하기 위해서는 제도적으로 구체적인 방안을 실행하는 것이 필요하다. 롬젝과 두브닉에 따르면 정책결정자의 목표에 따른 행정관료 정책 수행에 초점을 맞추는 관료적 책임성과 정책 수단의 적절성에 대한 전문적 책임성은 조직 과정에서 확보될 수 있으나, 회계적·법적 책임성과 정치적 책임성은 회계감사기구나 의회 등 외부 기관을 통해 확보될 수 있다(Romzek & Dubnic, 1987). 또한 성과 평가 등을 통해 결과에 대한 책임을 확보할 수 있을 것이다.

지 않은 조치에 대해 견제할 권한을 갖지 못한다는 주장을 냉소적으로 표현한 말이다. 1987년 헌법 개정으로 민주주의 정치체제가 공고화된 지난 30여 년 동안 여덟 번의 정부가 구성되었고, 네 번의 여야 간 정권 교체가 이루어졌다. 행정관료제는 새로운 집권 세력의 정치적·정책적 지향에 따라 적응해 왔으며, 집권 세력은 행정관료제에 대한 정치적 통제를 강화해 온 결과를 잘 보여 주는 사례다(양재진, 2003; 한승주, 2018).

대통령 선거를 통해 새로운 정부가 들어설 때마다 인사·조직·성과 관리 등의 관리적 통제 외에도 정치적 통제 수단을 통해 행정관료제에 대한 통제가 강화되어 왔다. 여야 간 정권 교체가 아니더라도 대통령이 바뀌면 지난 정부에서 근무했던 고위직 공무원들 상당수가 마치 관례처럼 사표를 제출해 왔다(오성호, 2017; 강혜진·김병섭, 2018). 특히 1급을 비롯한 고위직 공무원들은 정무직으로 분류되어 정권 교체기에 일괄 사표를 제출하고 선별 수리하는 일이 고착화되어 고위직 행정관료제에 대한 정치적 영향은 갈수록 심화되고 있다. 게다가 일부 예외를 제외하고는 고위공무원단 제도에 따라 고위공무원단에 속한 공무원들에 대한 임용권의 일체가 대통령 권한으로 되어 있어, 행정관료에 대한 정치적 통제가 훨씬 강화되는 현실이다. 이에 따라 고위직 공무원의 업무 지시에 따라야 하는 중하위직 공무원들도 정치적 영향을 받는다. 그뿐만 아니라 지난 정권에서 특정한 업무를 수행한 것이 해당 공무원들의 정치적 성향으로 인식되어 공무원들이 해임되거나 인사상 불이익을 받는 일이 빈번하게 발생했다(한승주, 2018).

인사 관리에서 이러한 관행들은 해당 공무원에 대한 정치적 통제를 넘어 행정관료제를 정치화하는 결과를 초래한다. 대통령 선거 과정에서 대통령 후보 캠프에서 공약을 만드는 데 고위직 공무원들이 도움을 주거나 대통령직 인수위원회의 활동 시기에 인사 청탁을 하는 등 공무원들이 정치적 영향을 받는 것뿐만 아니라 스스로 탈법적인 정치적 활동에 가담하는 현상도 발생하는 것이다. 또한, 대통령이나 집권 세력은 공무원들을 정치적 활동에 동원하거나 과거 정부의 업무를 문제 삼아 처벌하기도 했는바, 특히 박근혜 정부에서의 블랙리스트 사건이나 문재인 정부의 적폐 청산에 대한 수사 등은 행정관료제에 대한 적절한 통제를 넘어 지나친 정치화라고 판단된다. 발전국가 체제에서 행정관료제가 권위주의 정권의 수단이었던 것과 마찬가지로 민주주의 정치체제에서도 행정관료제의 정치적 수단화는 크게 변하지 않았다.

결국, 발전국가 체제와 마찬가지로 민주주의 정치체제에서도 행정관료제와 집권 세력의 관계는 행정관료제에 대한 강력한 정치적 통제로 특징지을 수 있다. 여기서 차이라면 발전국가 체제에서는 행정국가 현상으로 관료들이 상당한 권력을 행사했다면, 민주주의 체제에서는 지난 30년간 정치적 통제의 주체인 대통령과 집권 세력의 교체가 빈번해지면서 행정관료의 불안과 혼선을 초래했다. 이는 최근 정부들에서 세월호 참사의 미숙한 대처나 메르스 방역의 실패와 더불어 소득주도성장으로 인한 경기 침체 등의 정책 실패로 나타났다고 판단된다. 이러한 점들을 요약하면 우리나라에서 정치·행정의 관계는 [표 3-2]에서 살펴보면, 정치 통제는 강하고, 행정의 자율성은 약한, 오른쪽 위의 사분면에 속한다고 볼 수 있다.[3]

이 표를 제시한 스바라는 정치와 행정의 가장 바람직한 관계는 정

---

3 이 같은 주장은 정치·행정 관계에 대한 구체적이고 경험적인 연구를 통해 확인되어야 할 것이다. 향후 연구를 통해 보완하고자 한다.

[표 3-2] 정치와 행정의 관계

<table>
<tr><td colspan="2" rowspan="2"></td><td colspan="3">집권 세력의 통제 정도</td></tr>
<tr><td>낮음</td><td colspan="2">높음</td></tr>
<tr><td rowspan="3">관료제의 독립성 정도</td><td>낮음</td><td>정치와 행정의 교착과 방임 관계</td><td colspan="2">행정에 대한 정치의 지배적 관계</td></tr>
<tr><td rowspan="2">높음</td><td rowspan="2">관료적 자율성</td><td colspan="2">상보적 관계</td></tr>
<tr><td>행정관료제의 전문성과 노력에 대한 정치인의 긍정적 인식</td><td>책임성과 대응성에 대한 행정관료제의 적극적 노력</td></tr>
</table>

출처: Svara (2001: 179) 재구성

치의 행정에 대한 통제가 높고, 행정의 독립성이 높은 우측 하단 사분면의 상보적 관계라고 주장한다(Svara, 2001). 집권 세력은 책임성으로 행정관료제를 통제하고, 행정관료제가 전문성과 합법성에 기초하여 적극적으로 독립성을 확보하면, 집권 세력과 행정관료제는 상보적 관계를 맺게 된다(Svara, 2001). 이러한 상보적 관계는 일견 상충적인 집권 세력의 정치적 통제와 행정의 독립성을 서로 인정하고 존중하면 성립될 수 있다고 본다.

그렇다면 대한민국에서 정치·행정의 발전 과제는 우측 상단의 행정에 대한 정치의 지배적 관계에서 우측 하단의 상보적 관계로 이전하는 것이다. 여기에 필요한 조건들은 첫째, 행정관료제의 전문성과 그에 기초한 대응성의 제고다. 이것은 행정관료제의 태생적이고 가장 기본적인 목표다.[4] 둘째, 앞에서 지적한 책임성 확보를 통해 정치의

---

4 공무원의 전문성은 해당 업무에 대한 전문적 지식과 기술을 의미하며, 전문가로서 윤리 기준에 따라 행동하는 것을 의미한다(한승주, 2017). 복잡한 조직과 다양한 업무로 구성되어 있는 관료제에서 전문성은 의사, 변호사 등 전통적인 전문가의 전문성과 상이하여, 공무원의 전문성에 대한 이론적 논의가 필요하다. 한편

행정에 대한 통제를 강화하는 것이다. 셋째, 행정이 집권 세력의 정파적 이해에 좌우되지 않는 정치적 중립의 확보다. 앞에서 지적한 것처럼 민주화 이후 지금까지 집권 세력이 책임성에 기초한 행정관료제에 대한 통제보다는 정치적 통제에 의존했기 때문에 정치적 중립성은 크게 훼손되었고, 따라서 정치적 중립성의 확보가 매우 중요하고 시급하다. 그렇다면 정치적 중립은 어떻게 지켜져야 하는가? 행정관료는 아무런 영혼을 가지지 않고 민주주의 선거를 통해 집권한 세력을 위해 봉사하기만 하면 정치적 중립일까?

행정관료제는 대통령과 집권 세력의 정책을 집행하기만 하는 단순한 조직이 아니다. 대한민국헌법 제66조 4항은 행정권이 대통령에게 독점되는 것이 아니라 대통령을 수반으로 하는 정부에 속한다고 규정하고 있다. 따라서 선거를 통해 집권한 대통령만이 아니라 행정관료도 국민으로부터 권한을 위임받은 것이라 해석된다. 물론 행정관료제를 통솔할 권한은 정부의 수반인 대통령이 가진다. 그러나 헌법 제7조는 공무원을 국민 전체에 대한 봉사자라고 명확히 규정하고 있으며, 따라서 행정관료 조직과 공무원은 이러한 헌법적 가치를 존중하고 준수해야 한다. 이보다 더 근본적으로 행정관료제는 국민주권의 가치를 존중해야 한다. 우리 헌법은 대한민국이 민주공화국임을 천명하고, 국민의 기본권과 관련된 자유와 평등, 복지에 관련된 헌법적 가치를 규정한다. 대한민국이라는 정치 공동체의 기본적 가치는 헌법으로 표현되며, 그것은 시민의 자유를 존중하는 민주주의와 공동체의

계층제 중심의 한국의 관료 조직에서 전문성 확보는 매우 어려운 과제이기도 하다. 그러나 공무원의 전문성 확보와 이에 대한 국민적 인식은 관료제의 정치적 중립성 확보의 중요한 필요조건이다.

조화를 중시하는 공화주의다. 이러한 우리 헌법의 기본적 가치와 법치주의를 존중하고 수호하는 것이 우리 사회의 기본적 합의다. 따라서 공무원은 이와 같은 헌법적 가치와 질서를 존중하고 준수할 의무가 있다.

그런데 이러한 헌법적 질서는 공무원이 존중해야 할 가치이자 동시에 정치적 가치이기도 하다. 그렇다면 정치적 가치를 지향하는 것은 공무원의 정치적 중립과 어떻게 양립하는가? 일견 모순되는 것과 같은 정치성과 정치적 중립성의 의미를 정치적인 것의 의미에 관한 세 가지 차원을 통해 살펴보면, 그 관계가 반드시 모순적이지 않음을 알 수 있다(권혁주, 2009). 4장에서 자세히 논의하는 바와 같이 우리가 정치적인 것이라 말할 때, 그것의 첫 번째 내용conception은 정치 공동체의 기본적 질서와 운영 방식에 대한 것이다. 정치적인 것의 두 번째 내용은 정치권력을 쟁취하기 위한 정파 간 경쟁을 의미한다. 세 번째 내용은 사회적 가치의 배분에 대한 권위적 결정을 의미한다.

이 가운데 첫 번째 차원의 정치성은 정치 공동체의 구성원인 인간의 자유와 권리에 대한 기본적 사고와 정치체제의 운영 방식에 대한 것이다. 구성원이 기본적인 질서 속에서 삶을 영위하는 가운데 어떤 정치 공동체가 운영·유지되기 위해서는 이와 같은 내용에 대해 합의하는 것이 필요하다(Rawls, 1993). 만일 그렇지 못하다면, 그 공동체는 정치 공동체로서의 지속가능성을 얻지 못하고 갈등과 분열의 길로 갈 가능성이 크다. 정치 공동체에 기본적인 합의가 존재할 때, 그러한 합의의 틀 속에서 서로 다른 생각을 가진 사람들이 각자의 정치적·경제적·사회적 활동을 영위하며 공존할 수 있다. 롤스는 이와 같은 합의를 '중첩적 합의overlapping consensus'라고 개념화했는데, 이를 정치 공동체를 구성하는 정치성이라고 할 수 있다(Rawls, 1993).

그런데 대한민국이라는 정치 공동체의 기본적 가치는 헌법으로 표현되며, 그것은 자유를 존중하는 민주주의와 조화를 중시하는 공화주의다. 따라서 서로 다른 생각을 지닌 사람들과 정치 세력 사이에도 정치 공동체의 기본적 가치가 담긴 헌법 질서에 대해서는 합의하고 수호할 규범적 당위성이 존재한다. 특히 헌법에 따라 공적 업무를 수행해야 할 책임을 부여받은 행정관료제는 헌법에 기초한 정치 공동체의 가치를 존중하고 준수해야 하므로, 이와 같은 정치성을 가진다. 그것은 행정관료뿐만 아니라 정치 공동체 성원 모두가 공유하고 준수한다는 점에서 편파적이지 않고 중립적이라고 할 수 있다.

정치적인 것의 두 번째 내용은 국가권력을 사이에 둔 정치 세력 간의 경쟁을 의미하며, 서로 다른 사상과 정책을 가진 정당이나 세력들이 국정 운영을 책임지기 위해 국민에게 정치적 지지를 호소하고 권력을 획득하는 과정이다. 공무원의 정치적 중립은 두 번째 의미의 정치적인 것으로부터 중립을 지키는 것으로, 일반적으로 의미하는 정치적 중립과 일치한다. 그러나 이 같은 정치적 중립은 영혼 없는 정치적 중립이 아니라 민주·공화주의라는 헌법적 가치를 존중하고 수호하는 구성적 정치성에 기초하는 정치적 중립이다. 공무원은 정치적 경쟁에서 중립을 지키기 위해 개인적 차원에서 정치 활동에 참여하지 않음으로써 정치적 중립의 의무를 다해야 한다. 공무원은 정당 활동을 하거나 선거에 개입해서는 안 되며, 이러한 금지는 헌법 제7조 2항을 비롯하여 국가공무원법 제65조, 제66조 및 지방공무원법 제57조와 제58조에 명문화되어 있다. 이뿐만 아니라 공무원은 노동조합을 결성할 수 있으나 집단행동은 금지된다. 이와 더불어 국가공무원법 제57조는 공무원이 국가 정책을 집행할 때 직무상 명령을 따르도록 하는데, 이 조항도 공무원의 정치적 중립을 요구하는 것이다.

공무원의 정치적 중립은 대통령과 집권 세력의 정파적 지시와 간섭으로부터 정책 집행이 영향을 받지 않을 때 지켜질 수 있다. 공무원은 상부 지시가 정치적으로 공정한지를 판단하여, 그렇지 못한 경우에 반대 의사를 표시할 필요가 있다.[5] 반대 의사를 표하는 방법으로는 조직 내부에서 이의를 제기하거나 성명서 발표와 같은 공개 표명 방법이 있다(한승주, 2018). 그 밖에 업무 수행을 지연하거나 정보를 외부에 유출하는 것과 같은 암묵적인 방법이 사용될 수도 있다. 정치적 중립을 보호하기 위한 공식적인 제도로서 준법감시인과 같은 제도를 시행하는 방법도 고려할 수 있다. 이는 정치적으로 임명된 집권 세력의 결정과 지시가 헌법과 법률의 범위를 넘어서는 것인지를 검토하도록 의뢰하는 제도다. 그러나 이보다는 정치권력을 수임한 대통령 및 집권 세력과 공무원들 모두가 행정관료제의 정치적 중립을 존중하는 등 이를 규범으로서 지켜 나가는 것이 더 중요하다.

정치적인 것의 세 번째 내용은 이스턴이 지적한 것처럼 사회적 가치나 재화를 배분하는 권위적 결정으로(Easton, 1953), 이는 국민의 선택을 받은 대통령과 집권 세력에 위임된 것이다. 그러나 사회와 경제에 대한 국가의 역할이 점점 확대되면서 사회적·경제적 재화의 배분이 행정관료제의 의사 결정에 좌우되는 현상이 발생한다. 앞에서 논의한 바와 같이 이러한 행정국가화는 실질적으로 관료제와 공무원이 정치적 권한을 행사하는 결과를 초래하고 있다. 이러한 행정관료

---

5 정파적 정책이란 지지 세력에게 직접적 이익을 주거나 반대 세력에게 불이익을 주어 자신의 정치적 지지를 제고하는 것으로 볼 수 있으나, 실제로 이를 판단하기란 쉽지 않다. 그러나 대통령이 공개적으로 천명한 목적 및 내용과 실제의 목적 및 내용 사이에 심각한 불일치가 있다면, 그 정책의 정파적 성격을 의심할 필요가 있다(Gutmann & Thompson, 1996).

의 재량권 남용은 책임성을 통해 막을 수 있다. 즉, 민주적 통제의 규범에 따라 그들의 의사 결정과 업무 집행이 투명하고 효율적으로 진행되었는가를 집권 세력에 의해 일차적으로, 국회를 통해 이차적으로 통제받아야 한다.

요약하자면, 정치와 행정의 관계가 상보적 관계로 이행되기 위해서는 대통령과 집권 세력의 행정관료에 대한 책임성 확보와 함께, 행정관료제가 대통령과 집권 세력으로부터 정치적 중립성을 확보해야 한다. 정치적 중립성은 헌법 가치와 질서를 존중하고 준수하는 구성적 정치성에 기초하며, 행정관료제의 공무원뿐만 아니라 대통령과 집권 세력도 존중해야 할 규범으로서 이에 대한 엄격한 준수가 필요하다. 그러나 국민으로부터 선출된 대통령이 행정을 통제하고 행정은 이에 대해 견제한다는 점에서 정부 내 정치·행정의 관계는 사법부, 의회와 행정부 사이의 견제와 균형처럼 완전히 대등한 관계가 아님을 유의해야 한다.

5. 결론

지난 몇 년간 대한민국 정부는 새로운 사회적 문제와 도전에 효과적으로 대응하지 못했으며, 오히려 정치적 영향력과 간섭으로 인하여 국정 혼선을 초래했다는 지적이 제기되었다. 정부가 이러한 문제를 극복하고 앞으로 국정을 효과적으로 운영하기 위해서는 발전국가의 행정 논리뿐만 아니라 민주화 과정에서 파생된 잘못된 유산에서도 벗어나 대한민국 정부 내에서 정치·행정 간의 새로운 관계를 설정하는 것이 필요하다. 이러한 문제의식에서 3장에서는 민주주의와 공화주의에 기초하여 정치·행정 간 통제와 견제의 규범적 이론과 실천적 접근 방법을 제시하고자 했다.

민주주의 이론에 기초하여 국민으로부터 선택받은 대통령과 집권 세력은 민주적 정당성을 가지며, 정책결정의 주체로서 행정관료제에 대해 적절한 통제권을 행사해야 한다. 여기에 기술적으로 복잡하고 전문성을 요하는 정책 수요가 늘어남에 따라 행정의 재량권도 확대되었기 때문에, 국민의 대표로서 정당성을 지닌 대통령과 집권 세력의 행정에 대한 통제는 더욱 중요해졌다. 그뿐만 아니라 한국적 맥락에서 볼 때 급속한 경제성장 과정에서 정부가 주도적 역할을 해 온 발전국가 체제를 극복하기 위한 측면에서도 행정관료제에 대한 통제의 필요성은 더욱 높아졌다. 본서는 행정관료제에 대한 통제의 실천 규범으로 책임성을 제시했다. 책임성은 행정관료가 위임받은 권한과 그에 따른 업무 수행에 대하여 자신의 행위를 설명하고 정당화해야 할 규범적 의무를 의미하며, 대통령과 집권 세력은 이러한 책임성을 통해 행정관료제를 적절히 통제해야 한다.

그런데 민주화 이후 여덟 번의 정부 구성과 그 가운데 네 번의 여야 간 정권 교체가 이루어지면서, 정권마다 조직 개편과 인사권을 통해 행정관료제를 통제한 결과 심지어 행정관료제의 정치화 현상까지 초래했다. 이로 인해 행정관료제가 전문성을 가지고 정책을 집행하지 못해 정책의 혼선과 실패가 빈번하게 발생했다. 정부 정책이 객관적이고 중립적으로 추진되지 못한다는 인식이 팽배해지면서 정책을 둘러싼 갈등도 증폭되었다.

이러한 문제의식에 따라 본 장에서는 공화주의 이론에 기초하여 대통령과 집권 세력에 대한 행정관료제의 견제와 관련하여 규범적 논리로서 정치적 중립성을 제시했다. 민주주의에서 다수결에 따라 성립된 정부라고 하더라도 권력 집중이나 권한 남용은 시민의 자유를 억압하고 정치 공동체의 생존을 위협하므로, 이에 대한 견제가 필요하다는 것이 공화주의 논리다. 민주적으로 선출된 정부라도 시민들의 다양한 가치에 대한 형평성 있는 정책을 결정하고 집행해야 사회갈등을 효과적으로 관리할 수 있기 때문이다. 이러한 점에서 3장에서는 우리나라의 헌법적 가치에 근거하여 삼권분립을 통한 입법·사법·행정 간의 견제와 균형뿐만 아니라, 행정관료제의 대통령과 집권 세력에 대한 견제가 매우 중요하다는 점에서 이에 대한 규범적 근거를 제공했다.

특히 행정관료제에 대한 통제가 책임성에 근거하여 이루어지면서 정치적 중립성, 전문성에 근거한 대통령과 집권 세력에 대한 견제와 균형이 효과적으로 발휘될 때 정치와 행정의 바람직한 상보적 관계가 설정될 수 있을 것이다. 정치의 행정 통제가 높은 현 상황에서 상보적 관계로 이행되기 위해서는 전문성에 따른 견제와 함께 행정의 정치적 중립성 확보가 절실히 필요하다는 점을 지적했다. 이때의 정치적 중립성은 단순히 정파 간 정치적 경쟁으로부터의 중립성이 아니라 헌법적 가치를 존중하고 준수하는 구성적 정치성에 기초한다. 이러한 정치적 중립성은 정치에 대한 행정적 견제의 규범을 제시하는 것으로, 공무원뿐만 아니라 대통령과 집권 세력이 이를 존중하고 준수할 때 지켜질 수 있다. 이렇게 한층 성숙한 정치·행정의 관계가 성립되면 정책으로 인한 사회갈등을 최소화할 수 있는 행정관리 체제가 가능할 것으로 예상된다.

4장

정책 수단의 정치적 성격

1. 정책 수단의 합리적 선택

공공정책은 국가가 추구하는 공공의 목적과 그것을 달성하기 위한 수단에 대한 공식적인 지침이다(정정길 외, 2020). 이런 이유로 공공정책은 목적을 의미하기도 하고, 목적 달성을 위한 수단을 의미하기도 한다. 이로 인해 발생하는 혼동을 막기 위해 최근 연구들은 정책의 목적과 수단을 분리하여 정책 수단이라는 하위개념을 설정하고, 정책 수단을 더욱 명시적으로 개발하고 정교화하고자 한다(전영한, 2007; Salamon, 2002).

이러한 이론적 접근은 가치 지향적인 정책 목적과 그것을 달성하기 위한 도구로서 가치 중립적인 정책 수단을 구별하고, 정책 목적과 달리 정책 수단을 객관적이고 과학적으로 접근하려는 시도라고 간주한다. 이러한 시각에서 보면 정책 수단의 설계와 선택은 목적을 달성하기 위한 최적의 도구를 찾는 합리적 과정으로 이해할 수 있다. 또한, 달과 린드블롬은 사회문제를 해결하기 위해서는 정치적 이념에 좌우될 것이 아니라 다양한 기술적·사회적 수단 가운데 가장 최적의 대안을 선택해야 한다고 강조한다(Dahl & Lindblom, 1953). 이러한 시각은 정책 수단이 정치적 고려나 사회적 이해관계에 좌우되지 않고, 주어진 정책적 목표를 달성하기 위해서 가장 효과적이고 능률적인 정책 수단을 선택해야 하며, 이는 현실적으로 가능하다고 본다.

그러나 과연 정책 수단을 선택함에 있어서 가치 지향적인 정치로부터 영향받지 않고 자유롭고 합리적일 수 있을까? 아니면 정책 수단도 불가피하게 정치적 성격을 가질 수밖에 없는가? 정책 수단이 의도하지 않게 정치적 성격을 가지게 된다면, 이로 인해 갈등이 발생할 가능성은 커진다. 따라서 정책 수단을 선택하고 집행하는 과정에서 파생되는 정치적 성격을 이해한다면 갈등을 미연에 방지할 수 있을 것이다. 이러한 관점에서 4장에서는 정책 수단에 내포된 정치적 성격을 세 가지 차원에서 분석하고, 현실적으로 정책의 목적을 달성하기 위해 몇 개의 정책 수단이 동시에 사용되는 점을 고려하여 정책 수단과 그 조합이 빚어내는 정치적 성격을 분석하고자 한다.

최근 이론적 연구의 관심 대상인 다양한 정책 수단은 대부분 1980년대 중반부터 개발되어 1990년대 영국의 블레어, 미국의 클린턴 정부로 이어졌고, 특히 신자유주의 개혁과 신공공관리 개혁 과정에서 강력하게 추진되었다. 신자유주의 개혁은 단순히 영국과 미국에만 국한되지 않고, 지난 30년간 세계 거의 모든 나라에서 다양한 형태로 실시된 행정 개혁의 거대한 조류를 형성했다. 따라서 이러한 시대적 배경에서 개발된 정책 수단은 신자유주의적 정치적 성격을 불가피하게 가질 수밖에 없었다고 하겠다. 그러나 정책 수단을 “정책 목적을 달성하기 위해 정부가 의도적으로 활용하는 수단”(전영한, 2007)이라고 정의하는 한, 정책 수단이 반드시 특정한 정치적 성격을 갖는다고 볼 수 없을 것이다. 정책 수단은 신자유주의적 정치 개혁은 물론이고 국가가 어떠한 정책 목표를 추구하기 위해 노력하는 과정에서 항상 사용되어 왔기 때문이다(Hood, 1976).

정책 수단에 대한 정치적 영향을 우려하는 달과 린드블롬 등의 학자들과 대조적으로 최근에는 정책 문제를 해결하기 위한 기술적 수단으로 정책 수단을 바라보는 연구의 경향이 지배적이다. 즉, 실용적 관점에서 선택된 정책 수단은 정치적으로 중립적이라는 시각이 커다란 논의 흐름을 형성하고 있다(Lascoumes & Le Gales, 2007). 그렇다면 이들이 주장하는 바와 같이 정책 수단은 효율성의 원칙에 따라 자유롭게 선택될 수 있는가? 본서에서는 이러한 정책 수단의 도구적 합리성이라는 명제를 비판적으로 검토하고, 정책 수단의 정치적 성격을 분석하는 이론적 틀을 국가의 정책적 개입 형태와 연결하여 제시하고자 한다. 특히 정책 수단은 사회와 개인의 관계를 규정하는, 바람직한 사회에 대한 가치관에 따라 특정한 조합이 선호되거나 선택의 폭이 제한되기 때문에, 정책 수단의 정치적 성격도 나타난다. 그리고 정책 과정에서 사용되는 정책 수단들이 창출하는 가치 배분의 결과로도 불가피하게 정치적 성격을 갖게 된다. 따라서 정책결정자와 이를 집행하는 관료들은 사회·경제적 맥락에서 정책 수단이 내포한 정치적 성격을 정확히 이해하고 추진해야 의도하지 않은 사회적 갈등을 미연에 방지할 수 있을 것이다. 또한, 집권자와 행정관료가 시행하는 정책 수단이 정치적 성격을 가진다면, 이에 대한 책임성 확보를 위한 민주적 견제도 필요할 것이다.

2. '정치적'인 것의 세 가지 차원

정책 수단의 정치적 성격을 논하기 위해서는 '정치적'이라는 용어를 분석하여 개념화할 필요가 있다. '정치적'이라는 표현에는 인간 본성을 나타내는 철학적 의미뿐만 아니라 권모술수의 경멸적 함의 등 매우 다양한 의미를 내포하고 있기 때문이다. 따라서 '정치적'이라는 개념을 세밀하게 이해하지 않고 정책 수단의 정치적 성격을 논의하는 것은 혼동을 불러일으킬 소지가 크다고 하겠다. 그러나 '정치적'이라는 개념에 대한 논의의 역사가 사회과학의 역사만큼이나 길다는 점을 고려하면, 이 장에서 이에 관해 충분히 논의하여 분명한 개념을 정의 내리기란 불가능하다.

4장에서는 정책 수단의 정치적 성격을 고찰하는 분석적 시각을 설정하기 위한 것임을 고려하여, '정치적'인 것을 세 가지 차원으로 나누어 간결하게 논의하고자 한다. 풀랑차는 자본주의 계급에 관한 연구에서 '정치적the political'인 것과 정치politics를 나누어, 자본주의 국가 정책이 '정치적'인 것에 봉사하는지 또는 계급의 이해를 추구하는지 구별해야 한다고 주장했다(Poulantzas, 1968). 자본주의 국가의 정책 중에는 지배계급의 이익에 반하는 부분이 있으나 한 단계 높은 수준에서 보면 자본주의 체제를 유지하기 위한 정책이 존재한다. 이 같은 정책이 '정치적'인 것이라는 지적이다. 그러나 정책 수단의 정치적 성격을 논하면서 '정치적'인 것과 '정치'를 구별하기보다는 정책 수단의 정치적 성격이 여러 가지 차원에서 발현되는 현상으로 이해하고, 이를 분석적으로 개념화하는 것이 좀 더 유용할 것이다. 또한, 정책의 '정치적' 성격은 공동체를 구성하는 원리와 정치 행위자 간의 관계라는 차원뿐만 아니라 그 결과의 분배에서도 나타날 수 있어서, 정책 수단의 정치적 성격을 두 가지 차원이 아닌 정책 이념, 정책 과정, 정책 결과의 분배라는 세 가지 차원에서 논의해 보기로 한다.

첫째, 정책 이념의 측면에서 보면, 인간이 살아가는 공동체의 성격을 규정하고 운영하는 제도 규범에 관한 차원에서 정치적인 것을 논할 수 있다. 아리스토텔레스는 인간의 본성이란 공동체에서 삶을 영위하면서 발현되며 그 속에서 진정한 가치도 달성될 수 있다고 주장했다. 그러나 하이에크Friedrich Hayek는 인간에게 가장 중요한 가치는 주체로서 살아가는 자유라고 강조하면서, 공동체의 목적에 종속된 인간은 노예에 불과하다고 주장했다(King, 1987). 그는 공동체의 삶보다는 개인으로서 인간의 존엄성을 강조했다. 이러한 이론적 대립에서 알 수 있듯이, 인간의 삶은 공동체 전체 이익과 하나의 인간으로서의 개인적 가치와 자유 사이에서 끊임없이 갈등하는 것으로 점철되어 있다고 할 것이다.

개인과 공동체의 갈등을 조정하는 대표적인 제도가 국가다. 그러나 여기에도 이론적 대립은 분명히 드러난다. 전형적인 대립으로 홉스와 로크의 국가와 개인에 대한 이론을 들 수 있다(Skinner, 1998). 이들은 모두 인간이 자연 상태를 벗어나 조화롭고 풍요롭게 살아가기 위해 사회계약으로 국가를 구성했다고 보지만, 국가와 개인의 관계를 규정하는 규범에 대해서는 상반된 견해를 드러낸다. 홉스의 시각에서 보면, 사회계약을 통해 국가에 권력을 이양한 개인은 그 권력에 반드시 종속되어야 한다. 이에 반해 로크는 사회계약을 통해 성립된 국가는 개인의 존엄성과 그들이 노동을 통해 획득한 재산을 보호해야 한다고 주장하면서, 이러한 국가의 임무를 충실히 수행하지 못하고 개인의 권리를 침해하는 국가에 대해서 시민은 혁명 혹은 제도화된 절차를 통해 권력을 교체할 권리를 갖고 있다고 강조한다. 이러한 로크의 이론은 현대 자유민주주의 이론에 철학적 기반을 제공하고 있다.

이런 면에서 홉스와 로크의 논쟁은 일단락된 것처럼 보인다. 그러나 자유민주주의 체제에서도 국가와 개인과의 관계에 대한 규범적 논쟁은 여전히 계속되고 있다. 대표적인 예로 롤스와 노직의 '개인이 사회로부터 보장받아야 할 권리와 의무'에 대한 논쟁이다. 롤스는 로크와 마찬가지로 사회계약을 통해 사람들은 국가를 구성하고 자신들이 추구하는 삶을 영위하지만, 국가는 궁극적으로 인간의 존엄성을 침해할 수 없다고 강조한다. 그러나 정치 공동체를 구성하고 그 속에서 삶을 영위하는 시민은 다른 시민에게 일정한 의무를 지며, 이러한 의무는 국가를 통해 전달된다고 본다(Rawls, 1971). 이와 반대로 노직은 어떠한 특정한 방향을 전제한 상태에서 국가가 시민의 삶에 개입하는 것은 결국 개인들이 추구하는 삶을 방해하게 된다고 지적한다. 그에 따르면 개인이 국가가 요구하는 특정한 모습으로 이끌려 가는 삶은 주인으로 사는 삶이 아니다(Nozick, 1974).

이러한 논의에서 어느 편이 옳은지 규명하는 것은 이 글의 목적이 아니다. 우리는 롤스가 표현한 것처럼, 공동체에서 살아가는 개인들 사이의 도덕적 관계를 규정하고 국가로부터 갖는 권리와 의무가 질서정연하게 유지되는 사회가 조화로운 사회라는 철학적 입장에 기초하여, 그것을 추구하는 것이 '정치적'이라는 점을 지적하고자 한다(Rawls, 1982). 오랜 역사에 걸친 논쟁에도 질서정연하고 조화로운 사회라는 정치적인 것에 관한 질문은 여전히 정리되지 않았다.

정책 패러다임의 측면에서 질서정연하고 조화로운 사회에 대한 대립은 케인즈이론에 입각한 국가개입주의적 시각과 시장론에 따른 개인의 선택을 강조하는 신자유주의적 시각에서도 잘 나타난다(Müller & Wright, 1994). 물론 두 조류 사이의 논쟁에는 가장 효율적인 경제성장 정책처럼 경험적이고 과학적인 증거를 바탕으로 검증되어야 하는 주제들이 대부분이지만, 궁극적으로는 개인의 경제적 자유와 국가의 역할에 대한 신념의 차이에 따라 분명한 정치적 차이를 갖는다. 이렇게 볼 때 정책 수단의 정치적 성격은 국가와 개인의 관계를 규정하는 철학적 가치에서 드러난다고 할 수 있으며, 이는 첫 번째 '정치적' 성격 판단의 근거다.

두 번째 '정치적' 차원은 획득한 권력으로 정책을 전개하는 과정에 초점을 맞추어 논의할 수 있다. 마키아벨리는 정치권력을 획득하고 유지하기 위해서는 사자와 같은 용맹함과 더불어 여우와 같은 교활함을 가져야 한다고 갈파했다. 흔히 '정치적이다'라고 표현하는 경우에는 대부분 이러한 권모술수를 구사하는 행태를 의미한다. 권력 획득은 그 자체로서의 목적이 되기보다는 정치가 개인 혹은 그가 속한 정치 세력이 가치 있다고 믿는 질서정연하고 조화로운 사회를 이루고자 하는 노력의 일환이다. 그러나 서론에서 지적한 바와 같이 정책의 목적이 이러한 가치 지향적 성격을 갖는다면, 정책 수단은 가치중립적이고 합리적이며 기술적인 성격을 갖는다. 그런데 이러한 정책 수단도 과정으로서의 정치에서는 정치적 성격을 가질 수 있다.

정치가와 정치 세력이 정책과 정책 수단을 전개하는 무대는 로크와 롤스가 가정하는 자연 상태 혹은 원초적 상태가 아니라, 역사적으로 전개되어 온 정치적 국면의 특정한 시점이다. 따라서 이들에게는 백지상태에서 자신들이 추구하는 질서정연하고 조화로운 사회를 선택하는 것이 아니라, 이미 역사적으로 주어진 조건에서 사회와 국가의 부분적 변화를 추구할 뿐이다. 물론 역사적 국면에 따라서는 혁명적인 변화를 통한 정치적 선택도 가능하고, 그에 버금가는 급진적 개혁 상황도 있을 수 있다. 그러나 특정한 역사적 국면에서 정책과 정책 수단은 특정한 가치를 향한 변화를 추구한다. 그런데 정책과 정책 수단이 촉발하는 변화는 그 사회가 현재 어떤 국면에 있느냐에 따라 다르게 나타난다. 즉, 어떤 사회에서 개인의 자유를 강조하는 정책이 다른 사회에서 국가의 사회적 책임을 강조하는 의미일 수 있으며, 이러한 점에서 합리적이고 기술적인 정책 수단도 특정한 정치적 성격을 갖게 된다. 예를 들어, 1990년대 미국에서 혼자 아이를 키우는 엄마들에게 부양아동가족부조Aids to Families with Dependent Children(AFDC)를 제공하면서 일자리를 찾는 조건을 부과하는 개혁이 있었다. 이에 대해 미국의 진보적 성향의 학자들은 시민권에 대한 침해로 강력히 반발했다. 이와는 대조적으로 2000년 한국에서 구직 활동 혹은 직업 훈련을 요구하는 내용을 포함하는 국민기초생활보장 제도가 도입되었을 때, 한국의 진보적 성향의 학자와 시민단체는 근로 능력의 여부를 떠나 일정한 소득액에 미달하면 생활지원비를 지급하는 점을 중시하여 이를 강력히 옹호했다. 이것은 기초생활을 위한 보조금이 이미 지급되는 미국과 그것이 아주 제한적이었던 한국의 정책적 맥락이 상이하여 나타난 현상이다. 개인의 행동을 제한하는 정책 수단이 정치적으로 다르게 나타남을 보여 주는 예다.

또한 현실 정치에서 정치인은 정책과 정책 수단을 자신의 권력을 유지하거나 획득하는 데 사용한다. 특히 정부의 고위 정책결정자는 일차적으로는 중립적 성격을 띠는 정책 수단을 효과적으로 정치에 활용하고자 한다. 이러한 정치 과정에서 정책과 정책 수단이 정치적으로 활용되는 것을 '비난 회피 전술'이라는 개념으로 살펴볼 수 있다. 선거를 치러야 하는 정치가들은 그들이 결정한 정책으로 인해 특정한 사회집단이 불이익을 받음으로써 비난의 대상이 되는 것을 회피하고자 한다는 것이다(Pierson, 1994b). 예를 들어 연금 재정의 건전성을 확보하기 위해 연금을 삭감해야 하는 상황을 생각해 보자. 정치가들은 연금액을 직접 삭감하여 연금 수급권자로부터 당장 비난받기보다는, 연금의 실질 가치를 보존하는 연금연동제도라는 정책 수단을 통해 소득수준에 따른 연동에서 소비자물가수준에 따른 연동으로 바꾸는 것을 선호할 것이다. 단기적으로 연금 삭감 효과가 나타나지 않으면서(가까운 장래에 당연히 삭감 효과가 있다고 단정할 수 없지만) 결과적으로 연금 삭감과 같은 정책 효과를 얻을 수 있으며, 이를 통해 유권자의 비난을 회피할 수 있기 때문이다. 이렇듯 정치 과정의 전략과 전술이라는 역동적 과정에서 정책 수단은 본래 갖지 않았던 정치적 성격을 갖게 된다.

세 번째 '정치적' 차원은 정책의 결과로서 생기는 정치의 속성이다. 이스턴은 정치를 "사회적 재화의 권위적 배분"이라고 지적한 바 있다(Easton, 1953). 개인은 홀로 또는 사회적 협동을 통해 사회적·경제적 재화를 생산하며, 그 결과를 소유한다. 이러한 일차적 분배가 발생한 후에 공동체의 결정에 따라 그러한 재화들이 재분배되는데, 이러한 재분배의 결과를 정치적인 것으로 볼 수 있다. 즉, 공동체가 채택한 특정한 정책 수단을 통해 일차적으로 분배된 것을 다시 분배함으로써 어떠한 개인 혹은 집단이 다른 집단에 비해 더 많은 혜택을 보거나, 해당 개인이나 집단이 과거와 비교해 사회적 재화를 더 많이 혹은 적게 소유하게 되는 결과를 '정치적'이라고 할 수 있다.

여기서 사회적 재화란 정치권력뿐만 아니라 사회적 존경과 명성을 의미할 수 있고, 경제적 재화를 포함하기도 한다. 그런데 사회적 재화가 정치권력을 의미할 때는 앞서 논의한 두 번째 정치적 차원과 일치하며, 사회적 존경이나 명성과 같은 가치는 정책 수단에 의해 크게 변화될 여지가 많지 않다. 따라서 정책 수단의 결과로서 정치적인 것은 주로 경제적 재화를 두고 논의할 때 그 의미가 두드러진다. 예를 들어, 소득이 상승함에 따라 더 높은 세율의 세금을 부과하는 누진세라는 정책 수단은 고소득 계층에게 불리한 재분배 결과를 가져올 것이며, 상품에 일정한 비율로 부과되는 부가가치세는 중산층 이하의 계층에게 불리한 재분배를 가져올 가능성이 높기 때문에 정치적 성격을 갖는다.

이러한 정책 결과로 나타나는 재분배의 정치적 성격에 대해서는 재분배 정책이 가장 정치적인 갈등을 많이 유발한다는 로위의 지적에서 잘 알 수 있다(Lowi, 1964). 그는 정책의 성격에 따라 정치적 갈등이 다르게 나타나는데, 그중에서 재분배 효과를 창출하는 정책들이 가장 격렬한 정치적 갈등을 유발한다고 했다. 한편 에스핑안데르센은 복지국가가 사회보험, 국가 서비스, 시장적 기제 가운데 어떠한 수단을 중심으로 활용하는가에 따라 사회적 계층화 현상이 다르게 나타난다고 지적한 바 있다(Esping-Andersen, 1990). 이러한 지적도 정책의 결과가 상이함에 따라 나타나는 정치적 성격에 관한 내용이다. 다음 절에서는 일견 합리적이고 기술적인 정책 수단의 다양한 정치적 성격을 보다 구체적으로 파악해 보기로 한다. 먼저 최근에 정책 수단의 분류에 초점을 둔 연구 성과와 함께, 정책 수단과 그 조합들의 성격에 대해 살펴보기로 하자.

3. 국가의 정책 개입 형태와 정책 수단

정책 수단에 관한 최근 연구에서는 그 분류에 초점을 맞추고 있으며, 정책 수단의 정치적 성격에 대한 논의는 아직 많이 진행되지 않고 있

[표 4-1] 강제성과 직접성에 따른 정책 수단의 유형 분류

		강제성(coerciveness)		
		높음	중간	낮음
직접성 (directness)	높음	직접 규제 (direct regulation)	직접 유인 (direct incentive)	직접 정보 (direct information)
	중간	준직접 규제 (quasi-direct regulation)	준직접 유인 (quasi-direct incentive)	준직접 정보 (quasi-direct information)
	낮음	간접 규제 (indirect regulation)	간접 유인 (indirect incentive)	간접 정보 (indirect information)

출처: 전영한(2007: 288)의 재구성

다(전영한, 2007; Linders & Peters, 1998; Salamon, 2002). 이 가운데 전영한의 연구는 지금까지 제시된 정책 수단을 범주화하는 노력을 고찰하면서 직접성과 강제성이라는 두 측면에서 정책 수단의 분류를 제시한다(전영한, 2007). [표 4-1]과 같이 정책 수단의 두 측면에서 다시 높음, 중간, 낮음으로 세분하여 총 아홉 가지의 정책 수단으로 분류한다.

위의 표에서 직접 규제에 속하는 정책 수단은 공무원이 각종 인허가 및 법적 의무를 부과하는 것이며, 준직접 규제에는 한국소방검정공사, 영상물등급위원회 등과 같이 민간인 신분의 공공 기관에 의한 규제가 속하며, 간접 규제는 준정부 기관이나 민간 기관에 위탁된 각종 기술검정과 승인 등을 말한다(전영한, 2007). 직접 유인은 개인이나 집단의 행위를 제약하는 정도가 낮고 선택의 여지를 주어 정책 대상 집단이 특정한 행위를 선택하도록 유인하는 정책 수단이다. 한편 강제성이 가장 낮은 정책 수단은 정보를 제공하여 정책 대상 집단이 그를 통해 판단하도록 유인하는 수단이다.

이러한 분류는 정책 수단의 정책 대상 집단이 되는 개개의 시민에

게 초점을 맞추는 미시적 접근으로서, 정부가 추구하는 정책 목적을 달성하기 위해 시민의 선택과 행동을 어떻게 유도하는가에 초점이 맞추어져 있다. 그러나 이러한 분류는 다음과 같은 한계를 지닌다.

첫째, 정부가 특정 재화나 서비스를 직접 생산하거나 준정부 기관에 의해 생산되는 것과 같은 정책 수단은 이 분류에 포함되지 않는다. 또한, 정부의 정책 목표와 수단 가운데 중요한 것들은 시민 개개인의 행위를 규제하지 않거나 특정한 방향으로 유인하지 않는 것이 많은데, 이것도 이러한 분류에 포함되지 않는다. 예를 들어 시민에게 안전을 제공하고 국가를 외부 침략에서 방어하는 국방 분야의 정책 수단은 대부분 시민을 특별히 규제하지 않거나 특정한 행위를 하도록 유인하는 경우가 많지 않으며, 구체적인 정보를 제공하지도 않는다. 최정예 전투 비행기를 도입해 전투비행단을 형성하여 영공을 지키는 경우, 이러한 정책 수단은 시민의 안녕이라는 정책 목표를 추구하면서도 시민의 행동을 규제하지 않는다. 따라서 정책 수단의 제도적 성격과 사회·경제적 성격을 논의하기 위해서는 시민에게 초점을 맞추는 미시적 시각에서 벗어나 중범위적·거시적 접근이 필요하다.

둘째, 이러한 미시적 접근은 정책 수단의 정치적 성격을 명확히 드러내지 못한다. 정책 수단은 단독으로 사용되기보다는 몇 가지 수단이 조합되어 사용되는 경우가 많다. 따라서 그러한 조합에 초점을 맞추는 중범위적 시각이 필요하다. 정책 수단의 정치적 성격은 공동체, 개인, 그리고 정치 과정이라는 거시적·미시적 중범위 수준에서 나타나므로, 개인과 개개의 수단에만 초점을 맞춘 분석은 다양한 수준에서 나타나는 정책 수단의 정치적 성격을 조망하기 어렵기 때문이다. 예를 들어, 어떤 정책 수단이 채택되어 집행될 때 서비스를 제공받는 시민의 하위 집단이나, 그 서비스의 재원을 부담하는 집단의 구성이 바뀌면 정치적 성격이 달라질 수 있다. 이러한 정책 수단의 결과로 혜택을 받는 집단이나 재정적 부담의 소재 등의 변화를 우리는 정책 수단의 정치적 성격이 발현되는 세 번째 차원으로 보았다. 그런데 미시적 접근은 개인에 초점을 두기 때문에 이러한 정책 수단에 의한 정치적 변화를 포착하기 어렵다.

셋째, 정책 수단 연구에서 이러한 미시적 접근은 앞에서 지적한 바와 같이 신자유주의에 따른 신공공관리적 시각에 의해 크게 영향을 받고 있다. 이러한 시각에 따르면, 정책 수단은 암묵적으로 국가가 서비스를 직접 제공하거나 규제를 최소화하고 정책 목적을 달성하도록 하는 수단을 개발하고자 한다(Howlett, 2005). 여기에는 국가로부터 개인의 자유를 최대한 보장하고, 소비자로서 시민의 선택을 최대한 확보하려는 자유주의적 가치가 내포되어 있다. 따라서 [표 4-1]에서 국가의 강제성과 개인 생활의 침해 정도가 가장 낮은 간접 정보에 기초한 정책 수단이 최선의 정책이라는 편향이 깔린 것처럼 보인다.

이와는 반대로 국가의 강제성과 개인 생활에 국가의 직접적 개입 정도가 가장 높은 직접 규제 정책이 개인의 자유를 가장 크게 침해하는 것으로 평가될 수 있다. 그러나 앞에서 언급한 바와 같이, 국가가 서비스를 직접 창출하면서 개인의 사생활에 대한 간섭이 거의 없는 국방은 어떻게 평가할 것인가? 반대로 국가가 개인에게 서비스를 직접 제공하는 것이 반드시 개인의 자유를 침해하는 것인가? 예를 들어, 국가가 장애인에게 교통수단을 제공한다면 장애인은 더 많은 자유를 향유할 수 있을 것이다. [표 4-1]에 따른 정책 수단의 분류는 국가가 서비스를 제공하는 부분에 대해 포괄하지 못하기 때문에 이에 대해 논의하는 것이 매우 어렵다.

이러한 한계를 극복하기 위해서는 정책 수단이 미시적 수준에서 개인에게 끼치는 영향력이 아니라 정책 수단의 조합에 초점을 맞추는 중범위적 분석이 필요하다. 정책 수단에 관한 최근의 논의는 국가의 직접적인 정책 개입을 축소하는 가운데 국가가 채택할 수 있는 정책 수단에 대해 정교하게 분석한다는 점에서 의의가 있지만, 실제로 국가가 오랫동안 사용해 온 다양한 정책 수단에 대해서는 많은 논의를 하지 않고 있다.

한편 정책 수단을 통한 국가의 정책 개입에 관한 기존 연구들은 국가의 개입 여부에 초점을 맞추어 왔다. 따라서 이러한 논의는 주로 국가의 정책 개입 존재 여부, 혹은 그것이 바람직한지 아닌지에 대한 이분법적 논의가 주류를 이루었다(박동서·최병선·이달곤·권해수, 1992; Müller & Wright, 1994). 즉, 국가의 개입은 바람직하지 않으므로 시장 원리에 따라 서비스가 창출되고 제공되어야 한다는 주장이 있는가 하면, 국가의 직접적인 서비스 제공이 바람직하다는 논리가 있었다(King, 1987; Müller & Wright, 1994). 이러한 국가와 시장에 대한 이분법적 사고를 극복하기 위해 정책 수단을 통한 국가의 정책적 개입을 서비스 제공 측면에서 세 가지로 분류하고, 그에 따라 정책 수단을 분석할 수 있음을 제시하고자 한다(Kwon, 1997).

첫째, 국가는 국민에게 서비스를 직접 제공하는 공급자provider 역할을 수행할 수 있다. 국방, 치안을 통해 시민에게 안녕과 질서를 제공하는 것이 대표적인 예다. 둘째, 국가는 규제를 통해 시장의 행위자가 필요로 하는 서비스나 재화가 창출되도록 규제자regulator 역할을 할 수 있다. 예를 들어, 오염물질이 공장에서 하천으로 직접 배출되지 않도록 막고, 수질이 나빠지지 않도록 오염 처리 시설을 설치하도록 규제한다. 셋째, 국가가 서비스와 재화를 창출하거나 특정한 방향을 규제하지 않을 수 있다. 물론 이 경우에도 국가가 역할을 전혀 하지 않는다는 것은 아니다. 국가는 시장에서 계약과 거래가 이루어질 수 있도록 다양한 제도를 유지하고 강제하는 역할을 한다. 예를 들어 생산자에게 물건을 산 구매자가 약속한 날짜에 대금을 지급했다면, 국가는 표면적으로 아무런 역할을 하지 않은 것이 된다. 그러나 생산자는 국가의 강제력이라는 정책적 수단을 통해서라도 물건을 인수한 구매자가 대금을 지급할 것이라고 확신하여 이 거래를 성사시킨 것이다. 여기서 국가의 역할은 시장 유지자market-maintainer라고 할 수 있다.

이렇게 서비스 제공 측면에서 국가의 정책 수단을 세 가지로 나누어 보면, 단순히 국가가 서비스를 제공하는지에 초점을 맞추는 이분법적 접근보다 정책 수단의 성격을 좀 더 구체적으로 볼 수 있다. 그렇다면 이렇게 국가의 정책 수단을 세 가지로 나누는 것이 현실에서 집행되는 정책 수단을 분석하는 데 얼마나 유용할까? 비록 국가의 정책 개입을 세 가지 형태로 나누더라도, 세 유형도 현실에서는 다양한 정책 수단이 결합되어 형성되기 때문에 정책 수단을 구체적으로 논하기에는 지나치게 거시적 논의임을 지적할 수 있다. 예를 들어 노인 복지 향상이라는 정책 목표와 이를 달성하기 위한 정책 수단에 대해 생각해 보자. 2007년부터 시행 중인 노인장기요양보험에서 국가는 요양기관을 직접 설립하여 노인장기요양서비스를 산출 및 제공하는 공급자 역할을 하지 않는다. 의료보험에 추가된 장기요양보험료를 시민과 그들의 고용주에게서 징수하여, 장기요양이 필요한 경우에 시민이 서비스를 사용할 수 있도록 하고 있다. 즉, 규제자 역할을 수행한다. 여기서 보험 운영은 국민건강보험공단이 맡고, 요양 서비스는 공익기관이나 민간이 설립한 요양기관에서 제공한다. 장기요양 수급자로 판정받은 노인은 자신이 원하는 요양기관에서 요양받을 수 있다. 수급자는 일부 본인부담금을 납부하고, 요양기관은 국민건강보험공단에서 요양비를 받는다. 이때 명시적으로 수급자에게 바우처voucher가 지급되어 사용되지는 않지만, 바우처를 소지한 것과 마찬가지로 수급자는 일정한 범위에서 요양기관에 대한 선택권을 갖는다.

이처럼 복잡하고 다양한 정책 수단이 채택된 현실의 정책 프로그램을 분석하기에는 국가의 정책 개입의 세 가지 유형(공급자, 규제자, 시장 유지자)으로는 충분하지 않다. 이에 대해 솔터는 서비스 생산뿐만 아니라, 그에 대한 재원 조달, 서비스의 질적 수준에 대한 규제라는 세 가지 측면에서 국가의 정책 개입을 분석해야 한다고 주장한다(Salter, 1998). 그러면 국가의 개입 유형을 시장과 국가라는 두 가지로 분류해도 다양한 국가 개입 유형을 충분히 포착할 수 있다. 결국 [표 4-2]에서 보는 것처럼, 기본적으로 여덟 가지의 개입 모델이 나타난다. 이러한 여덟 가지 유형은 그 대상자인 개인에게 초점을 맞추는 미시적 분석과 국가의 개입에 초점을 맞추는 거시적 수준 사이의 중간적 범위에서 분석이 가능하게 한다.

그런데 정책 수단의 분석에 솔터의 모델을 사용하려면 그에 따라 재구성할 필요가 있다. 이를 위해 [표 4-1]에서 제시한 정책 수단의 직접성, 강제성의 개념을 적용해 보자. 재원 조달과 서비스 창출의 측면에서는 정책 수단의 직접성 정도에 따라 국가, 시장의 역할을 포착할 수 있다. 예를 들어 국가의 조달을 직접성이 높다고 하고, 시민이 비용을 직접 지불하는 것을 직접성이 낮다고 한다. 같은 시각에서 강제성 정도는 서비스의 질적 규제에 적용할 수 있다. 이러한 재구성을 통해 [표 4-2]가 제시된다.

이와 같은 국가의 다양한 개입 유형에 따른 정책 수단의 조합을 사회정책을 중심으로 예를 들어 보자. 가장 전형적인 모델 1은 1990년

[표 4-2] 국가 개입 유형에 따른 정책 수단의 조합(수단의 성격 중심)

모델	재원 조달	서비스 창출	서비스 질적 규제
1	높다	높다	높다
2	높다	높다	낮다(중간)
3	높다	낮다(중간)	높다
4	높다	낮다	낮다
5	낮다(중간)	높다	높다
6	낮다(중간)	높다	낮다
7	낮다(중간)	낮다	높다
8	낮다	낮다	낮다

출처: Salter(1998: 41)를 재구성

대 내부시장제도와 같은 개혁이 시행되기 이전 영국의 국민의료서비스National Health Service다. 이때 영국은 국가 재정을 기반으로 국민의료서비스의 재원을 조달하고, 의료 서비스를 제공하는 병원은 특수 국가기관이며, 의료를 담당하는 의사도 공무원이다. 의료 서비스에 대한 질적 규제도 국가에서 맡았다. 이 경우에 국가는 직접 재원을 조달하고 서비스를 제공하며, 규제의 강제성도 높다. 서비스를 받는 시민의 시각에서 보면, 국가 개입이 가장 직접적이고 강력하다. 자신이 원하는 병원에서 의료 서비스를 받을 수 없고, 지역에 따라 지정된 가정의general practitioner가 지정해 주는 병원으로 가야 한다. 반면에 의료 서비스가 제공되는 시점에서 의료비를 지급할 필요가 없고, 부자이든 가난한 사람이든 차별 없이 같은 병원을 이용하게 된다. 이러한 제도의 문제점은 서비스를 제공하는 공무원이 서비스를 소비하는 시민에게 민감하게 반응할 필요가 없다는 것이다. 영국의 국민의료서비스에서 의사, 간호사 등 의료 전문 인력의 성실성은 높기로 유명하지만,

대기시간 증가 등 환자들의 불만 또한 다양하다. 여기서 환자들이 의료공급자에게 자신의 불만을 제도적으로 표출할 방법이 뚜렷하지 않다는 문제가 있다. 이를 개선하기 위해 1990년대에 내부시장제도를 도입하여, 환자를 대신해 의학적 전문지식을 갖춘 가정의가 높은 의료 서비스와 대기시간이 길지 않은 병원을 선택하도록 도왔다. 따라서 서비스의 질적 규제에 시장적 기제를 도입하여 정책 수단의 강제성을 낮추었다. 이것은 [표 4-2]의 모델 2에 해당한다.[1]

모델 3은 국가 재정으로 재원이 조달되지만, 서비스 제공은 민간기관이 맡고 그 서비스에 대한 규제는 국가기관이 맡는 형태다. 이러한 정책 수단의 조합은 한국에서 노인복지법에 의한 노인요양제도와 유사하다. 노인 요양에 필요한 재원은 국가와 지방자치단체가 부담하고, 요양 서비스는 민간의 요양시설에서 제공하고, 서비스의 질은 지방자치단체가 감독하고 있다. 이러한 방식으로 우리는 저소득층 노인들 가운데 요양이 필요한 사람들에게 서비스를 제공할 수 있다. 그런데 서비스를 받는 사람들은 서비스 비용을 직접 지급하지 않음에 따라 노인요양서비스가 수혜자인 노인들에게 제대로 제공되지 않는다는 비판이 제기되었다. 이에 정부는 노인들에게 바우처를 지급하여 자신이 원하는 요양기관에서 서비스를 받을 수 있도록 하는 방안을 도입했다. 이러한 정책 수단의 조합을 반영한 것이 모델 4이다. 그러면 서비스를 이용하는 노인들이 만족스러운 서비스를 제공하는 기관

1 2020년 발생한 코로나19 대유행에서 영국의 초기 대응은 크게 실패했는데, 이는 근본적으로 지난 30년간 국민의료서비스의 질적 수준이 지속적으로 저하되었기 때문이다. 중증환자와 사망자 가운데 소수인종의 비중이 컸다는 점에서 국민의료서비스가 모든 국민에게 차별 없이 제공되지 못했다는 비판이 제기된다 (Hooijer & King, 2021).

을 선호하게 되어, 국가의 질적 규제의 강제성이 줄어드는 간접적 성격을 띠게 된다.

모델 1-4는 기본적으로 국가가 사회복지 서비스에 필요한 재정을 직접 조달하기 때문에, 수혜자 집단은 소득수준과 관계없이 서비스가 필요한 국민이 된다. 같은 수준의 의료와 사회복지 서비스를 시장에서 구매할 수 없는 사람들이 결과적으로 더 많은 혜택을 입게 된다. 모델 2와 4는 수혜자의 선택권을 확대한 정책 수단으로 이해할 수 있다. 이에 비해 모델 5-8은 재원을 국가가 직접 조달하지 않고 서비스를 이용하는 시민의 부담에 의존한다. 모델 5는 이용료 부과라는 정책 수단이 영국의 국민의료서비스의 개혁 방안으로 논의되었지만 실현되지 않았다. 이 방안에서는 국영 병원에 의료 서비스를 받는 시민이 그에 상응하는 비용을 내게 된다. 물론 여기서는 이용자가 의료 비용을 모두 부담할지, 아니면 일부만 부담할지 논의해 볼 여지가 있다.

모델 6은 해당 서비스를 이용하는 시민이 비용을 부담하지만, 서비스 창출은 국가가 한다. 싱가포르의 의료보험이 이에 해당한다. 싱가포르에서 일반 시민은 국가에서 설치한 병원을 이용한다. 그러나 비용은 본인의 의료계좌medi-save account에서 지급된다. 여기서 시민의 선택으로 병원 서비스의 질적 수준이 유지되는 반면 한국과 같이 공적기관이 의료 내용과 비용 수준에 대해서 규제하지 않는다.

모델 7은 의료 서비스를 이용하는 시민이 자신의 의료보험과 본인부담액을 지불하며, 서비스는 민간 의료기관이 제공한다. 제공된 서비스와 비용의 적절성에 대해서는 국가가 규제한다. 이러한 정책 수단의 조합으로는 한국의 국민건강보험을 예로 들 수 있다. 물론 현실적으로 환자가 자신이 원하는 병원을 거의 무제한적으로 선택할 수 있다는 점에서 시장에 의한 질적 규제도 나타난다고 할 것이다. 여기서 의료보험은 시민의 완전한 선택에 의한 것이 아니라, 준정부 기관인 국민건강보험공단이 운영하는 보험에 강제적으로 가입하고 소득에 비례해 보험료를 납부하도록 하기 때문에, 가입자들 사이에는 일정한 재분배가 일어난다.

모델 8은 재원 조달, 서비스 제공, 서비스의 질적 규제 등 모두를 민간의 의료기관이 담당하여 정책 수단의 재원 조달과 서비스 제공의 직접성, 서비스의 질적 규제에 대한 강제성 모두 낮다. 대표적 예는 오바마 케어가 도입되기 이전 미국의 의료 서비스 시장에서 찾을 수 있다. 미국에서 노인과 빈곤층을 위한 공적의료보험제도는 이에 해당하지 않지만, 일반 시민을 대상으로 하는 의료 서비스는 모델 8에 해당한다. 의료보험이 민간에 의해 운영된다는 점에서 재원은 서비스를 이용하는 시민에 의존하고 있으며, 병원도 대부분 민간 기관 중심으로 운영된다. 오바마 케어의 시행으로 의료보험회사는 소득이 낮은 사람들과도 의료보험 계약을 해야 하지만, 기본적인 미국의 의료 서비스 시장의 성격은 그대로 유지되고 있다.

공적 의료 서비스를 중심으로 보면 모델 7과 모델 8은 재원을 시민에게 의존하고 있어서, 재정적 능력이 높지 않다면 의료 이용 시 경제적 부담을 크게 느끼게 된다. 반면에 더 많은 선택의 폭을 제공하고, 모델 6에서 있을 수 있는 소득 재분배 효과가 나타나지 않거나 매우 적다는 점에서 소득수준이 높은 사람에게 유리하다. 이에 비해 모델 6은 국가가 재정을 부담하지 않지만, 시민에게 의료보험의 가입을 강제하고, 의료기관들이 제공하는 의료 서비스에 대해 구체적으로 규제한다는 점에서 직접적이고 강제적인 정책 수단을 채택한다고 할 수 있다.

4. 사회적 맥락과 정책 수단의 정치적 성격

지금까지 국가의 정책 개입 유형에 따른 정책 수단의 조합을 재원 조달, 서비스 창출, 서비스의 질적 수준에 관한 규제 측면에서 여덟 가지 모델로 나누어 검토했다. 국가가 재원을 조달하는 경우와 그렇지 않은 경우로 크게 나뉘는데, 국가가 재원을 조달하는 경우에는 의료와 같은 사회복지 서비스 분야에서 소득수준을 불문하고 국민 대부분이 수혜를 볼 수 있다. 하지만 그렇지 않은 경우에는 소득수준에 따라 차별이 생기게 된다. 전자의 경우 이러한 혜택으로 삶에 필요한 사회적 잠재력을 확보할 수 있는 적극적 자유가 보장되지만, 후자의 경우 외부로부터 간섭받지 않고 선택할 수 있는 소극적 자유가 보장되는 등 정치적 가치에서도 커다란 차이를 보인다. 한편 이와 같은 재원 조달 방식의 차이는 소득재분배뿐만 아니라 결과적으로 현실 정치에도 큰 영향을 미친다.

이러한 모델의 기본적인 정치적 성격은 우리가 앞에서 논의한 첫 번째 '정치적' 차원에서 분석해 볼 수 있다. 즉, 이러한 모델에서 전제하는 질서정연하고 조화로운 사회의 모습은 어떤 것인가를 해석해 보면 정치적 성격이 드러난다. 전형적인 정책 수단의 조합으로서 모델 1은 시민의 복지에 대한 국가의 책임을 강조하고, 시민은 그들의 경제적 능력과 관계없이 복지 혜택을 받을 수 있다. 반면에 이러한 복지 정책에 필요한 국가의 재원은 시민의 조세로 충당되기 때문에 그만큼 시민의 부담은 다른 사회보다 클 수밖에 없다. 국가의 정책적 개입과 개인의 자유라는 관점에서 보면, 모델 1은 사회민주주의적인 정치적 성격을 띠고 있다.

정책 수단의 또 하나의 전형적인 조합인 모델 8을 보자. 여기에서 시민은 지불 능력에 따라 자신이 원하는 복지 혜택을 시장에서 구매하고, 제공되는 서비스의 질은 시장의 기제를 통해 통제되며, 국가의 정책 수단의 직접성과 강제성은 매우 낮은 수단이 활용된다. 따라서 시민은 원하는 것을 선택할 수 있는 자유를 가지며, 국가는 시장 기제가 효율적으로 작동되도록 최소한의 법적 질서를 유지하는 역할만을 수행한다. 한편, 필요한 복지서비스가 있어도 구매력이 없는 사람들은 이 모델에서 인간다운 삶을 영위하는 데 커다란 어려움을 겪게 되지만, 그러한 상황에 이르게 된 것도 개인의 책임이라고 본다. 이러한 모델은 노직(Nozick, 1974)이 강조하는 자유지상주의의 성격을 갖는다.

이처럼 양극단 모델의 정치적 성격과 대비되는 또 하나의 전형적인 정책 조합으로 모델 7을 생각할 수 있다. 이 모델은 복지혜택에 필요한 재원을 국가가 조달하지 않고 시민이 납부하는 보험료로 조달한다. 이러한 모델에서는 국민이라고 해서 반드시 복지 혜택을 받을 수 있는 권리가 발생하지 않으며, 따라서 사회적 약자에 대한 공동체적 책임도 낮다. 그러나 서비스 구매와 공급에서 국가가 규제를 통해 개입하기 때문에 개인의 자유가 완벽히 보장되는 것도 아니다. 이러한 모델로는 경제적 발전이라는 국가적 목표를 위해 정책결정자들이 공공정책을 끌고 간 개입주의적 성격과 권위주의적 성격을 보였던 한국이 있다.

정책 수단의 조합으로 형성된 정치적 성격은 영속적으로 굳어지는 것일까? 안정성이 중요한 공공정책과 제도는 제도가 생긴 역사적인 배경이나 현재 제도에서 기득권을 가진 사람들의 저항으로 모델 1에서 모델 8로 혹은 그 반대로 전환되는 경우는 자주 나타나지 않는다. K. 텔렌이 지적한 대로, 현실에서는 급격한 변화보다 점증적 변화가 일반적이다(Thelen, 2004). 예를 들어, 국가 개입이 가장 강한 정책 수단의 조합인 모델 1에서 모델 8로(혹은 그 반대로) 변화한 경험은 동유럽에서, 사회주의 체제의 몰락과 자본주의 도입 과정에서 볼 수 있지만, 이와 같은 근본적인 변화가 아니라면 현실적으로 여덟 가지 모델에서 개혁을 통한 정책 변화의 폭은 제한적이다.

영국과 미국의 복지개혁을 분석한 P. 피어슨은 마거릿 대처 정부의 신자유주의 개혁에도 불구하고 영국의 복지국가가 크게 변화되지 않았다고 지적한 바 있다(Pierson, 1994a). 그에 따르면 신자유주의적 개혁의 나팔소리가 아무리 크게 울렸어도 실제 변화는 크지 않았다. 사실 대처가 시도한 영국의 국민의료서비스 개혁은 모델 1에서 2로 옮겨 가는 정도였지, 모델 8과 같이 전형적인 시장 모델로 옮겨 간 것이 아니다. 피어슨은 이러한 개혁의 실패를 경로의존성path dependency 때문이라고 보았다. 따라서 중요한 개혁 정책을 시행하더라도 앞의 [표 4-2]에서 제시한 여덟 가지 모델을 자유롭게 선택할 수 있는 것은 아니며, 역사적으로 이미 규정된 정책 수단의 기본적인 정치적 성격이 쉽게 바뀌지 않음을 알 수 있다.

그렇다면 영국의 의료 개혁이 신자유주의적 개혁이라는 정치적 의미를 갖는 이유는 무엇일까? 비록 대처 정부의 개혁으로 국가가 국민의료서비스의 재정을 부담하는 것은 바뀌지 않았지만, 바우처 제도와 그 원칙을 공유하는 내부시장제도 등을 도입하여 선택의 폭을 넓히고, 공급자가 제공하는 서비스의 질을 시장 기제로 통제하려고 했다. 즉, 모델 1을 모델 2나 모델 3으로 전환하면서 신자유주의라는 정치적 방향성을 분명히 드러낸다. 이보다 더 중요한 것은 대처의 보수당 정부와 공공 분야의 핵심을 구성하는 국민의료서비스 노조와의 정치적 갈등이다. 영국의 국민의료서비스는 영국 최대의 고용 인원을 보유할 만큼 국가 재정의 커다란 부분을 차지한다. 영국 정부는 국민의료서비스의 재정을 축소하는 데 어려움을 겪자, 내부시장제도를 통해 환자에게(보다 정확하게는 환자의 담당 의사에게) 선택받지 못한 병원은 자동으로 그만큼 예산이 삭감되도록 했다. 이로써 매년 재정 축소 문제로 노조와 대결하지 않으면서도 노조를 통제하는 정치적 전략을 구사했다.

정책 수단의 정치적 성격이 그 사회의 정치 과정과 사회적 맥락에 따라 나타나듯이 공적 소득 부조와 그와 연결된 노동조건 부과에서도 나타난다. 이는 공적부조에 소요되는 재정은 국가가 직접 부담하고, 수혜자에게는 직업 훈련이나 일정한 노동에 참여하게 하는 강제적 규제의 성격을 지닌 정책 수단의 조합이다. 미국의 AFDC는 혼자 아이를 키우는 엄마에 대한 지원 정책으로서, 노동 강제성이 없었다. 그런데 1990년대에 들어서 노동시장 참여 규제가 도입되자 이에 대한 정치적 반대가 심해졌다. 이와는 대조적으로 한국에서는 빈곤층에 대한 소득 보조가 매우 낮고 자산조사가 엄격했는데, 소득 보조의 수준을 인상하고 그 재원을 국가가 직접 부담하는 국민기초생활보장법에 노동시장 참여를 강제하는 규제가 도입됐지만 커다란 정치적 쟁점이 되지 않았다. 따라서 과정으로서 정책 수단의 정치적 성격은 그 정책 수단이 근본적으로 지향하는 사회적 가치뿐만 아니라 사회적·정치적 맥락과 변화의 방향성에 많은 영향을 받는다. 유사한 정책 수단의 조합이더라도 미국에서는 신자유주의적 방향으로, 한국에서는 사회적 보호를 강화하는 방향으로 작용했기 때문에 정치적 성격이 다르게 나타난 것이다.

세 번째 정치적 차원인 정책 결과 측면에서도 정책 수단은 정치적 성격을 갖게 된다. 복지국가 연구에서는 복지정책의 수단과 그 조합에 따라 복지국가가 사회계급 간의 통합integration 혹은 계층화

stratification 등 서로 다른 결과를 만들 수 있다고 이미 많이 지적되고 있다. [표 4-2]에서 보면, 모델 1에 가까울수록 통합이, 모델 8에 가까울수록 계층화가 나타나리라 생각할 수 있다. 한국의 의료보험의 경우에는 1988년 전국민의료보험을 달성하면서 다수의 보험조합이 병존하고, 조합 간 재정적 차이가 크게 나타나 계층 간 갈등을 유발했다. 이는 다시 정치적 쟁점으로 환류되어 국민건강보험으로 통합될 때까지 정책 갈등이 지속됐다. 결과적으로 정책 수단 조합의 모델에서는 커다란 변화가 없었지만, 2000년에 전국적 보험자인 국민건강보험으로 통합되면서 국민의 의료 접근성 차이를 대폭 축소하는 결과를 가져왔다. 그러나 정책 수단으로서 의료보험이 모든 의료 수요에 대응하지 못하기 때문에 소득수준에 따라 서로 다른 의료수준을 향유하는 계층적 차이는 여전히 존재한다.

그러나 정책 수단의 결과가 파생하는 정치적 성격도 앞에서 논의한 바와 같이 변화의 맥락에서 이해해야 할 것이다. 즉, 정책 수단의 결과가 경제적 재분배에서 상당한 변화를 초래하면, 거기서 분명한 정치적 성격이 발현되기 마련이다. 영국에서 대처 정부의 신자유주의적 개혁이 추진된 결과, 소득분배는 과거와 비교하여 조세와 공적 이전소득의 축소로 중산층과 저소득층의 분배 몫이 축소되고 고소득층의 몫은 확대되어 전체적으로 소득 불평등을 강화하는 정치적 결과를 가져왔다(권혁주, 1998). 피어슨이 지적한 바와 같이 대처 정부의 복지개혁은 국가가 재정을 직접 부담하고 서비스를 제공하는 정책 수단의 기본적 조합을 변화시키지 않았지만, 내부시장제도, 엄격한 수혜자격 심사제도, 직업 훈련 등 다양한 정책 수단을 통해 결과에서 중요한 변화를 가져온 정치적 개혁이었음을 잘 보여 주는 사례다.

한국은 1997년 외환 위기 이후 10여 년 동안 복지정책을 강화하고 새로운 프로그램을 도입하면서 복지국가의 틀을 다졌다. 한편으로 국민기초생활보장제도, 기초노령연금 등 국가가 재정을 부담하는 프로그램이 시행됐지만, 4대 공적보험은 국가가 재정을 직접 책임지지 않는 기본적 구조에서 커다란 변화가 없었다. 그러나 국민건강보험에 병렬적으로 운영되는 노인장기요양보험과 노인요양프로그램에서는 수혜자의 선택권을 강화하는 정책 수단이 도입되었으며, 의약 분업과 같은 정책 수단이 도입되어 환자는 의사의 처방전으로 자신이 원하는 곳에서 약을 구입할 수 있는 선택권을 가지게 되었다. 결과적으로 정책 수단 조합의 변화가 민간의 서비스 제공자와 수혜자의 힘의 균형에 변화를 유발한 것이다.

그런데 복지정책을 강화하고 다양한 정책 수단을 도입한 김대중 정부와 노무현 정부는 사회적 평등을 강조했지만, 정책 결과는 그와 일치하지 않았다. 이는 특히 경제적 분배의 측면에서 두드러진다. 김대중·노무현 정부의 개혁으로 인한 소득계층 분배를 보면, 분배의 불평등이 심화되었기 때문이다. 대표적으로 1996, 2000, 2003년의 가처분소득의 지니계수는 각각 0.28, 0.23, 0.34로 증가했다(여유진·김태완, 2005). 또한 최저·최고 소득계층의 비율이 커지는 반면 중간 소득계층의 일자리가 줄어드는 현상이 발생했는데(전병유·김복순, 2005), 이는 김대중·노무현 정부가 지지 세력에게 유리한 정치적 결과를 창출하는 데 실패한 것을 의미한다.

이러한 결과는 두 측면에서 해석할 수 있다. 첫째, 복지국가의 강화에도 불구하고 노동시장에 도입된 정책으로 소득분배의 불평등이 심해졌다는 것이다. 두 정부는 복지 분야에서 국가의 직접성이 강한 정책 수단을 채택했지만, 노동시장 정책은 신자유주의적 성격을 강하게 띠었다. 둘째, 복지 프로그램의 강화에도 불구하고 기존 복지 제도의 기본 골격이 유지되어, 시장에서 일차적으로 형성된 소득분배 결과를 변화시키는 데 미약했다고 볼 수 있다.

5. 결론

본 장에서는 정책 수단이 정치적으로 중립적이고 정책 수단의 선택은 효율성에 기초한다는 이론에 대해 비판적 입장에서 출발하여, 정책 수단의 정치적 성격을 세 가지 차원으로 나누어 분석했다. 미시적으로 정책 수단은 정치적으로 중립적이고, 주어진 목적에 대한 효율성 측면에서 판단할 수 있지만, 다양한 정책 수단이 조합되면 뚜렷한 정치적 성격을 갖는다. 먼저, 다수의 정책 수단이 결합된 정책 모델들은 질서정연하고 조화로운 사회에 대한 정치적 가정을 내포하며, 그것을 통해 정책 수단의 정치적 성격을 파악할 수 있다. 여기에서는 재원 조달, 서비스 창출, 규제의 측면에서 정책 수단의 직접성, 강제성을 중심으로 여덟 가지 모델로 나누고, 그것을 국가의 역할과 개인의 자유, 선택 등에 따라 구별되는 사회민주주의, 개입주의, 자유지상주의 등 질서정연하고 조화로운 사회상과 대조하면서 정책 수단의 정치적 성격을 파악해 보았다.

둘째, 정책 수단의 정치적 성격을 과정으로서의 정치 측면에서도 분석했다. 정치가와 정책결정자들은 새로운 정책 수단을 도입하면서 그들이 믿는 정치적 가치를 추구하거나, 정치권력을 획득하고 유지하려고 노력한다. 여기에서는 특히 정책 수단이 형성하는 기본적 정책 모델이 크게 변화하지 않더라도 변화의 맥락과 방향성을 통해 정치적 성격이 드러날 수 있다는 점을 주장했다. 다시 말해 사회민주주의적 구조를 갖는 정책 모델하에서도 특정한 정책 수단의 채택을 통해 변화의 방향성을 신자유주의적으로 끌고 갈 수 있다는 점을 지적했고, 같은 정책 수단의 조합이라도 국가적·사회적 맥락에 따라 수단의 직접성이 강조되기도 하고 혹은 강제성이 부각되면서 정책 수단의 정치적 성격이 다르게 발현될 수 있다고 설명했다.

셋째, 정책 수단의 정치적 성격은 결과를 통해서도 분석할 수 있는데, 사회적 통합 혹은 계층화라는 결과와 재화와 가치의 재분배라는 측면에서 논의했다. 크게는 정책 수단의 조합이 기본적으로 추구하는 사회상에 따라 정책 결과의 정치적 성격도 나타내지만 반드시 그렇지만은 않으며, 그 사회의 맥락에 따라 다를 수 있음을 지적했다. 이와 관련하여 본 연구에서는 경제적 재분배에 초점을 두고 영국과 한국의 사례를 살펴봤다. 영국의 대처 정부는 복지국가의 기본 골격을 바꾸지 않으면서도 정책 수단의 변화를 통해 의도한 대로 재분배 결과를 바꾼 반면, 한국의 김대중·노무현 정부는 사회적 평등을 강조하는 정치적 목표 및 수사修辭와는 달리 불평등의 심화를 가져왔다. 이러한 점에서 이들 정부가 채택한 정책 수단의 정치적 성격은 집권자의 정치적 방향 및 목표와 일관성을 갖지 않는다고 볼 수 있다. 따라서 정책 수단의 정치적 성격은 우리가 설정한 세 가지 차원의 성격에서 반드시 일관성을 갖는 것은 아니라는 점을 지적할 수 있다. 그러나 여기서 우리는 정책 수단의 정치적 성격을 분석하기 위해 여덟 가지 모델로 단순화하여 설명했기 때문에 정책 수단이 현실에서 보여주는 복잡한 현상을 모두 고려하지 못했다. 예를 들어 재원 조달, 서비스 제공, 질적 규제를 위한 정책당사자로는 정부기관이나 민간기관 외에도 공기업, 민간자선기관, 제3섹터 등 다양한 행위자들이 있고, 정책 수단도 직접성, 강제성 외에 다양한 양상을 보이지만, 이러한 점들을 충분히 고려하지 못한 한계를 밝힌다.

결론적으로 다양한 정책 수단의 조합은 조화롭고 질서 있는 사회라는 커다란 정치적 가치를 추구하기 위해 일관된 정치적 성격을 갖기도 하고, 역사적으로 주어진 맥락에서 변화를 추진하면서 새로운 정치적 성격이 발현되기도 한다. 이렇게 행정관료가 정책 목적을 달성하기 위해 정책 수단을 합리적으로 선택하여 추진한다고 해도 불가피하게 정치적 성격은 발현된다. 따라서 정책을 추진하면서 의도하지 않은 정치적 성격이 초래될 수 있음을 이해하고 이에 대해 대처한다면 정책으로 인한 사회갈등을 방지하거나 최소화할 수 있을 것이다. 또한 정책 수단의 선택과 집행에서 정치적 성격이 발현된다면, 이에 대한 민주적인 책임성 확보가 중요한 과제로 제기된다.

5장

적극행정과 권한 남용

이론적 재구성과 추진 전략

1. 적극행정과 이론적 재구성의 필요성

사회적 변화로 국민이 요구하는 공공서비스가 다양해짐에 따라 정부가 창출해야 하는 공공재의 내용과 성격도 변화할 뿐 아니라 다양화되고 있다. 이에 행정이 기존의 틀에서 벗어나 적극적으로 대응해야 한다는 요구가 커지고 있다. 그러나 민주주의 법치국가에서 공공 행정은 기본적으로 법규와 절차에 따라 추진되어야 한다. 정책 집행 과정에서 시민의 자유와 권리가 침해되지 않도록 해야 하기 때문이다. 또한 안정적이고 예측 가능한 방식으로 모든 시민에게 공공서비스를 골고루 제공해야 한다(Hill, 1997). 그렇지만 정책을 집행하는 과정에서 공무원이 불가피하게 재량권을 행사해야 하는 경우가 발생하기 마련이다(Lipsky, 1980). 모든 사안을 법과 규정에 맞춰 미리 구체적으로 정해 놓을 수 없으니, 공무원이 시민 개인의 사정이나 정책 현장의 상황에 따라 일정한 재량권을 발휘해야 하기 때문이다. 그러나 재량권 행사는 권한 남용이나 부패를 초래하고, 시민의 자유를 제약하는 부정적 결과를 낳기도 한다(Goodin, 1988). 행정을 공정하게 집행하지 못하면 사회적 갈등을 촉발하게 되며, 이미 발생한 사회갈등을 관리하고 해결하는 데도 커다란 장애가 된다.

이러한 맥락에서 공공 행정에 대한 통제 및 감독을 위한 다양한 제도와 기능들이 도입되어 운영되고 있다. 특히 한국에서는 과거 권위주의 정권에서 공공정책을 추진하면서 시민의 권리를 소홀히 하거나 행정권을 부당하게 남용하는 경우가 발생하여, 민주화와 함께 행정에 대한 통제와 감독이 더욱 강조됐다(권혁주, 2018). 국회는 국정감사와 상임위원회의 심의 활동 등 다양한 의회 활동으로 행정부를 감시·감독하고 있다. 이와 더불어 감사원을 비롯하여 각 행정기관의 내부감사를 통해 공공 행정이 법과 절차에 따라 추진되는지를 감독한다(이원우, 2011).

그러나 이와 같은 행정에 대한 감독과 통제는 공무원의 복지부동한 행태를 초래하여 행정의 비효율을 초래하고 시민들에게 공공서비스를 적절하게 제공하지 못하는 행정 무능 현상을 가져온다는 지적이 제기되어 왔다(김호정, 1993; 정병걸, 2018; Merton, 1940). 인구의 노령화와 가족 구조의 변화, 노동시장의 이중구조 등으로 공공 행정 및 사회복지 서비스의 수요가 급격히 증가하는 상황에서 공무원의 소극적인 행정은 공공서비스를 적절히 제공하는 데 커다란 장애가 되고 있다. 게다가 정보통신, 생명공학, 인공지능과 같은 분야의 급격한 기술 발전으로 새로운 제품이 등장하는 가운데 기존의 절차와 법규 때문에 벤처 기업가들이 애를 먹는 경우가 잦아지고 있다. 이처럼 공무원들의 소극적인 행정 집행으로 정책이 제대로 대응하지 못하는 행정 공백 현상이 발생하여, 시민들이 생활에 어려움을 겪을 뿐만 아니라 국가 경쟁력 제고에도 장애가 되고 있다.

정치적 측면에서도 소극적 행정이 나타나고 있다. 민주화 이후 여덟 차례의 정권 교체를 거치면서, 지난 정부에서 추진한 정책에 대한 사후 검증과 책임 추궁이 매번 반복되고 있다. 행정 법규와 절차를 위반했는지를 살펴본다고 하지만, 지난 정권이 중요하게 추진한 정책을 감사 및 조사하고, 해당 업무를 맡은 공무원들에게 불이익을 주거나 처벌하는 경우가 여러 차례 목격됐다. 이런 일이 반복됨에 따라 공무원들의 소극적인 공무 수행은 더욱 두드러지게 되었다(한승주, 2018). 특히 정권 후반기에는 정부의 주요 정책을 추진하는 데 앞장서지 않으려는 공무원들의 몸조심 현상이 더욱 두드러지며, 이로 인해 레임덕 현상은 주기적으로 발생하여 국정 공백을 초래한다. 이와 더불어 국회의 국정감사 등 행정에 대한 견제 역할도 순기능적 수준을 넘어 행정 부담을 가중한다. 행정부에서 새로운 정책 문제를 발굴하고 정책을 입안해야 하는 공무원이 국회의원의 심의와 질책을 우려하여 업무를 소극적으로 추진하는 사례가 증가하고 있다. 사회갈등이 발생한 때에도 공무원이 적극적으로 해결하려 들지 않는 현상도 많이 나타나고 있다.

이러한 문제에 대응하기 위해 2009년부터 정부는 적극행정면책제도를 도입하여 공무원이 행정 업무를 적극적으로 추진하도록 유도하고 있다. 규정이 불명확하거나 불합리한 상황에서 공무원이 창의성과 적극성을 바탕으로 행정을 적극적으로 추진하다가 발생한 부분에 대해서는 책임을 면하게 하는 것이다(박윤, 2019). 그러나 면책제도가 시행된 지 10여 년이 지난 2020년 1월 정세균 전 국무총리가 취임사에서 적극행정을 재차 강조한 것을 보면, 공무원의 적극행정 자세는 여전히 부족하다는 점을 알 수 있다.

그렇다면 적극행정이라는 바람직한 행정 규범이 제대로 실현되지 못하는 이유는 무엇인가? 5장은 적극행정 개념의 기반인 이론적 구성이 다양한 연구와 논의에도 불구하고 여전히 정교하게 개발되지 못하고 효과적인 추진 전략이 부재하여 발생했다는 문제의식에서 출발한다. 따라서 적극행정에 대한 이론적 구성을 새롭게 시도하고 이를 기초로 효과적인 추진 전략을 제시하고자 한다. 적극행정은 행정의 중요 가치인 대응성에 기반하여, 행정 서비스의 수요자인 국민의 행정적 필요나 요구에 적극적으로 대응하는 행정 업무의 추진 자세를 의미한다(Burke, 1989). 적극행정 개념은 공무원이 취하는 업무 태도라는 미시적 대상을 일차적 관찰 대상으로 삼는다. 그러나 여기서는 더 나아가 적극행정의 실현에서 장애가 되는 제약 요소로서 공무원 개인 수준에서의 소극행정뿐만 아니라 조직 수준에서의 책임 회피와 권한 남용에서 비롯된다는 점을 이론적으로 제시하고자 한다. 따라서 적극행정을 추진하기 위해서는 공무원 개인의 변화와 함께 조직 수준에서 제약 요인을 없애야 한다는 주장과 더불어, 공공 조직의 윤리적 측면의 개혁과 책임성 확보를 위한 제도적 대안을 제시하고자 한다.

구체적으로 2절에서 민주주의 정치체제에서 행정이 추구하는 가치와 규범을 살펴보고, 3절에서는 민주주의 행정의 핵심 가치 사이의 충돌로 인해 적극행정이 어렵다는 점을 이차원적 분석을 통해 살펴본다. 일차원적으로 적극행정은 합법성과 대응성의 충돌이지만, 이를 넘어 공공성의 차원에서 보면 공익 추구에 대비하여 사익 추구에 따른 권한 남용과 책임 회피의 충돌이다. 4절에서는 적극행정을 추진하기 위한 자율성 보장과 이에 대한 책임성 확보 방안으로 공직 윤리와 성과 평가 기제를 통한 과정 평가를 제시한다. 5절에서는 논의를 요약하고 정책적 함의를 제시하고자 한다.

2. 민주주의에서 행정 가치와 적극행정

정치 공동체가 원활히 유지되고 발전하기 위해서는 공공 행정의 역할이 매우 중요하다. 공공 행정을 통해 공동체가 필요로 하는 공공재를 창출하고 다양하게 발생하는 사회문제를 해결할 수 있기 때문이다. 그리고 개인과 기업은 공공재를 기반으로 창의력을 발휘하여 자신이 추구하는 삶을 실현하거나, 경제적 가치를 창출할 수 있다. 이렇게 볼 때 공동체에서 행정관료제의 존재 이유는 공공성에 있으며, 이는 행정의 가장 중요한 가치라고 할 수 있다.

공공성을 추구하는 행정은 정책을 자의적으로 집행하지 않고 객관적 절차에 따라야 한다. 행정관료 조직이 법에 따라 공공 업무를 수행한 시점은 관료 조직이 제 형태를 갖추기 시작한 입헌군주 시대 이후부터다. 전형적인 사례로 프러시아를 들 수 있는데, 호엔촐레른의 프리드리히 왕가의 개혁에서 시작하여 1770년 슈타인-하르덴베르크 개혁을 거치면서 입헌군주제에서 국왕이 권력을 장악하지만 법에 따라 국정을 운영한다는 원칙이 수립되고, 공공정책을 수행하는 관료 조직의 운영 원칙으로 법과 규정에 따르는 합법성이 절차적 가치로 자리 잡게 되었다(Fukuyama, 2015). 그런데 프러시아 같은 나라의 역사적 경험을 보면, 행정관료제는 법적 절차에 따라 공적 업무를 수행하는 데 그치지 않고 영국, 프랑스 등 선발 국가를 추격해야 하는 국가적 목적을 달성하기 위해 노력해야 했다. 그래서 행정 조직은 근대국가의 근간을 형성하며 경제·사회 발전을 촉진하는 임무를 수행했고, 적극적인 변화의 주체로서 주어진 목적을 효과적으로 달성하도록 하는 합리성이 행정의 중요 가치로 자리 잡게 되었다. 그리고 합리성의 가치는 현대 정책학이 추구하는 과학으로서의 학문으로 이어지게 된다.

입헌군주제에서 행정은 국가권력을 행사하는 도구로서의 과업을 충실히 하는 것이었고, 19세기 이후 자유민주주의 정치체제에서는 민주주의 원칙과 공화주의 원리에 따라 행정 권한을 행사해야 한다는 공공 행정의 규범이 확립되었다. 민주주의 체제에서 행정 권한은 국민의 자유롭고 공정한 선거를 통해 위임받은 정부가 행사한다. 이 권한은 무제한이 아니라 헌법과 법률의 범위 안에서 행사되어야 하는 제한된 권한이다(Dahl, 1998). 이뿐만 아니라 국민이 선출한 대표로 구성된 의회로부터 견제받으며, 공공정책의 결정과 추진이 법률에 부합하는지 여부는 사법부의 심사 대상이 된다. 이처럼 책임성 원리는 국민의 자유와 권리를 보장하는 민주주의 원리에서 행정의 핵심 가치로 자리 잡게 되었다.

그런데 민주주의 행정 규범으로서 책임성은 단순히 국민으로부터 공적 업무를 행사할 수 있는 권한을 위임받은 책임뿐만 아니라 업무 과정을 설명하고 정당화하는 책임과 일한 결과에 대한 책임 등 세 가지 구성 요소가 순차적으로 적용되는 개념으로 이해할 수 있다(권혁주, 2020). 이렇게 볼 때 행정부의 수반으로서 행정권을 행사하는 대통령과 대통령이 임명한 장관들은 국민으로부터 행정 권한을 위임받아 공공정책을 결정하고 집행할 책임이 있으며, 그 권한을 합법적이고 합리적으로 행사했는지에 대해 의회 등에 설명해야 할 책임도 있다(Peters, 2018). 설명 책임은 공식적으로 정책 집행 과정에 대한 정보를 제공하고 여기서 제기된 질문에 대하여 정직하고 투명하게 답함을 의미한다(Bovens, 2010). 이 과정에서 행정 권한 행사의 합법성과 국가 재정 집행의 경제적 합리성 등에 대해 검증받게 된다. 그리고 행정 권한의 행사를 통한 정책 목적의 달성 여부에 대해서도 책임지게 된다. 정책 결과에 대한 책임은 궁극적으로 정치적 평가이며, 이를 기반으로 국민은 다음 선거에서 현 집권 세력에게 다시 행정 권한을 행사할 책임을 부여할지 결정하게 된다.

그런데 행정 조직은 대통령과 집권 세력과는 달리 국민에게 정치적 책임을 직접 지지 않고, 대통령과 집권 세력에게 위계적 책임을 진다. 대통령과 집권 세력은 그들이 정한 정책을 집행한 결과에 대해 국민에게 책임지게 되는데, 국민은 의회와 선거를 통해 책임성을 확보한다. 이러한 민주주의 정치 과정에 따라 행정관료는 대통령 재임 기간 동안 그의 지시를 따라 업무를 수행하며, 다음 선거에서 새로운 집권 세력이 집권하면 같은 방식으로 그에 봉사하는 중립성을 가진다. 사회의 구성원들이 동의한 민주주의 원칙에 따라 이러한 정치적 중립성도 행정의 핵심 가치로 인정된다. 행정 조직도 여전히 공공정책을 추진하는 과정에 대해 국민에게 정보를 공개하고 그 과정의 적절함에 관해 설명할 책임을 진다. 이러한 행정 조직의 설명 책임은 권한을 위임받은 집권 세력과 의회에 대한 책임이며, 궁극적으로 국민에 대한 책임이다.

이상에서 제시한 공공성, 합법성, 합리성, 정치적 중립성, 책임성과 함께 전문성은 현대 민주주의 사회에서 행정 조직의 핵심적 가치를 구성한다(한승주, 2017; Friedrich, 1935; Hill, 1997). 공무원 및 행정 조직은 국민에 의해 직접 선출되지는 않지만, 공적 권한을 가지고 공공정책을 집행하는 내용적 근거로서 전문성이 요구된다. 행정 조직은 국가 공동체를 유지·발전시키고 국민이 안전하게 삶을 영위하고 다양한 사회 조직과 기업이 자신들이 목적하는 활동에 필요한 공공재를 창출할 수 있도록 공공정책을 만들고 집행하는 전문적 능력을 보유해야 한다.

전문성을 갖춘 공무원을 확보하기 위해 기본적 소양과 자질을 갖춘 인재를 객관적이고 공정한 절차를 통해 선발하고, 선발된 공무원들은 행정 업무를 수행하며 실질적인 전문성을 획득하게 된다, 또한 의료, 교육, 법률, 공학 등 체계적인 이론과 훈련을 받은 인재를 임용함으로써 행정의 전문성을 획득하는 방법도 있다. 이러한 전문성은 공공 행정이 단순히 국방과 치안 및 공공 행정과 같은 국가 운영의 기본적인 업무를 수행하는 것을 넘어 국민에게 필요한 공공서비스를 제공하는 데 사용된다. 전문성 요구는 현대 복지국가 체제가 확립되면서 공공서비스의 전문화로 인해 더욱 강조되고 있다.

한편 과학기술 및 통신기술의 급격한 발달로 경제 및 사회가 요구하는 공공재의 내용이나 시민들이 필요로 하는 공공재가 다양해짐에 따라 이러한 변화에 적극적으로 대처하는 대응성과 유연성이 행정의 가치로 새삼 강조되고 있다(Bourgon, 2007). 구체적인 사안에 대해 일정한 행정 재량권을 부여하여 행정의 대응성을 확보하려는 전통적인 방식과 함께(Burke, 1989), 새로운 사회적·경제적·기술적 변화에 맞추어 문제를 해결하려는 다양한 방식의 대응성이 요구되고 있다. 즉, 상황에 적합하게 유연한 방식으로 행정을 집행하는 것이 더욱 중시되고 있다.

대표적인 예로서 책임행정기관과 같은 새로운 공공 조직이나 민영화를 통해 대응성을 제고하는 방식이 있다. 이는 행정 조직을 기업과 같이 가격 신호에 따라 행동할 수 있도록 민영화하거나, 거대한 행정 조직에서 별도 조직으로 독립시켜 대응성과 유연성을 확보하도록 하는 방식이다. 그러나 새로운 사회문제와 요구에 유연하게 대응하는 것은 새로운 조직 원리에 따라 형성된 기관뿐만 아니라 여전히 정부의 행정기관으로 남아 있는 기관에서도 필요한 가치다. 공공서비스를 수요자의 요구에 맞게 효율적으로 제공하기 위해 맞춤형 사용권, 전자정부, 원스톱서비스 같은 정책 수단이 도입되었고, 최근에는 인공지능 기술을 활용한 공공서비스를 통해 대응성을 높이려는 시도가 있었다. 이러한 관점에서 적극행정은 새로운 사회문제에 대해 공무원과 행정 조직이 유연하게 대응하여 행정 가치를 실현하려는 매우 중요한 정책 집행 방식이라고 할 수 있다. 특히 기존의 법률과 절차, 관행 등이 새롭게 제기되는 행정 수요에 부응하지 못할 때, 이를 타개하는 혁신적 노력이 바로 적극행정의 전형적인 모습이라고 할 수 있다.

3. 적극행정 이론에 대한 이차원적 접근

합법성과 대응성의 충돌

적극행정에 관한 최근 연구들은 적극행정을 실현하기 위해 공무원 개인의 행태에 초점을 맞추어 논의되고 있다. 즉, 공무원이 공공이익을 실현하기 위해 행정 업무를 성실하고 능동적으로 추진하는 것이 중요하다고 강조한다(김윤권 외, 2011). 또한, 필요에 따라 행정 규정과 절차를 위배하더라도 소신껏 업무를 추진하는 것을 적극행정이라고 보는 견해도 있다(김수종, 2017). 한편 감사원의 적극행정에 관한 운영 규칙에 따르면, "공공의 이익을 증진하기 위해 성실하고 적극적으로 업무를 처리하는 행위"(운영 규칙 제309조 2항)로 정의한다. 이와 같은 시각은 적극행정의 주체를 공무원 개인으로 파악하고 업무 추진 방식에서도 적극적 태도를 강조한 것이다. 행정 문제를 해결하기 위해 개인의 성실성·창의성과 더불어 필요한 행정 절차와 규정을 위배하더라도 소신껏 문제를 해결하고 공공서비스를 제공하는 공무원의 모습을 적극행정으로 상정한다.

소극행정	합법성 대응성 ⇒ ‡ - -	적극행정

[그림 5-1] 적극행정과 합법성의 충돌

대응성이라는 행정의 가치를 실현하기 위해 적극행정을 추진하다가 합법성과 충돌하는 경우도 불가피하게 발생한다. 정해진 법규와 절차가 경직적이어서 행정 문제를 제대로 해결하지 못할 때에는 이를 위배하더라도 적극행정을 실천하는 것이 바람직할 수 있다. 그러나 법과 절차를 어기는 행정은 합법성이라는 행정의 가치를 위배하고, 이로 인해 발생하는 자의적 행정이나 예측 불가능성 등 여러 가지 문제들을 유발하게 만든다. 이렇게 적극행정과 합법성의 충돌로 인해 적극행정을 추구하는 것은 쉽지 않다. 공무원 개인이 소신 있게 추진하더라도, 그 결과에 대한 법적 책임을 져야 하는 위험 때문에 법과 절차를 벗어나 행정을 적극적으로 추진하기에는 어려움이 클 수밖에 없다.

[그림 5-1]은 공무원이 새로운 상황에 대응하거나 어려운 공공 문제를 해결하기 위해 기존 법령과 규정의 틀을 벗어나 적극행정을 추진하고자 할 때, 합법성이라는 행정의 가치와 충돌함을 간결하게 나타낸 것이다. 법과 규정은 일반적 상황을 기준으로 만들어졌기 때문에, 새롭게 대두되는 공공서비스 수요에 부응하는 데 제약이 되는 수가 많다. 공무원 개인으로서 필요하다고 판단되는 문제해결 대안이라고 해도 합법성과 충돌하는 일을 쉽게 추진하기는 어렵다. 이러한 문제는 공무원의 복지부동 행태 혹은 수동적 업무 추진 방식 등으로 나타나며, 이는 공무원의 신분보장제도, 낮은 동기와 유인, 전문성 부족 등이 일차적 요인으로 지적된다(김호정, 1996). 따라서 적극행정을 장려

하기 위해서 행정 문제를 해결하는 공무원에게 책임을 감면해 주거나 내·외부의 통제를 축소하는 등의 방안이 제시된다(김윤권 외, 2011).

공공성의 의무

적극행정을 유도하기 위해 행정 추진 방식에 초점을 맞추어 공무원 개인의 성실과 소신에만 호소하는 방식으로는 부족하다. 공무원이 행정을 적극적으로 수행하다가 재량권을 남용하는 경우에 많은 문제가 발생할 수 있다는 점을 고려하면, 이를 방지할 제도적 대안이 필요하다. 이는 오랫동안 해결해야 할 과제로 지적되었다. 이 같은 문제의 근본적 원인은 공무원이 적극적으로 수행한 행정이 공공성에 부합되지 않는 권한 남용에 있다. 이미 논의한 바와 같이 행정 활동이란 공동체가 필요로 하는 공공재를 창출하기 위한 노력이며, 이러한 면에서 공공성은 행정의 가장 기본이 되는 가치다. 그런데 개인의 사적 이익을 위해 공적 권한을 활용했다면 행정의 가치를 위반하는 일이 된다. 주인-대리인의 관점에서 불가피하게 발생하는 이 같은 문제를 방지하는 것은 행정의 매우 중요한 과제다. 정치인과 공무원이 위임받은 권한을 국민을 위한 공공재 창출이 아니라 자신의 이익을 위해 사용하는 권한 남용은 용납되어서는 안 되는 부조리한 일이기 때문이다.

[표 5-1]은 공무원이 수행하는 행정 활동의 성격을 대응성과 공공성이라는 두 차원에서 분석하여 이론적 틀을 제시한 것이다. 이렇게 두 차원에서 공무원의 행정 활동을 분석하면, 적극행정의 반대되는 현상은 공무원이 자신의 업무나 공공 조직에 부여된 임무를 소홀히 하는 책임 회피만이 아님을 분명히 알 수 있다. 겉으로는 활발하게 활동하는 것처럼 보이나 공공 조직의 임무를 달성하기 위해 일하지

[표 5-1] 행정 활동에 대한 이차원적 이해

대응성 \ 공공성	사익 추구	공익 추구
소극적 태도	책임 회피	부작용 최소 행정
적극적 태도	권한 남용	적극행정

않고 자신의 사적 이익을 추구하는 권한 남용도 적극행정에 반대되는 현상이다. 이러한 권한 남용은 적극행정을 크게 가로막는 장애요인이 된다. 반대로 적극행정은 기존의 법률과 규정에 따라 대응하기 어려운 공공 문제를 해결하기 위해 적극적으로 접근하는 대응성과 공익에 봉사하는 공공성에 동시에 부합하는 행정 활동이다.

그런데 [표 5-1]에서 소극적 태도를 취하면서도 공공성에 부합하는 '부작용 최소 행정'도 주의 깊게 살펴볼 필요가 있다. 부작용 최소 행정이란 행정 문제에 적극적으로 개입하지 않고 관찰하면서 당사자들이 자발적으로 문제를 해결하도록 시간을 주는 방법이 더 좋은 경우를 말한다. 청소년의 일탈 행위를 적극적으로 처벌하여 해당 청소년과 사회에 더 큰 문제를 초래하는 사례와 같이 정책 개입이 오히려 역효과를 초래하는 경우가 많다. 이처럼 문제에 적극적으로 개입하지 않고 주의 깊게 관찰하는 것이 현명한 선택일 수도 있다(McLean, 2006). 노사 간 대립으로 갈등이 발생했을 때에도 정책 개입을 하지 않고 자율적으로 해결하도록 하는 방법도 상황에 따라 좋은 접근일 수 있다. 이렇게 대응성과 공공성이라는 두 차원에서 적극행정을 살펴보면, 적극행정을 한 가지 차원에서 바라보는 것보다 훨씬 정확하게 이해할 수 있다. 특히 적극행정과 상반되는 현상으로 권한 남용과 책임 회피라는 두 가지가 존재함을 알게 된다. 또한 겉으로는 소극적인 것처럼 보이지만 문제해결을 위한 매우 적절한 선택인 부작용 최소 행정의 중요성도 이해할 수 있게 된다.

4. 적극행정 추진 전략

행정의 자율성과 책임성

이러한 맥락에서 행정 가치의 충돌을 조화롭게 풀어내는 제도적인 추진 전략을 마련하는 것이 필요하다. 앞에서 논의한 공공행정의 핵심 원리인 책임성에 기초하여 제도적 기반을 구축하고 추진하는 전략을 고려할 수 있다. 이미 지적한 바와 같이 책임성은 공공정책을 집행하기 위해 주어진 행정의 권한에 대한 책임과 해당 정책을 집행하는 과정에 대해 정보를 제공하고 그에 관해 설명하는 책임을 포함한다. 이와 함께 정책이 원하는 결과를 창출했는지 여부에 대한 책임을 지는 것을 의미한다(Bovens, 2010). 이러한 책임성은 정부가 의회와 국민에게 가질 뿐만 아니라 하위 조직이 상위의 정책결정자에게도 갖는다.

대응성과 합법성이 충돌하는 경우에 책임성 원칙을 활용하여 합리적 해결 방안을 설계할 수 있다. 공무원이 특정한 행정 과제를 수행하면서 정해진 법과 절차를 다르게 적용하면 정책의 목적을 달성하지 못하고 오히려 불합리한 결과가 초래될 수 있다. 이러한 문제를 해결하기 위해 정해진 법과 절차를 넘어서 행정을 추진하면 해당 공무원은 그에 대한 법적 책임을 지게 된다. 이러한 상황에서 합리적 결과를 창출하기 위해 법규에 어긋난 행정 업무를 수행했다면, 공무원과 조직은 법과 절차를 따르지 않게 된 사유와 과정에 관해 설명하고, 그에 대한 정당성을 인정받는 책임성의 기제를 제도화하자는 것이다. 이러한 방식은 지금까지 적극행정을 사후에 감사하고 공무원이 그 판단을 기다리는 소극적인 대처 방식과 달리, 공무원과 해당 행정 조직이 일차적으로 판단하고 그 정당성을 설명하고 소명하여 인정받는 숙의 방식의 책임성 확보 방안이다.

그런데 이러한 적극행정 추진 전략이 효과적으로 진행되기 위해서는 두 가지 조건이 필요하다. 첫째, 합법성과 대응성이 충돌하는 상황에서 적극행정을 추구하기 위해서는 공무원과 행정 조직이 일정한 자율성을 가져야 한다. 자율성이 부여되지 않은 상황에서 적극행정을 위한 판단과 그에 따른 행정 업무의 집행은 매우 제한적일 수밖에 없기 때문이다. 둘째, 공무원과 행정 조직이 자율성과 책임성을 가지고 적극행정을 추진할 때 판단 기준이 되는 공공성 원칙을 설정해야 한다. 주어진 행정 사안을 결정하고 집행하는 공무원과 조직이 기존 법규 및 절차와 필요한 업무 사이에 충돌했을 경우에 우선시되는 가치는 공공성 원칙이라는 점이다. 만일 시민이 요구하는 서비스가 사적인 수요에 부응하지만 공공성에 부합되지 않는다면, 그러한 서비스를 제공하는 것은 적절하지 않다. 대응성 원칙에 따라 적극행정을 추진하더라도, 기본적으로 공공성 원칙에 부합해야 올바른 행정이 실현될 수 있기 때문이다.

적극행정의 적敵: 책임 회피와 권한 남용

끊임없이 변화하는 현대 사회문제에서 공무원과 행정 조직이 행정을 적극적으로 추진하는 것은 매우 중요하나, 그것이 효과적으로 실천되지 못하는 데에는 공무원이 단순히 행정에 소극적이어서가 아니라 적극행정과 정반대되는 공무원의 조직 행태가 존재하기 때문이다. 앞서 언급한 바와 같이 공무원이 공공서비스를 창출하고 부여된 과제를 해결하는 과정에서 기존의 법과 절차가 장애가 될 때 적극행정의 필요성이 제기된다. 물론 공무원이 이와 같은 충돌 상황을 피하고자 형식적으로 기존 법규에 따라 행정을 추진하더라도 아무런 문제가 없다. 그러나 개인적 수준에서 보면 이는 공무원의 복지부동한 행태이며, 국가적으로는 필요한 공공서비스가 제공되지 못하는 행정의 무능력 문제를 초래한다.

따라서 개인 수준에서 적극행정을 수행하는 것과 더불어 조직 수준에서 리더십이 발휘되어 이를 장려하는 것은 매우 중요하다. 조직에서 리더가 선도적 역할을 하면 조직 구성원이 대응성을 발휘하기가 훨씬 쉬워지기 때문이다(박준희·권혁주, 2021). 그런데 반대로 조직의 리더가 적극행정을 수행하는 방향으로 이끌지 못하면 공무원이 개인 수준에서 적극행정을 취하기가 매우 어렵다(김윤권, 2019). 적극행정은 주어진 법규와 절차를 넘어 제기되는 행정 수요에 대응하는 것으로, 리더가 든든한 보호막 역할을 하지 않으면 조직 구성원이 이 같은 일을 추진하는 것은 실제로 불가능하기 때문이다. 과연 조직의 기관장이 자리를 보전하는 데 급급하다면, 공무원은 개인 차원에서 적극행정에 나설 수 있을까? 공공 조직에서 리더의 이러한 행태는 책임 회피라고 지적할 수 있는데, 실제로 많은 공공 조직에서 이러한 리더를 쉽게 볼 수 있다. 공공 조직에 부여된 목적을 수행하기 위해 난관을 헤쳐 나가기보다 큰 문제 없이 임기를 마칠 수 있도록 책임을 회피하는 기관장이 많다. 그러나 행정은 개인의 사적인 업무가 아니라 국민으로부터 위임받은 권한을 행사하는 것으로, 공공성에 봉사하는 것이 그 존재 이유다. 따라서 공무원과 행정 조직의 소극적 행태는 근본적으로 책임 회피이며, 국민의 신뢰를 저버리는 것이다.

여기서 우리는 공공 조직의 기관장이나 주요 구성원의 이러한 행동이 단순히 복지부동, 책임 회피의 행태만을 보이는 것이 아님을 간과해서는 안 된다. 이들은 매우 분주하게 다양한 업무를 수행하고 많은 이해관계자와 상호작용을 하는 것처럼 보인다. 그러나 실제로는 공공의 목적을 달성하려는 행동이 아니라 사적인 이해관계를 추구하기 위한 경우를 빈번하게 목격할 수 있다. 공공의 권한으로 사익을 추구하는 것은 행정의 가장 기본적 가치인 공공성을 위배하는 것이며, 공직자에게 부여된 국민의 신뢰를 배신하는 행위다.

권한 남용은 공적 권한으로 사익을 추구하는 행위로 정의할 수 있다. 예를 들어 인사관리에서 능력과 업무 성과 등에 따르지 않고 자신과 가까운 사람을 승진시키는 경우를 들 수 있다. 우리 사회에서 커다란 논란의 대상이 되는 학연·지연에 따른 인사도 권한 남용 행위다. 그뿐만 아니라 공공사업을 시행하기 위해 사업자를 선정하는 심사에서 부당한 이유로 적절한 사업자가 아닌 그보다 못한 다른 사업자를 선정했다는 기사를 하루가 멀다 하고 언론에서 접한다. 그런데 이와 같은 권한 남용의 행태는 대부분 합법성의 범위에서 교묘하게 이루어지기 때문에 파악하기도 어렵고 권한 남용이라는 사실을 명확하게 지적하기도 어렵다.

조직의 리더가 사익 추구를 위해 권한을 남용하고, 조직의 임무는 태만하는 책임 회피의 상황에서, 조직 구성원이 공공 업무를 추진하다가 제기된 문제에 적극적으로 대응하기는 매우 어렵다. 더욱이 합법성과 충돌하는 경우라면 행정 조치는 소극적으로 추진될 것이라는 예상을 쉽게 할 수 있다. 이 같은 조직에서 리더는 구성원이 법률과 절차의 테두리 안에서 소극적으로 일하기를 원할 것이다. 따라서 권한 남용과 책임 회피는 그 자체도 문제이지만 조직 내의 적극행정을 크게 제약할 수 있기 때문에, 적극행정을 유도하기 위해서는 책임 회피와 권한 남용 같은 행태를 조직 수준에서 통제하는 것이 필요하다.

적극행정을 위한 책임성 확보 방안

지금까지 논의한 바와 같이 적극행정은 공공 이익을 실현하기 위해 기존의 제도와 규정을 넘어서 업무를 적극적으로 수행하는 행동으로, 공무원 개인의 차원에서뿐만 아니라 조직 차원에서 수행된다. 이와 마찬가지로 책임 회피와 권한 남용도 공무원 개인과 조직 차원에서 발생한다. 적극행정을 유도하기 위해서는 개인과 조직 차원의 책임 회피와 권한 남용 행태를 파악하고 그에 대한 책임을 묻는 한편 적극행정을 인정하고 장려해야 하는데, 이를 위해서는 적절한 추진 전략이 필요하다.

권한 남용을 막고 책임성을 확보하기 위해서는 가장 먼저 공무원의 공직 윤리를 회복하는 일이 필요하다. 공무원이 소명 의식으로 공공성에 봉사하는 공직 윤리를 가져야 한다는 주장은 행정학에서 아주 오래전부터 나왔지만(Friedrich, 1935), 권한 남용과 같은 행위를 막기 위해 공직 윤리에 호소하는 것만으로 충분하지 않다는 지적도 계속 있었다(Finer, 1941). 그러나 지난 30년간 신공공관리 개혁과 함께 공무원이 이기적 선택을 하는 합리적 인간이라는 전제가 학술적 분석을 넘어 실제 공직 생활에도 파급되면서 공공성에 봉사하는 공직자의 윤리가 우려스러운 상태까지 침식되어 왔다. 공직자가 근무하면서 사익을 추구하는 것은 잘못이 아니라는 인식도 존재한다. 이제는 사익 추구에 따른 책임 회피와 권한 남용 행위가 어렵지 않게 행해지고 있다. 이러한 점을 생각하면 공직 윤리의 회복은 새삼 강조될 필요가 있다. 비록 공직 윤리가 권한 남용과 책임 회피를 막는 충분조건은 되지 않더라도 필요조건임에는 틀림없으며, 오랫동안 침식되어 온 공직자의 윤리를 회복하는 일은 매우 시급하다.

제도적 측면에서도 적극행정을 유도하기 위해 공무원 개인과 조직에 직면한 상황에서 가장 적절한 정책적 판단을 할 수 있도록 자율성을 부여해야 한다. 이미 지적한 바와 같이 적극행정은 정해진 법과 절차에 따라 정책을 집행하면 원하는 정책의 목적을 달성하지 못하고 오히려 불합리한 결과를 초래하는 상황에서 요구된다. 이렇게 합법성과 대응성이 충돌하는 상황에서 적절한 행정 활동 방식을 판단하기 위해 정책을 담당하는 공무원 또는 해당 조직이 자율성을 가져야 한다. 그런데 적극행정은 권한 남용과 부작용 최소 행정 그리고 책임 회피와 짝을 이루어 양날의 칼처럼 작용할 위험이 있다는 점을 고려하여, 이에 대한 견제 기제로서 책임성 기제를 제도화하는 것이 필요하다. 그런데 이러한 책임성 기제는 공무원의 행정 활동에 대한 일방적 감사 혹은 조사가 아닌 자율성-설명 책임-정당성 부여/책임 확보로 구성된 숙의 과정이어야 한다.

[그림 5-2]는 적극행정에 대한 책임성 확보 기제를 공공 조직의 성과 평가라는 흐름 속에서 제시한다. 적극행정의 책임성을 확보하기 위해 구성원에 대해서는 조직 차원에서 평가하고, 조직에 대해서는 성과 평과를 담당하는 외부 조직이 평가하는 것이다. 특히 숙의적 과정 평가 단계를 두어 앞에서 지적한 바와 같이 합법성과 대응성이 충돌하는 과정에서 적극행정과 권한 남용, 그리고 책임 회피와 부작용

<table>
<tr><th></th><th>적절성 평가</th><th></th><th>숙의적 과정 평가</th><th>성과 평가</th><th>지속가능성 평가</th></tr>
<tr><td rowspan="4">공공 조직
↓
구성원</td><td rowspan="2">목표 적절성</td><td rowspan="2">공공성 →</td><td>적극행정</td><td rowspan="2">목표 달성도</td><td>자원 지속가능성</td></tr>
<tr><td>부작용 최소 행정</td><td rowspan="2">체계적 운영</td></tr>
<tr><td rowspan="2">수단 적절성</td><td rowspan="2">사익 추구 →</td><td>권한 남용</td><td rowspan="2">성장률</td></tr>
<tr><td>책임 회피</td><td>영향력</td></tr>
</table>

[그림 5-2] 성과 평가 틀을 활용한 적극행정에 대한 책임성 확보 기제

최소 행정을 '공공성 원칙'에 따라 판단하자는 대안을 제시한다. 적극행정에 대한 책임성 확보 기제는 별도의 제도로 구축하기보다는 이미 도입된 조직의 성과 평가 체계에 포함하는 것이 간단할 뿐 아니라 시행에 더욱 효과적일 수 있다.

5. 결론

급속한 기술 발달과 사회 변화로 국가가 필요로 하는 공공재와 국민이 요구하는 공공서비스가 빠르게 변화하는 상황에서 공무원들이 행정 문제에 적극적으로 대처해야 할 필요성이 높아졌다. 본 장에서는 그동안 정부가 적극행정을 강조해 왔음에도 불구하고 커다란 효과가 없었던 것은 적극행정에 대한 이론적 구성이 정교하지 못하고 그에 따른 효과적인 추진 전략이 개발되지 못했다는 문제의식에서 출발했다. 이러한 맥락에서 적극행정에 대한 이론적 구성을 민주주의에서 추구하는 행정 가치에 기반하여 구성해 보고, 적극행정을 추진하기 위한 정책적 전략을 모색했다.

적극행정이 어려운 것은 일차적으로 행정이 추구하는 가치 가운데 합법성과 대응성의 가치가 충돌하기 때문이지만, 이차적으로 공공성 관점에서 바라보면 공직자의 사익 추구에 따른 권한 남용과 책임 회피가 적극행정에 있어 장애 요소가 된다는 점을 이론적으로 제시했다. 또한 개인적 차원의 소극적 행태뿐만 아니라 권한 남용으로 인한 조직 차원의 문제가 원인으로 작용함을 지적했다. 소극적으로 공공행정에 임하는 책임 회피 현상도 적극행정에 장애가 되지만, 겉으로는 적극적으로 활동하면서 실제로는 사적 이익을 위해 권한을 행사하는 권한 남용도 큰 장애 요소다. 더욱이 공적 권한이 사익 추구에 사용되어 피해를 보거나 부당한 처분을 당하는 사람들이 생기면, 공공정책을 둘러싼 사회갈등이 더욱 커지는 문제점을 초래한다.

이러한 가치 충돌과 갈등 상황을 조화롭게 풀어 나가기 위해 공직윤리의 재정립과 함께 공직자가 자율성을 가지고 적극행정을 추진하되, 이에 대해 책임성을 확보하기 위해 숙의 기제를 통한 정책 과정에 대한 평가를 제안했다. 숙의 과정은 공직자의 적극행정을 조사 및 감사하는 형식이 아니라 자율적 판단에 대한 설명 책임과 함께 그 정당성을 인정받는 기제가 되어야 한다는 관점에서 기본적 대안을 제시했다. 근본적으로 공공성을 위해 적극행정을 수행하려면 책임 회피와 권한 남용과 같은 사익 추구 행위를 근절하는 것이 필요하고, 이를 위해 공직자와 행정 조직이 행정 가치와 윤리에 대해 깊이 성찰하여 공직 윤리를 재정립하는 것이 가장 시급한 과제다.

| 제3부 |

정책 갈등과 올바른 정책 대안

6장

정책 갈등과 시민참여 공론조사의 적절성

신고리 5·6호기 사례를 중심으로

1. 시민참여 숙의 과정으로서 공론조사

이 장은 사회갈등을 유발한 정책에 대해 타협을 모색하는 제도적 방법으로, 시민참여 공론조사에 관해 분석한다. 이론적 검토와 함께 시민참여 공론조사를 적용하여 타협안을 만든 신고리 5·6호기 건설 재개·중단과 관련된 공론조사 사례를 중심으로 살펴본다. 신고리 5·6호기 공론조사는 2장에서 논의한 숙의를 통한 갈등관리의 성공적인 사례로 매우 큰 의미를 지닌다. 따라서 이 사례를 통해 유익한 정책적 시사점과 함께 비판적 시각에서 해당 사례의 약점을 도출하고, 정책 갈등을 해소하기 위한 공론조사가 적절성을 갖추기 위해 고려해야 할 조건들을 살펴본다.

원자력발전과 관련된 정책은 우리 사회가 겪는 아주 첨예한 갈등 사안 가운데 하나다. 문재인 정부가 추진한 탈원전 정책과 함께 원자력발전소에서 배출되는 중저준위 핵폐기물 보관시설 입지, 원자력발전소 인근 지역 주민의 안전 문제 등을 둘러싼 갈등은 끊임없이 지속되어 왔다. 이러한 갈등을 해결하는 방안으로 문재인 정부는 신고리 5·6호기 건설과 관련해 공론조사를 실시하여 중단되었던 공사 재개 결정을 내렸다(신고리 5·6호기 공론화위원회, 2018). 시민들의 참여와 숙의를 통해 이루어진 결정으로서 공공정책을 둘러싼 갈등을 해결하는 데 커다란 의미가 있다고 평가되며(윤순진, 2018), 앞으로도 유용하게 적용될 수 있을 것으로 판단된다.

이처럼 시민이 숙의 과정에 참여하고 거기에서 도출된 공론을 정책결정에 반영하는 시민참여 공론조사는 대의민주주의의 정책 과정에서 활용할 수 있는 새로운 대안으로 주목받고 있다. 경험적 자료의 분석과 숙의에 기반한 시민의 참여를 통해 민주주의가 단순히 다수의 선호를 추종하기보다 서로 충돌하는 시각과 이해관계를 조율하여 모두가 수용할 수 있는 정책을 도출하는 제도적 과정으로 자리 잡을 수 있기 때문이다(Fishkin, 2009; Goodin, 2008). 특히 숙의 과정에 참여할 시민들을 통계적 표본 추출 방법으로 선출하고, 숙의 과정을 객관적인 자료에 근거하여 균형된 논의로 구성하여 결론을 도출하는 공론조사는, 시민들이 참여하는 다양한 협력적 거버넌스 형태 가운데도 많은 학술적·실천적 관심을 받고 있다(은재호, 2018).

이 장에서는 현실 적용 가능성이 큰 시민참여 공론조사가 정책결정 과정에 적절하게 적용될 수 있는 맥락과 한계를 살펴봐야 한다는 문제의식에서, 신고리 5·6호기 건설 재개에 관한 공론조사 사례를 분석하고자 한다. 지금까지 시민참여 공론조사에 관한 연구들은 주로 시민참여, 숙의 과정 등의 필요성, 제도적 설계를 중심으로 논의되어 갈등의 쟁점이 되는 정책의 성격과 맥락에 따라 시민참여 공론조사의 적절성이 달라질 수 있음을 간과했다(Fishkin, 2009; Goodin, 2008; Smith,

2009). 여기에서는 구체적으로 정책을 둘러싼 갈등이 가치관과 관련되어 제기되는 경우, 정책에 대한 다양한 행위자의 이해관계가 충돌하는 경우, 혹은 과학적·기술적 관점에서 문제를 결정해야 하는 경우와 같이 정책 갈등의 맥락에 따라 시민참여 공론조사의 적절성이 다르게 나타날 수 있다고 보고, 그에 따른 공론조사 설계에 대한 대안을 제시하고자 한다. 특히 신고리 5·6호기 재개와 관련한 공론조사의 방법이 적절한지에 대해 체계적으로 검토하고자 한다. 이와 같은 논의를 통해 정책 갈등을 해소하는 방법으로 시민참여를 통한 공론화 제도의 적절성과 그 맥락에 대해 분석하고, 시민이 공공정책의 결정 과정에 효과적으로 참여하는 공론조사 방법을 이론적·제도적으로 정교화해 보고자 한다.

이와 같은 연구 목적을 위해 2절에서는 공론조사를 포함하여 공공정책 결정 과정에 시민의 참여 현상을 협력적 거버넌스의 측면에서 살피면서 협력적 거버넌스의 내용과 장단점에 대해 논의한다. 3절에서는 피시킨 연구를 중심으로 참여, 숙의, 의사 결정의 측면에 대해 살펴보고, 이러한 논의들이 정책 갈등의 맥락을 충분히 고려하지 못했음을 지적한다. 구체적으로 정책 갈등의 맥락을 갈등 당사자인 시민의 모집단 설정 문제와 가치관 갈등, 이해관계 갈등, 과학·기술적 갈등 등 갈등의 성격에 따라 나누어 갈등관리와 정책결정 기제로 시민참여 공론조사의 적절성에 대해 논의한다. 4절에서는 신고리 5·6호기 공론조사의 사례를 분석하고 이 사례가 시민참여 공론조사로서 적절성을 가지는지 논의한다. 5절에서는 논의 내용을 요약하고 시민참여 공론조사를 제도화하고 적절하게 활용하는 방안을 모색한다.

2. 정책 과정에서 시민참여와 협력적 거버넌스

정보통신 기술의 발전으로 세계의 모든 정보가 실시간으로 전달되고 글로벌 경제체제가 구축된 현대 사회에서, 과거처럼 정부가 주도권을 가지고 국정을 운영하는 방식은 이제 효과적이지 않을뿐더러 국민의 지지를 받기도 어렵다. 공공 부문뿐만 아니라 민간의 다양한 이해당사자들이 정부의 정책책임자와 함께 정책 과정에 적극적으로 참여하는 일이 점점 일반화되고 있다. 이렇게 다양한 역할과 이해관계를 가진 사람들이 국정 운영에 참여하고 협력하는 국정 관리 방식을 '협력적 거버넌스'라고 개념화할 수 있다(이명석, 2002; Ansell & Gash, 2008). 협력적 거버넌스를 통해 정책에 대한 다양한 견해와 이해관계가 반영되어 보다 광범위한 합의에 바탕을 둔 정책을 만들고 집행할 수 있다면 정책의 효과도 높아지고 국민의 지지도 폭넓게 받을 수 있다.

민주주의 관점에서 보면, 시민이 참여하는 협력적 거버넌스는 시민들이 국회나 행정부를 통해 간접적으로 정책에 영향을 끼치는 대의 과정이 아니라 직접 참여하는 방식으로 자신의 의사를 정책에 반영할 수 있다는 점에서 대의민주주의의 약점을 보완한다는 의미가 있다(Fung, 2015; Goodin, 2008). 국민을 대표하는 국회와 행정부가 국민의 의사와 이해관계를 국정에 제대로 반영하지 못하고 오히려 자신들의 정치적 이해관계에만 치중한다는 비판과 불만이 계속해서 제기되는 상황에서, 국민이 정책 과정에 적극적으로 참여하는 기회를 제공하는 협력적 거버넌스는 대의민주주의의 약점을 상당히 보완하는 기제로 활용될 수 있다(Ansell & Gash, 2008; Pierre, 2000).

이와 같은 협력적 거버넌스는 정부가 정책 과정을 좀 더 개방적으로 운영하려는 노력을 기울이면서 점차 제도화되고 있지만, 협력적 거버넌스의 필요성이 커지는 것은 정부의 의도적 선택뿐만 아니라 사회적 변화에 따른 불가피한 결과라고도 볼 수도 있다. 1980-1990년대에는 조직이나 자원의 측면에서 국가의 행정 조직이 가장 선도적이고 효율적이었지만, 2000년대 이후 삼성, LG와 같이 최첨단 기술과 글로벌 네트워크를 가진 세계적 기업들이 해당 분야에서 공공 부문의 조직보다 훨씬 뛰어난 능력을 보유하게 되었다. 이들은 국가의 테두리 안에 머물지 않고 글로벌 생산망을 통해 전 세계를 대상으로 정부 정책의 권한 범위 밖에서 사업하는 경우가 많다. 한편 시민단체들도 조직력과 자원을 확보하여 소비자 보호, 지역사회 발전, 빈곤 퇴치, 환경보호 같은 분야에서 다양한 활동을 전개하며 정부 정책을 감시하고 견제한다. 일반 시민들도 높은 교육 수준과 전문성을 갖추어 사회적 쟁점에 대한 높은 관심을 보이고, 컴퓨터, 모바일 전화기를 활용해 많은 정보를 확보하는 등 정책 과정에 참여할 충분한 능력을 보유하고 있다. 이러한 상황에서 정부는 어떤 정책을 결정하고 효과적으로 집행하는 데에 다양한 이해관계자가 정책 과정에 참여하여 쟁점을 논의하는 조정적 기제를 가질 수밖에 없다.

또한 정책결정 과정에 참여하는 정부기관들도 서로 다른 시각과 견해를 지닌 경우가 비일비재하다. 정책결정 과정에 참여하는 다수의 정부기관은 각각 추구하는 정책 목적과 정책 수단의 선택도 상이하므로 정부기관들 사이의 협의와 협력도 중요하다. 지난 20년간 시행된 행정 개혁을 통해 정부의 많은 기관이 상당한 자율성을 지니는 책임행정기관으로 전환되어, 정부기관 간의 관계가 과거처럼 상급 기관의 일방적 지시에 따라 움직이는 방식으로 작동되지 않기 때문이다. 주민의 직접선거로 기관장과 지방의원을 선출하는 지방자치단체의 경우, 중앙정부나 다른 지방자치단체의 정책과 충돌하는 정책을 추진하기도 한다(정성호, 2015). 이와 같은 이유로 다양한 이해관계자와 정부의 기관이 참여하여 정책을 논의하는 협력적 거버넌스 방식의 국정 운영은 합리적 대안일 뿐만 아니라 불가피한 선택이라고 볼 수 있다.

협력적 거버넌스를 통해 정책을 추진하는 데 반드시 국가기관이 참여해야 하는 것도 아니다. 협력적 거버넌스와 관련하여 선구적인 이론을 제시했던 E. 오스트럼 교수는 공동체의 자원을 공동으로 관리하고 지속 가능한 경제활동을 하는 데 시민들의 자율적인 협력적 거버넌스가 더 효과적임을 경험적 연구를 통해 보여 주었다(Ostrom, 1990). 그러나 시민이나 민간기업이 네트워크를 통해 상호 협력한다고 해서 당연히 협력적 거버넌스가 작동한다고 보기는 어렵다. 다수의 참여자가 협력하는 활동이 거버넌스로서 효과를 발휘하기 위해서는 그러한 협력 활동에 참여하는 사람들이 목표를 공유하고 이를 달성하기 위한 의도적 활동과 조정행위자가 존재해야 한다(김선경, 2019; Parker, 2007).

그런데 다양한 이해관계자가 정책결정 과정에 참여하면 반드시 더 좋은 정책이 선택되고 집행된다고 단정할 수는 없다. 다양한 행위자들이 자신의 견해와 이해관계를 가지고 참여하면 목적과 이해관계가 서로 충돌하는 상황이 불가피하게 발생하여 문제가 더욱 꼬일 수도 있다. 이러한 상황에서 모두가 수용할 수 있는 결정을 하기 위해서는 이성과 합리성을 기반으로 판단하고 필요한 규범을 준수하면서 숙의를 진행할 역량이 필요하다. 이에 대해 이미 2장에서 깊게 논의한 바 있다.

한편 사회적 갈등을 해소하기 위해 이해관계자들이 자발적으로 혹은 정부의 중재를 통해 대화하고 협상하는 갈등관리 활동도 협력적 거버넌스의 한 형태로 이해할 수 있다(장새미, 2014). 그러나 협력적 거버넌스가 효과적으로 작동하려면 참여자 개인의 역량뿐만 아니라 거버넌스의 구조가 일정한 조건에 부합되어야 한다. 세 가지 측면에서 협력적 거버넌스가 효과적으로 작동하는 데 필요한 조건을 제시하면 다음과 같다(Fung, 2015).

첫째, 정책결정에 참여하는 참여자의 성격과 범위에는 해당 정책과 관련된 이해관계자가 포괄되어야 한다. 제기된 갈등 사안을 해결하기 위해서는 이해관계자가 논의의 장에서 자신의 주장과 의견을 적극적으로 개진하고 상대 의견을 청취하면서 논의를 이끌어 가는 것이 가장 바람직하다. 예를 들어 포괄수가제도와 같이 의료보험과 관련된 정책결정 과정에는 의사들이 적극적으로 참여하여 의견을 개진하고, 그 밖에도 다양한 경로로 자신들의 주장을 피력한다(박은철·유기봉·김재현, 2013). 그런데 이와는 대조적으로 당장은 이해관계가 크지 않지만 장기적으로 볼 때 큰 영향을 받는 시민들은 정책결정 과정에 직접 참여하거나 의견을 적극적으로 개진하지 못하는 경우가 많다. 시민들을 대신하여 학계나 시민단체에서 참여하지만, 시민들의 의견과 이해관계가 제대로 반영되는지 의문이다. 이렇게 일부 이해관계자가 적극적으로 참여하지 못하면, 협력적 거버넌스가 제대로 작동할 수 없다. 협력적 거버넌스에서 적절한 참여자의 범위와 충분한 참여가 성공의 중요한 조건이라고 할 수 있다.

둘째, 협력적 거버넌스가 효과적으로 작동하기 위해서는 참여자의 깊이 있는 상호작용이 중요하다. 다양한 네트워크를 통해 서로 연결되고 협력하는 것과 함께, 갈등 상황에서는 상호 간에 의견을 개진하고 청취하는 대화와 설득, 협상이 필요하며, 그 과정은 투명하게 진행되어야 한다. 이와 함께 쟁점 사안에 대해 체계적이고 과학적인 분석과 이해가 요구된다. 특히 이해당사자로서 협력적 거버넌스의 참여

자가 전문적인 지식을 가지고 있지 않은 경우, 이에 대한 학습과 이해의 과정이 필요하다. 예를 들어 경인 아라뱃길로 인한 하천 오염 관련 논의에서 이해관계자들이 수질 관리와 관련하여 전문적 지식을 갖출 수 있도록 먼저 학습이 이뤄짐으로써 협력적 거버넌스 과정이 효과적으로 진행된 사례가 있다(정재중, 2017).

셋째, 의사 결정 과정과 절차가 투명하고 결정 권한의 소재와 책임이 분명해야 한다. 협력적 거버넌스에서 도출된 결론이 최종 정책으로 확정되는지, 의사 결정을 위한 자문 역할인지 명확하게 하는 것이 중요하다. 과거 경험에 비추어 보면, 정부가 어떤 정책을 추진하기에 앞서 개최한 공청회가 정책의 정당화를 위한 요식 행위에 불과한 사례가 비일비재했다. 여러 이해관계자가 참여하는 모양새는 갖추었지만, 실질적으로 다양한 견해를 가진 사람들과 단체가 이미 정해진 결론을 합리화하는 데에 충실했던 사례를 두고 협력적 거버넌스가 이루어졌다고 보기는 어렵다. 이러한 경우가 아니더라도 여러 사람이 참여하는 협력적 거버넌스는 다양한 의견이 제시되고 다수의 이해관계자가 참여하면서 정책결정의 실질적인 권한과 책임 소재가 모호해지는 문제가 발생할 가능성이 크다. 이를 해결하기 위해서 협력적 거버넌스를 통한 의사 결정 과정에 대해 정확하게 기록하고 이를 투명하게 공개하는 것이 필요하다.

그런데 협력적 거버넌스는 현실 속 다양한 의사 결정 과정을 이론적으로 특징화하는 개념으로서, 실제로는 매우 다양한 형태로 나타난다. 예를 들어 정부가 국민연금제도의 개혁을 위해 구성한 '국민연금개혁과 소득보장위원회'와 같이 다양한 이해관계자와 전문가 등이 참여한 정부의 위원회도 협력적 거버넌스의 한 형태로 볼 수 있으며(정해식 외, 2020), 이익 단체가 참여한 노사정위원회의 활동을 협력적 거버넌스로 이해하고 연구한 사례도 있다(이은희, 2010). 정책을 집행하는 과정에서 공공기관과 시민들이 서로 의견을 조정하고 집행에 협력한 사례로, 미국 시카고의 경찰과 주민들의 사례를 들 수 있다(Fung, 2003). 이러한 다양한 기제는 주어진 사회적·제도적 상황에서 정책적 쟁점을 해결하고 관리하기 위해 설계되거나 자연발생적으로 나타나기 때문에 협력적 거버넌스의 효과도 천차만별일 수밖에 없다.

3. 시민참여 공론조사의 내용과 적용

협력적 거버넌스는 현실에서 다양하게 나타나는 시민참여 모습을 이해하고 분석하는 이론적 개념이다. 따라서 현실의 복잡하고 다양한 맥락에서 발생하는 협력적 거버넌스의 모습은 다양하고 그 효과성도 다를 수밖에 없다. 그 가운데 시민참여 공론조사는 처음부터 시민이 참여하는 의사 결정 과정을 설계하고 그에 따라 숙의를 통한 공론을 도출하는 기제다. 다시 말해 시민참여 공론조사는 협력적 거버넌스의 한 형태로서, 의도적으로 설계된 의사 결정 수단이다.

그러나 시민참여 공론조사의 연원은 대의민주주의의 한계를 극복하고자 하는 데서 비롯되었다. 3장에서 논의한 바와 같이 민주주의에서 의사 결정 방식은 기본적으로 다수결의 원리에 따른다. 다수결의 원리는 시민들의 선호와 주장에 대해 경중을 가리지 않고 모두 동등하게 간주하여 단순히 합산하는 원칙이다. 이러한 단순 합산으로 인한 숙의의 취약성 문제는 기본적으로 국민의 대표자인 의회를 통해 해결될 수 있다. 대의민주주의에서 공동체가 추구하는 정책 목적과 수단을 결정하기 위해 시민들이 뽑은 대표자가 의회의 입법 과정을 통해 숙의하고 결정하여 다수결의 원리와 함께 합리적 결정의 요구를 만족시킬 수 있다. 시민의 대표자는 자신의 개인적 이해관계나 지역구의 요구에 매몰되지 않고, 공동체 전체의 관점에서 바람직한 대안이 무엇인가를 이성에 따라 판단해야 한다. 대표자의 이러한 역할에 대해 E. 버크는 브리스톨 지역구 유권자에게 다음과 같이 강조했다.

> 국민 여러분의 대표자가 여러분을 위해 해야 할 일은 무조건 열심히 일하는 것이 아니라, 이성에 따라 제대로 판단하는 일입니다. 만일 그가 자신의 판단을 버리고 여러분의 의견을 추종한다면 여러분을 배신하는 것입니다.(Burke, 1774)

현실적으로 공동체의 규모가 매우 크고 사회가 복잡해짐에 따라 대의민주주의 기제는 민주주의를 효과적으로 운영하기 위한 불가피한 제도라고 판단된다. 그러나 대의민주주의의 기본 원리는 다음 두 가지 측면에서 끊임없이 비판받아 왔다. 첫째, 공동체의 의사 결정에서 주권자인 시민으로서 의견을 표명하고 결정 과정에 직접 참여하고자 하는 정치적 욕구가 존재하는데, 대표를 통해 시행되는 대의민주주의는 이를 충분히 반영하지 못한다. 비록 자신의 삶을 영위하기 위해 바쁘게 생활하고 있지만 어떤 사안에 대해서는 자기 생각을 표현하고 정책에 반영시키고자 하는 시민들의 욕구가 존재하는데도 말이다. 헌법 개정과 같은 국가적으로 중대한 사안에 대해 시민들의 의사를 직접 반영하기 위해 국민투표를 시행하지만, 여전히 시민들의 생각과 주장을 표현하는 기회로서 한계가 있다.

한편 시민들의 투표로 선출된 대표자들이 시민의 진정한 의사와 공동체의 필요에 부합하는 이성적 결정을 제대로 내리지 못한다는 비판도 끊임없이 제기되어 왔다. 그뿐만 아니라 대표자들이 이성적이고 합리적인 판단을 해도 시민 개개인의 생각과 반드시 일치하지 않는다. 정치인에 대한 신뢰가 뒷받침되지 않는다면 이러한 불일치 현상에 대해 국민은 불만을 가질 수밖에 없다. 더욱이 대표자가 자신의 정치적 이익을 위해 시민의 필요를 저버리는 경우도 빈번하게 발생한다. 거대 기업과 같은 이익집단에 정치인이 포섭되어 그들의 이익을 대변하고 국민의 이익은 저버리는 부패의 사례도 끊임없이 터지면서 정치인에 대한 신뢰가 지속적으로 쇠퇴하는 것이 현실이다.

이러한 이유로 대의민주주의는 시민의 의사를 충분히 반영하여 국정을 운영하는 데에 큰 한계가 있다는 인식이 늘어나면서 직접민주주의에 대한 요구가 꾸준히 제기되어 왔다(Budge, 1996). 그러나 직접민주주의 또한 물리적 제약과 소통의 한계로 현실적으로 실천하기는 매우 어렵다. 예를 들어 공동체 구성원이 모두 한자리에 모여 중요 사안에 대해 논의하는 지역주민 회의town meeting와 같은 직접민주주의 형태를 따라 국가적 사안을 논의하기 위해 전국 규모로 시민회의를 개최하는 일은 현실적으로 불가능하다. 그렇다면 모든 사람이 물리적으로 한자리에 모이지 않더라도 시민들이 직접 참여하는 민주주의의 이상을 실현하는 방법은 없을까?

R. 달은 이러한 질문에 대해 전체 국민 중에서 1,000여 명을 임의로 선정하여 국가적 사안을 논의하는 작은 국민회의mini-populous를 구성해 보자는 선구적인 제안을 했다(Dahl, 1989; Goodin, 2008). 이들이 1년 정도의 시간을 가지고 국가적 사안에 대해 논의하고, 필요하다면 전문가들의 조언을 구하여 의사 결정을 한다는 제안이다. 그런데 달은 이러한 작은 국민회의를 통해 대의민주제인 의회를 대신하자는 제안이 아니라, 대의민주주의를 직접민주주의로 보완하자는 제안이다.

즉, 일상 사안에 대해서는 대의민주제로 법률을 제정하고 의사 결정을 하되, 국민이 직접적으로 자신의 의사를 표명하고 논의를 통해 정책을 결정할 필요가 있는 사안에 대해 작은 국민회의를 일정 기간 운영하자는 것이다.

이러한 달의 이론적 제안에 기초하여 시민들이 모여 논의하고 정책에 대해 입장을 제시하는 실험이 지난 20년간 미국, 캐나다, 덴마크, 영국 등에서 실시되었다. 2004년 캐나다 브리티시컬럼비아주는 지방선거제도를 단순 다수제에서 비례대표제로 개정하는 대안을 논의하기 위해 시민회의citizen's assembly를 소집했다(Pearse & Warren, 2008). 시민회의는 임의로 선정된 160명의 시민으로 구성되었으며, 2주에 한 번씩 주말에 회의를 열어 선거제도에 대한 학습과 논의를 거쳤다. 그리하여 '1회 이전 가능 투표 제도single transferable voting system'를 도입하도록 권고했으나,[1] 이 제안을 주 전체 국민투표에 회부해 승인을 요청했으나 결국 부결되었다.

이 밖에도 캐나다의 온타리오주는 2008년 선거제도 개선을 위한 시민회의를 소집하기도 했으며, 미국의 캘리포니아주에서도 주의회 선거제도 개선을 위해 정치인과 시민들로 구성된 캘리포니아 선거구 획정위원회California Citizens Redistricting Commission에서 대안을 마련한 사례도 있다. 이 획정위원회에는 정당 대표와 3만 명의 신청자 가운데 선발된 14명의 시민위원이 참여했다(Fung, 2015). 이는 정치인들에

1 '1회 이전 가능 투표'란 유권자가 하나의 투표지에 2명 이상의 후보자에게 순위를 표시하여 투표하는 제도다. 1차 선호 투표에 따라 득표 후보 순위를 정하고, 당선권 밖의 최하위 후보자의 표에서 2순위 투표자에게 투표를 이전하여 당선에 필요한 최소득표를 한 사람을 선출하며, 지역구에 배정된 후보자 수에 이를 때까지 하위 역순으로 투표를 이전하는 제도다. 사표를 방지하고 당선자가 최소한 유권자의 지지를 받을 수 있도록 하는 제도다.

게 직접적인 이해당사자인 선거제도의 개혁을 맡기기보다 국민이 시민회의를 통한 숙의 과정으로 대안을 제안한다면 보다 객관적일 수 있다는 판단에 근거하고 있다.

한편 영국 정부는 2003년 유전자조작 식품에 관한 시민회의를 전국적으로 675회에 걸쳐 개최했는데, 이 시민회의에 참여한 시민들은 자발적으로 참석한 사람들이었다(Goodin, 2008). 농식품 업계나 정부의 규제기관은 유전자조작 식품에 대해 안전하다고 인식했지만, 일반 시민들의 불안감은 컸다. 이렇게 일반적 인식과 정책 과정에 참여하는 주요 행위자 간의 인식이 큰 차이를 보이자 시민들이 직접 참여하는 토론회를 개최한 것이다. 그런데 이 공개회의에 자발적으로 참석한 시민들의 회의와는 별도로 사람들을 10개의 소그룹으로 나누어 미리 이틀 동안 전문성이 높은 자료를 기초로 워크숍을 가져 공개 회의 논의에서 결여될 수 있는 전문성과 객관성을 확보하고자 했다(Attar & Genus, 2014).

달의 작은 국민회의와 같은 맥락에서 시도된 다양한 시민참여 회의 가운데 이론적 기반을 토대로 가장 정교하게 설계되고 전 세계 여러 나라에서 체계적으로 적용된 사례는 피시킨이 주도하는 시민참여 공론조사다(Fishkin, 2009). 시민참여 공론조사는 250-500명의 시민을 임의 선정하여 15명 내외의 소그룹으로 나누어 전문가들로부터 자료 설명을 듣고 의견을 교환하고 토론하는 과정을 거친다. 이러한 소그룹 회의를 마치면 참여자 전체가 참석하는 총회에서 의견을 교환하고 의사 결정을 한다. 이 같은 시민참여 공론조사는 방송과 언론을 통해 자세히 보도되어, 일반 국민도 지켜볼 수 있도록 관심을 유도하기도 한다.

시민참여 공론조사 구성에 있어 피시킨은 두 가지 원칙을 강조한다(Fishkin, 2009). 첫째, 국민의 평등하고 직접적인 참여 원칙이다. 이는 자발적 참여와 대조적이다. 어떤 특정 쟁점 사안에 대해 의견을 개진하기 위해 자발적으로 참여하는 사람들이 있는데, 이들이 참여하는 시민회의를 구성하여 공론을 조사한다면 특정한 쪽으로 치우친 의견이 지나치게 개진될 가능성이 크다. 그렇다고 공론조사를 조직하는 주최 측에서 참여자를 선정하는 방법도 적절하다고 볼 수 없다. 그럴 경우 주최 측의 의견이 반영될 수 있기 때문이다. 주최 측이 중립적으로 선발하더라도 참여하는 사람과 참여하지 않는 사람들 사이에 기회의 불평등이 존재하게 된다. 이러한 문제점을 극복하고 모든 국민에게 평등하고 직접적인 참여를 보장하기 위해서 피시킨은 통계적 방법론에 기반한 임의 표본추출방법을 제시한다. 이렇게 표본을 추출하면 비록 시민회의에 참여하지 못한 사람들도 참여자와 똑같은 확률적 기회를 가질 수 있기 때문에 공정하고 평등한 참여가 보장된다고 볼 수 있다. 이뿐만 아니라 통계학적 표본추출방법을 통해 참여자가 편향적으로 선정되지 않고 전체 국민을 대표하는 표본이 추출될 수 있다. 그리고 선정된 시민들이 쟁점 사안에 대해 의견을 직접 표명하고 의사결정에 참여할 수 있어 직접성 원칙에도 부합된다.

시민참여 공론조사의 두 번째 원칙은 숙의의 원칙이다(Fishkin, 2009: 21). 쟁점 사안에 대한 일반 시민의 의견이나 선호를 피시킨은 '날것raw과 같은 의견'이라고 표현한다. 시민이 여러 가지 경로를 통해 얻은 정보에 대해 특별한 분석과 판단을 하지 않고 자연스럽게 갖게 된 견해이기 때문이다. 이 같은 견해는 무의식중에 취하게 된 것일 수도 있고, 개인적 편견에 의해 영향을 받은 내용일 수도 있다. 이와 대비하여 쟁점 사안에 필요한 정보와 증거를 가지고 체계적 분석과 이성적 판단으로 얻게 된 의견을 '정제된 의견'이라고 표현한다. 날것과 같은 의견을 정제된 의견으로 만들어 가면서 어떤 쟁점 사안의 장단점에 관해 진지하게 파악하고 의견을 교환하는 과정을 '숙의'라고 한다. 이러한 숙의 과정이 제대로 진행되기 위해서 피시킨은 구체적으로 다음과 같은 다섯 가지 조건을 제시한다(Fishkin, 2009: 33-34).

1. 회의에 참여한 시민들에게 제공되는 정보가 정확할 것.
2. 쟁점 사안에 대한 다양한 시각이 균형 있게 제시될 것.
3. 전체 국민의 다양한 의견과 주장이 고르게 반영될 것.
4. 참여한 시민들은 양심에 따라 판단할 것.
5. 다양한 주장과 견해에 공정하고 평등한 배려를 제공할 것.

시민참여 공론조사에서 직접 참여의 원칙과 숙의의 조건이 충족된다면 쟁점에 대해 숙의할 준비가 되었다고 할 수 있다. 이와 같은 준비에는 큰 비용과 노력이 따르기 마련이다. 그런데 피시킨은 여기서 더 나아가 모든 국민이 숙의에 참여하는 '숙의의 날Deliberation Day'을 국가 차원에서 지정하여, 국가적 사안에 대해 모두가 숙의에 참여하여 의사 결정을 하자고 제안한다. 이러한 제안이 제대로 실현된다면 직접민주주의 이상에 가깝게 다가가는 것이라고 할 수 있다. 그러나 이러한 국가적 숙의의 날을 효과적으로 진행하기 위해 드는 비용이나 조직을 고려할 때, 이 같은 제안이 얼마나 현실적일지는 의문이다.

시민참여 공론조사에서 피시킨의 제안대로 평등한 직접 참여와 깊고 균형 있는 숙의가 진행된다고 하더라도, 정책 갈등을 해결하기 위한 제도적 도구로 활용하는 데 다음과 같은 세 가지 점에서 여전히 모호하다. 첫째, 시민참여 공론조사를 위해 통계학적 방법에 기반한 표본을 추출한다고 해도 표본의 모집단이 무엇인지 설정해야 하는데, 이에 대해 분명한 원칙을 제시하지 않고 있다. 피시킨의 논의는 암묵적으로 직접민주주의 관점에서 헌법 개정, 선거제도 개혁과 같은 국가 전체적인 쟁점 사안에 관해 시민참여 공론조사를 전제하고 있어서, 그의 논의에서 모집단은 대체로 국민 전체를 의미한다. 그러나 캐나다 온타리오의 지방선거제도 개정과 관련한 시민참여 공론조사에서 모집단은 온타리오주에 거주하는 시민이 된다. 모든 정책 갈등에서 모집단을 항상 쉽게 설정할 수 있는 것은 아니다. 예를 들어 주 52시간 노동시간 정책과 관련한 시민참여 공론조사를 진행하려고 표본을 추출해야 한다면, 어떤 모집단을 상정해야 할까? 여기서 모집단은 노동자와 고용주로 할 수도 있고, 전체 국민으로 할 수도 있다. 또한 외국인 노동자를 포함하여 상정할 수도 있다. 모집단을 누구로 선정하는지에 따라 통계적으로 추출하는 표본이 달라지고, 달라진 표본은 공론을 통한 의사 결정에 영향을 끼치게 된다. 그래서 시민참여 공론조사의 주최자는 쟁점 사안과 관련한 표본의 모집단을 객관적이고 균형 있게 판단하는 것이 중요하다.

둘째, 피시킨은 시민참여 공론조사에서 다루는 쟁점 사안은 가치관과 주관적 판단에 기초한 입장의 충돌로 인해 발생한다고 가정한다. 그러나 정책 갈등을 초래하는 쟁점은 이성적 판단과 설득이 필요한 가치관에 관한 사안도 있지만, 이해당사자의 합리적 판단과 흥정이 필요한 이해관계에 관한 사안도 있다. 또한 객관적 자료에 관한 과학적 분석과 논리적 판단이 필요한 과학적·기술적 쟁점도 존재한다. 현실에서는 기후온난화와 관련된 정책 갈등처럼 과학적 분석으로 결론을 명확하게 내리기 어렵고, 경제적 이해관계가 얽혀 있으며, 가치관에 근거해 판단해야 하는 복합적 쟁점이 대부분이다. 특정한 쟁점에서는 경험적 자료에 대한 과학적 분석이 핵심인 경우가 있으며, 이해당사자 간 협상이 꼭 필요한 쟁점도 있다. 이러한 쟁점의 경우 이성에 의한 숙의 과정이 핵심인 시민참여 공론조사가 항상 가장 적절한 대안일 수 없으므로, 쟁점에 대한 성격을 명확히 파악할 필요가 있다.

이렇게 쟁점 사안에 따라 모집단을 적절하게 설정하고, 설득이나 흥정, 논리적 판단이 필요할 수 있는 정책의 맥락에 따라 시민참여 공론조사를 적절하게 구성하고 운영해야 한다. 요약하자면, 사회적으로 제기된 정책적 쟁점의 맥락을 고려하여 시민참여 공론조사를 시행해야 갈등을 효과적으로 관리하고 사회적 합의를 끌어낼 수 있다는 것이 피시킨의 공론조사 설계에 관한 이 장의 비판이다.

시민참여 공론조사에 대한 세 번째 비판은 시민참여 공론조사에서 도출된 공론의 법적 구속력에 관한 것이다. 피시킨의 이론에 따르면, 숙의를 통해 도출된 공론은 정제된 판단으로 전체 국민을 대표하는 진정한 의사로서 받아들일 수 있다. 그러나 정제된 공론은 다른 시각에서 보면 만들어진constructed 판단으로, 실제 존재하는 시민들의 의견과는 차이가 있다. 공론조사에 직접 참여한 시민들도 표본으로 추출되었을 뿐 다른 시민들로부터 대표 권한을 위임받은 것이 아니기 때문에, 여기서 도출된 공론은 법적 구속력을 가지기 어렵다. 따라서 해당 사안에 대한 법적 의사 결정 권한을 가진 주체가 이에 대한 최종적인 결정권을 가져야 하며, 그에 대한 책임도 함께 져야 한다.

법적 권한을 지닌 주체는 캐나다 온타리오주의 지방선거 개혁 사례에서처럼 시민참여 공론조사에서 도출된 공론을 채택하지 않을 수 있다. 그렇다고 시민참여 공론조사에서 도출된 결론을 반드시 채택해야 한다는 강제성을 부과하는 것도 적절하지 않다. 아무리 표본 추출을 통해 통계적 대표성을 가진 시민이 참여해 의사 결정을 해도, 그 결정은 기본적으로 가설적hypothetical이다. 도출된 공론이 잘 정제되어 타당하고 설득력이 크다면, 법적 권한을 가지는 의사 결정 주체가 이를 채택하여 법적 성격을 부여하고 그에 대한 책임을 져야 한다. 따라서 시민참여 공론조사와 같은 제도는 정책 갈등을 해결하거나 국민적 관심이 높은 사안과 관련된 직접민주주의 요소로서, 대표성과 법적 권한을 가지는 제도와 상보적으로 운영되는 것이 바람직하다.

4. 신고리 5·6호기 건설 재개에 관한 시민참여 공론조사

원자력발전과 관련된 사회적 갈등이 오랫동안 계속된 상황에서, 신고리 5·6호기 건설 재개에 관한 시민참여 공론조사를 실시하여 건설을 재개하기로 한 것은 앞으로 정책 갈등을 관리하고 해결하는 데 큰 시사점을 준다. 또한, 앞서 1장과 2장에서 제기한 이론적 가정과 숙의 방법이 현실에서 성공적으로 적용될 수 있다는 가능성을 보여 준 사례다. 이 절에서는 이와 같은 공론조사 과정을 살펴보고 지금까지 논의한 정책 갈등의 맥락과 그에 따른 공론조사의 적절성 관점에서 그 의의와 한계점에 대해 논의하고자 한다. 그리고 이를 통해 시민참여 공론조사 방법이 향후 정책 갈등을 해소하는 데에 효과적으로 적용될 수 있도록 살펴본다.

신고리 5·6호기 원자력발전소 건설의 중단과 재개에 관한 정책적 갈등은 문재인 대통령 후보가 2017년 대통령 선거를 앞두고 이를 공약사항으로 제시하면서 첨예한 사회적·정치적 문제로 대두되었다(김길수, 2018). 신고리원자력발전소 건설에 대하여 울산, 부산 지역 시민은 상당히 오랫동안 반대해 왔음에도 불구하고 2012년 환경영향평가를 거쳐 2016년 원자력안전위원회가 건설을 허가했다. 이후 울산, 부산 지역에서는 신고리 5·6호기 건설에 대한 지속적인 반대 의견을 표했다. 이러한 상황에서 2017년 대선에서 문재인 대통령 후보는 탈원전 정책과 함께 신고리 5·6호기 건설 백지화를 공약으로 내걸었다. 그리고 당선 이후 문재인 대통령은 2017년 6월 신고리원전의 건설을 일시 중단하고 건설 여부에 관해 사회적 합의로 결정하는 것이 바람직하다는 정책 방향을 제시했다(신고리 5· 6호기 공론화위원회, 2018: 32).

이에 따라 당시 28.8% 공정이 진행된 원자력발전소 건설을 일시 중단하고, 신고리공론화위원회가 주관하여 건설 재개 여부에 관해 시민이 참여하는 공론조사를 실시한다는 총리실 훈령이 2017년 7월 17일 발표되었다(신고리 5·6호기 공론화위원회, 2018: 32). 신고리 5·6호기 공론화위원회는 시민이 참여하는 공론화 과정을 진행하여 최종적인 권고안을 보고하기로 했다. 공론화위원회는 자문기구로서 법적 구속력을 지닌 결정 권한이 없으나, 국무총리는 공론화위원회의 조사 결과가 나오면 그대로 수용하겠다고 발표했다(신고리 5·6호기 공론화위원회, 2018: 63).

이후 신고리 5·6호기 공론화위원회는 시민참여단을 구성하여 숙의 과정을 진행했는데, 먼저 이중층화추출법으로 전 국민을 모집단으로 삼아 공론 과정에 참여할 시민의 표본을 추출했다. 지역별·성별·연령별 분포에 맞추어 1차 추출된 20,006명의 표본에서 471명을 최종적으로 확정하여 숙의 과정에 참여하도록 했다. 그리고 숙의 과정 전에 다양한 학습 프로그램을 제공하여 참여자가 쟁점 사안에 대해 필요한 지식을 확보할 수 있도록 했다. 건설 재개와 중단을 주장하는 전문가들이 각자 주장의 정당성과 근거를 설명했고, 여러 차례에 걸쳐 방송토론회를 진행했다. 이렇게 보면 신고리 5·6호기 공론화위원회가 진행한 공론조사 과정은, 피시킨이 제시한 것처럼 시민의 평등한 직접참여와 균형 있는 정보와 주장에 기초한 숙의 과정을 거쳐 최종 결론을 도출하고자 노력했다고 판단된다. 위원회는 최종 공론조사에서 재개와 반대를 주장하는 비율이 통계적 오차 범위에서 도출될 경우, 이를 종합하여 결론을 내리는 방안에 대해 고심하기도 했다. 그러나 실제 결과는 공사 재개 59.5%, 반대 40.5%로 표본오차 범위 밖에서 공사를 재개하자는 쪽이 우세했다. 이에 따라 위원회는 원자력발전소 건설을 재개할 것을 권고했고, 정부도 권고안을 수용하여 공사를 재개하는 결정을 내렸다. 전반적으로 신고리 5·6호기 공론조사 과정은 객관적이고 공정하게 진행되었다. 그러나 신고리 5·6호기 건설을 둘러싼 정책 갈등의 맥락에 대하여 시민참여 공론조사가 제대로 부합했는지는 피시킨 이론을 비판하면서 살펴본 모집단 설정, 정책 쟁점의 성격, 법적 구속력이라는 세 가지 맥락에서 검토해 보자.

첫째, 모집단 설정의 측면이다. 공론화위원회는 전 국민을 모집단으로 설정하고 최소한의 선택편의가 되도록 이중층화추출법으로 참여자를 선정했다. 그러나 모집단을 전 국민으로 설정하는 것은 그 적절성에 대해 충분히 숙고하지 않은 채 당연하게 받아들여졌다. 신고리 5·6호기 건설이 전 국민이 직접적 갈등을 겪는 내용인지, 아니면 원전 인근 지역의 주민과 울산·경남 지역의 시민 그리고 원전건설 관련 기업 사이의 입장 대립으로 초래된 지역 갈등인지를 먼저 판단해야 했다. 문재인 대통령 후보는 신고리 5·6호기 건설 중단과 함께 탈원전 정책을 가장 중요한 공약으로 제시했는데, 장기적 안목에서 탈원전 정책은 국가 전체의 에너지 공급 정책으로서 전 국민의 입장이 충돌하고 이해관계가 상충되는 국가적 정책 갈등 사안이 분명하다. 하지만 국가 에너지의 수급 체계에서 볼 때, 신고리 5·6호기 건설 중단·재개 여부는 국민적 정책 갈등이라기보다 지역적 갈등의 성격이 크다고 볼 수 있다. 따라서 이와 관련한 공론 과정에 참여할 시민의 모집단은 전 국민이 아니라 지역주민으로 설정하는 것이 더 적합하다고 볼 수 있다.

실제로 신고리 5·6호기 공론화위원회는 최종 보고서에서 장기적으로 원전에 대한 의존도를 줄여 나갈 것을 권고하면서, 탈원전 관련 쟁점에 대해 언급하고 있다. 탈원전 정책이 전 국민의 정책 갈등 사안이었기 때문에 논의에서 빈번하게 제기되었다고 설명한다. 그러나 탈원전 정책은 공론화위원회에 부여된 의제 사항이 아닐뿐더러 숙의 과정에서 학습과 논의의 핵심 사안도 아니었다. 따라서 공론조사 결과에 포함될 이유가 없는 내용이었다. 이로 인해 객관적이고 중립적으로 진행된 공론조사의 최종 권고 결과에 일부 정당한 근거가 없는 내용이 포함되어, 최종 권고가 객관성을 잃어버리는 결과를 초래했다. 이러한 혼선은 기본적으로 신고리 공론화위원회가 정책 갈등의 모집단에 대해 정확한 판단을 하지 못한 데 기인한다.

둘째, 신고리 5·6호기를 둘러싼 정책 갈등의 성격이 가치관에 따른 차이인지, 이해관계의 충돌에 의한 것인지, 아니면 과학적·기술적 규명이 필요한 것인지에 대해 공론화위원회가 충분히 고려하여 명확히 판단해야 했다. 사회적 갈등은 대부분 이 세 가지 요소를 모두 내포하고 있어서, 과학적·기술적 분석에 기초하여 이해관계를 둘러싼 흥정과 함께 이성적 판단과 설득을 통해 숙의 과정을 거친다. 그러나 어떤 사안에서는 객관적 판단이 훨씬 중요하며, 또 다른 사안에서는 이해관계자 사이에 이익과 비용을 두고 조율하여 타협안을 도출하는 것이 적절할 수도 있다. 숙의 과정을 통해 설득하고 합의해야 하는 경우는 가치관의 차이로 입장이 충돌할 때다. 신고리 5·6호기 건설 중단·재개의 쟁점은 주로 과학적·기술적 사안이어서, 공론화위원회는 숙의 과정에서 참여자에게 과학적·기술적 지식을 제공하고, 전문가들에게 이에 대해 자세히 설명하도록 했다(김건희, 2019). 따라서 신고리 5·6호기 건설 중단·재개에 관한 결정은 전문가의 자료에 대한 과학적 분석과 논리적 판단에 기초하여 시민들이 중립적·객관적으로 판단한 것으로 평가된다.

셋째, 숙의 결과의 설득력과 법적 구속력에 관한 측면이다. 표본추출방법으로 선정된 참여 시민들은 통계적 대표성을 가지나 법적·실질적 대표성이 없으며, 그 결론도 여전히 가설적 성격을 가진다(최태현, 2018; 정형안·이윤석, 2020). 따라서 숙의를 통해 도출된 결론은 정제된 동시에 인위적으로 구성된 내용으로, 법적 권한을 가진 결정권자에 의해 인정받아야 할 필요가 있다. 그러나 국무총리는 공론화위원회의 활동 시작 전부터 그 결과를 그대로 수용하겠다는 뜻을 천명했다. 논의의 결과만을 중시하는 이 같은 태도는 논의 과정을 중시하는 숙의의 취지와 배치된다. 또한 공론화위원회에서 우려한 바와 같이 오차 범위 내에서 서로 다른 의견이 도출되었다면, 논의 결과를 그대로 수용하기가 불가능했을 것이다. 한편 신고리 5·6호기 공론화위원회의 최종 결과 보고서에는 건설 중단·재개의 양론에 관한 내용과 근거에 관해 설명 없이 통계적 수치만 제시되어 일반 국민이 그 내용의 일관성과 타당성에 대해 파악할 기회를 제공하지 않았다. 이는 마치 재판에서 판사가 판결문 없이 유죄를 판정한 모양새와 같다. 캐나다 온타리오주의 시민회의에서 숙의를 통한 공론조사 과정과 그 결론에 대해 설득력 있게 설명한 것과 대조를 이룬다(Citizen's Assembly, 2007). 숙의 과정과 도출된 결론이 타당하고 설득력 있다면, 그것을 수용하는 일은 어렵지 않을 것이다.

전 국민을 모집단으로 삼아 공론을 도출하는 방식은 신고리 5·6

호기 공사 중단·재개보다는 국가 에너지 공급 정책으로서 탈원전 정책에 관한 쟁점에서 더 적합했다고 판단된다. 탈원전에 관한 정책 갈등을 풀어 나가기 위해서는 원자력발전의 안전성과 신재생에너지원의 경제성에 대한 과학적 분석과 경제적 타당성을 고려한 합리적 타협이 필요하며, 이것이야말로 환경 및 안전에 관한 이성적 숙의가 필요한 정책 갈등이다.

5. 시민참여 공론조사의 이론적 보완과 정책적 유용성

민주주의 사회에서는 다양한 가치관이 공존함에 따라 특정 정책 사안에 대해 반대되는 의견으로 사회갈등이 계속될 수밖에 없다. 이를 해결하기 위해 정부뿐만 아니라 이해관계에 속한 시민들이 정책 과정에 참여하는 협력적 거버넌스가 효과적으로 활용되어야 한다. 서로 다른 생각과 이해관계를 가진 사람들이 사실 관계를 정확히 파악하고, 서로의 이익과 손해를 흥정 및 설득하여 서로 합의할 수 있는 대안을 만들어 간다면, 모두가 수용할 수 있는 올바른 정책을 수립하고 집행해 나갈 수 있게 된다.

이러한 협력적 거버넌스의 다양한 모습 가운데 시민들에게 평등한 참여 기회를 보장하고, 참여한 사람은 필요한 자료를 이해한 후 숙의를 통해 공론을 도출하는 시민참여 공론조사는 잘 사용하면 매우 유익한 제도가 될 수 있다. 이미 세계 여러 나라에서 시도한 바 있으며, 문재인 정부에서도 신고리 5·6호기 공사의 중단·재개를 두고 진행하여 성공적인 갈등관리 사례로 뽑힌다. 그러나 한계점도 있었다. 이 장에서는 공론조사 진행 과정을 정책 갈등의 맥락에서 적절성을 분석한 다음 그 한계점을 보완하고 정책적 적절성을 제고하는 방안을 제시했다. 특히 피시킨이 고안한 시민참여 공론조사 제도를 정책 갈등을 관리하고 해소하는 목적으로 사용하기 위해서 정책 갈등의 맥락과 시민참여 공론조사의 구조가 적절하게 연결되어야 한다는 비판적 시각을 신고리 공론화 과정에 적용하여 다음과 같이 살펴보았다.

첫째, 갈등의 당사자를 명확히 파악하여 모집단을 정확하게 설정해야 한다는 점을 지적했다. 사안에 따라 모집단을 전체 국민으로 할지, 특정 지역 주민으로 할지를 정확히 판단해야 한다. 모집단이 정확히 설정되지 않으면 통계적으로 엄격하게 표본을 추출하더라도 그 표본은 대표성이 취약해지기 때문이다. 둘째, 쟁점의 성격을 정확하게 이해하고 시민참여 공론조사가 적절한 방법인지 파악해야 한다. 갈등의 성격이 이해당사자의 흥정이나 과학적·기술적 전문가의 연구와 분석을 통해 타협안을 찾을 수 있는 것인지, 아니면 숙의를 통해 합의를 끌어내는 게 적절한 것인지를 파악할 필요가 있다. 셋째, 숙의를 통해 도출된 공론이 정제된 내용인 동시에 인위적으로 구성된 가설적 결론이기 때문에, 민주주의 법적 체계에서는 의사 결정 권한을 가진 주체가 이를 인정하는 절차가 있어야 한다. 정책에 대한 책임은 법적 의사결정자가 져야 하기 때문이다.

신고리 5·6호기 공론화위원회 주관의 시민참여 공론조사는 피시킨이 제시한 원칙인 대표성과 숙의성을 충실하게 지키면서 전반적으로 깔끔하게 진행되었다고 평가할 수 있다. 이러한 경험은 앞으로 공론조사를 실시하는 데 매우 유익하게 활용될 것으로 판단된다. 그러나 신고리 5·6호기 정책에 따른 갈등의 맥락에서 시민참여 공론조사가 적절하게 연결되었는지에 대한 판단은 다를 수 있다. 구체적으로 신고리 5·6호기 건설 중단·재개와 관련한 갈등 당사자가 전 국민인지 아니면 지역 주민 등 제한된 범위의 시민인지 좀 더 분명한 분석과 판단이 필요했다.

신고리 5·6호기 정책 갈등은 과학적·기술적 쟁점이 두드러진 사안으로, 숙의를 통한 공론조사보다 전문가들의 과학적·기술적 분석과 판단으로 해결하는 것이 더 적절했다고 볼 수 있다. 한편, 전 국민을 모집단으로 한 시민참여 공론조사는 탈원전 정책에 대한 갈등을 해결하는 데 필요하다고 판단된다. 탈원전을 통한 장기적 국가 에너지 정책에 대한 이견과 갈등이 첨예한 상황에서 이를 적용하여 합의를 이루었다면, 훨씬 더 유용한 해결 방안이 나왔을 것으로 보인다.

셋째, 시민참여 공론조사를 실시하기도 전에 그 결정을 그대로 수용하겠다는 정부의 태도와, 최종 보고서에 통계적 수치에 따른 결론만을 간단히 제시한 공론화위원회의 입장은 숙의 과정을 통한 공론조사의 취지에 부합하지 않는 태도라고 지적할 수 있다. 표본으로 선정된 시민의 숙의를 통해 도출된 의견이 법적·제도적 구속력을 가져 수용되는 것이 아니라, 정제된 내용이 타당하고 설득력이 있어 정책으로 수용될 수 있는 것이다. 그러나 공론화위원회의 최종 보고서는 원자력발전소 건설 재개를 찬성하는 입장과 반대하는 입장에 대해 단순히 통계적 결과만을 보고했다. 이렇게 결론만을 중시하는 접근은 숙의 과정을 통한 공론조사의 취지에 부합되지 않는 태도로 매우 아쉽다.

이러한 문제점에도 불구하고 신고리 5·6호기 건설 중단·재개에 대한 정책 갈등을 시민참여를 통한 공론조사로 해결한 경험은 앞으로 정책 갈등을 해결하는 데 매우 유익할 것이다. 다양한 가치관이 공존하는 민주주의 사회에서 불가피하게 발생하는 갈등을 해결하는 데 유용한 제도라 하겠다. 그러나 앞서 지적한 바와 같이 시민참여 공론조사가 모든 상황에서 유용하게 활용될 수 있는 것은 아니며, 도출된 공론의 결과에 대해서도 무조건 수용하는 대신 민주적 정치 과정에서 법적·정책적 책임성을 확보하는 과정이 꼭 필요하다는 점을 지적하고자 한다. 이러한 점을 염두에 두고 탈원전 정책과 같이 전 국민적 갈등을 초래하면서 가치 판단이 필요한 공공정책에 대해 시민참여 공론조사 등의 형식을 빌려 숙의하고 공론을 도출한다면, 사회갈등을 적절히 관리하면서 효과적으로 정책을 추진해 나갈 수 있을 것이다.

7장

보편적 복지국가와 기본소득

보편적 지급인가, 보편적 보장인가?

1. 코로나19 대유행과 기본소득 논쟁

2019년 말 중국에서 발생한 코로나19가 세계 각국으로 확산되면서 전 세계에서 400만 명 이상의 사망자가 발생했고, 2억 명에 가까운 사람이 감염으로 고통받았다(WHO, 2021). 감염병에 대응하기 위해 전례 없이 강력한 방역 조치를 시행하면서 세계 모든 나라가 경제적으로 깊은 침체와 불황을 겪었으며, 한국도 엄격한 사회적 거리두기 조치로 경제 활동에 많은 제한이 장기적으로 가해졌다. 이로 인한 경제적 피해 가운데서도 중소상공인, 자영자, 일용 노동자 등 경제적 약자의 피해가 매우 커 안타까움을 더했다. 시민들이 이러한 어려움을 극복할 수 있도록 많은 국가가 긴급경제지원 정책을 펼치는 가운데 모든 시민에게 긴급재난지원금이 지급되었다.

2010년대 초부터 정치인들이 선거공약으로 제시하면서 정치적 논쟁의 대상이 된 보편적 기본소득에 대한 사회적 관심은 이러한 상황에서 더욱 뜨거워졌다(양재진, 2021; 천연옥, 2020). 더욱이 2020년 국회의원 총선 직전에 지급된 재난지원금이 여당의 대승 결과에 많은 영향을 주었다는 인식으로 인해, 정치인들에게 기본소득은 매력적인 정책 수단으로 대두되었다. 그러나 한편으로는 지속가능성이 없는 대중영합주의에 불과한 정책이라는 비판도 컸다. 이러한 논쟁은 격화되면서 객관적이고 합리적인 논의보다 정치적 성향에 따라 대립하는 양상을 띠었다. 이에 따라 복지국가가 추구해야 하는 보편성 원칙과 지원과 보호가 필요한 사람을 파악하는 선별성 원칙이 마치 둘 중의 하나를 택해야 하는 식의 이분법적 사고로 이어져 많은 혼선을 야기하고 있다. 더욱이 2022년 대선을 앞두고 집권당의 이재명 후보는 모든 국민에게 보편적 기본소득을 제공하겠다는 공약을 제시하고, 이에 많은 사람이 정부에서 돈을 나누어 준다면 받는 것이 나쁘지 않다고 생각하기도 했다. 이렇게 복지국가의 보편성 원칙이 정치적 논쟁 및 선거와 맞물리면서 복지국가의 바람직한 정책 목표로서 정책 수단을 설계하는 데 커다란 혼선을 초래하고 있는 현실이다. 앞으로도 보편적 기본소득과 같은 정책에 관해 의견 대립으로 갈등이 발생할 가능성이 크기 때문에 이에 대해 깊이 있는 논의는 매우 중요하다.

이러한 맥락에서 7장에서는 복지에 대한 권리와 책임의 관점에서 보편적 복지의 규범적 근거를 깊이 있게 살펴보고자 한다. 특히 보편적 지급이 아닌 보편적 보장이 보편적 복지국가의 정책 수단 설계의 원칙이 되어야 함을 제시하고자 한다. 복지에 대한 권리는 복지를 제공해야 하는 정당한 책임과 균형을 이룰 때 실질적으로 보장된다는 관점에서 보편적 보장의 원칙을 제시할 것이다. 이러한 논의에 앞서 2절에서는 보편적 기본소득의 당위성을 주장하는 이론과 주장을 소개하고, 3절과 4절에서는 보편적 복지의 규범적 근거를 통해 보편적 기본소득이 추구하는 보편적 지급의 약점과 한계를 비판적으로 분석하고 그 대안으로서 보편적 보장을 제시한다. 5절에서는 지금까지 나타난 선별적 복지의 문제점을 지적하고 보편성과 선별성이 조화를 이루는 대안을 제시할 것이다.

2. 보편적 기본소득에 관한 여러 정책 대안

개발도상국의 현금이전 정책

정책 수단으로서 기본소득에 대한 논의는 상당히 오랫동안 진행되었다. 2000년대 이후 여러 개발도상국에서 현금이전 정책을 시행했는데, 정책의 효과성 측면에서 조건부 현금이전 정책보다 무조건부 현금이전 정책이 우월하다는 주장들이 제기되었다. 이러한 맥락에서 개발도상국에서 보편적 소득이전 정책에 관한 관심이 높아졌다. 예를 들어 현금이전 정책을 가장 선도적으로 실시했던 브라질의 보우사 파밀리아Bolsa Familia는 빈곤한 가정을 대상으로 한 현금 지원이며, 보우사 이스콜라르Bolsa Escolar와 멕시코의 오퍼튜니다데스Opportunidades는 취학 아동이 있는 가정을 대상으로 한 지원이다. 이 가운데 보우사 파밀리아와 오퍼튜니다데스는 아동을 반드시 학교에 보내는 조건을 만족해야 현금이 지급되는 정책이다(Leisering, 2009). 볼리비아의 보노 주아나 아주르듀이Bono Juana Azurduy와 같은 지원 프로그램은 임신부가 주기적으로 병원 진료를 받는다는 조건을 충족해야 현금을 받을 수 있다(전혜선, 2022). 라틴아메리카에서 시작된 현금이전 정책은 세계은행의 정책 이전 지원을 통해 인도네시아와 필리핀에서도 실시되었다. 특히 이들 나라의 현금이전 정책은 2008년 세계 금융위기에서 빈곤층이 받는 경제적 충격을 완화하기 위해 도입되었다(Kim & Yoo, 2015; Kwon & Kim, 2015).

이와 같은 현금이전 정책은 사회정책 가운데 빈곤한 가구에 소득을 지원하는 전형적인 공적 부조다. 그러나 2000년대 여러 개발도상국에서 실시한 현금이전 정책은 이전의 선진국에서 실시한 소득지원 정책에 비해 세 가지 독특한 특징을 가진다. 첫째, 개발도상국에서 소득이전 정책이 시행되었다는 사실 자체가 커다란 특징이다. 대부분의 개발도상국은 경제적으로 낙후되어 있어 정부의 재정적 여력이 낮기 때문에 극빈층에 최소한의 지원 정책을 제외하고는 소득이전 정책의 시행이 매우 어려웠다. 개발도상국에서 실시되는 사회정책은 공무원이나 대기업의 근로자를 대상으로 아주 제한적으로 실시되는 상황이었다. 이러한 맥락에서 상당히 많은 빈곤 가구에 어느 정도 수준의 현금이 지원된 현금이전 정책은 아주 새롭고 대담한 시도였다(Hanlon, Barrientos & Hulme, 2010). 이러한 시도가 가능했던 것은 브라질, 베네수엘라, 볼리비아와 같은 나라에서 수립된 진보 정권이 천연자원 등으로 얻은 재정 수입을 빈곤층을 지원하는 정책에 사용했기 때문이다.

둘째, 개발도상국에서 새롭게 도입된 현금이전 정책은 소득지원뿐만 아니라 교육과 보건과 연계하여 빈곤층의 인적자본 축적을 도모하는 사회투자의 성격을 가진다. 집안 형편 때문에 학교에 가지 못하고 일터에서 돈을 벌거나 거리를 떠돌아다니며 시간을 허비하는 아이들이 학교에서 공부하고 기술을 익힌다면, 장래에는 빈곤에서 벗어날 수 있을 것이라는 희망이 조건부 현금지원 정책에 담겨 있다. 1990년대 말까지 신자유주의에 경도되어 있던 세계은행 등 국제기구들이 사회투자의 관점을 적극적으로 채택하면서 개발도상국에 이와 같은 현금지원 정책을 이전하는 데 노력한 결과이기도 하다(Kwon & Kim,

2015).

셋째, 제도적 기반이 충분하지 않아 개발도상국이 이와 같은 현금 이전 정책을 효과적으로 실시하기가 매우 어렵다는 점으로 인해 나타난 특징이다. 빈곤 가정을 대상으로 한 현금지원 정책은 소득수준에 대한 정확한 정보에 기초해야 하는데, 개발도상국은 경제의 비공식 부분이 매우 크고 조세제도의 미비로 비공식 부문의 소득에 대한 정보가 존재하지 않거나 매우 빈약하여 정책 대상을 정확히 파악하기가 어렵다. 이 때문에 지원받아야 하는 빈곤 가구에 현금이 전달되지 않거나 반대로 수급 대상이 아닌데도 지원받는 사례가 빈번하게 발생한다. 전자의 경우 정책이 의도한 결과를 달성하지 못하는 비효과성의 문제를 초래하며, 후자의 경우에는 불필요한 재원이 낭비되는 비효율성이 발생한다.

따라서 조건부 현금지원 정책은 많은 비판을 받았는데, 그 가운데 음칸다위르는 현금지원 정책에 조건이나 자격 요건을 부과하지 말고 모든 사람에게 지급하는 것이 훨씬 효과적이라고 주장했다(Mkandawire, 2005). 이를 달리 표현하면, 보편적 현금지원 정책이 선택적 현금지원 정책보다 효과적이라는 말이다. 음칸다위르의 논거는 빈곤 가구의 소득에 대한 정확한 정보가 없는 상태에서 이를 파악하기 위해서는 많은 비용이 들고 그 결과도 부정확할 뿐 아니라, 개발도상국의 국민 대부분이 빈곤한 상황이기 때문에 모두에게 지원하는 것이 정책 목적 달성에 훨씬 더 효과적이라는 지적이다. 개발도상국의 상황을 고려하면 타당한 주장처럼 보인다. 그러나 개발도상국의 발전이라는 장기적 관점에서도 과연 타당할까?

보편적 기본소득의 두 가지 대안

경제적으로 풍요롭고 복지국가가 정착된 나라에서 보편적 기본소득에 관한 논의는 개발도상국과는 다른 맥락에서 전개되었는데, 서로 다른 이론적 관점에서 제시된 두 가지 기본적 대안이 존재한다. 먼저 보편적 기본소득에 관한 논의에 불을 댕긴 인물은 필리프 판 파레이스로(Philippe van Parijs, 1995), 그는 소득에 관한 기준이나 일에 대한 조건 없이 사회의 모든 개인에게 기본소득을 제공하여 실질적 자유를 누리게 해야 한다고 주장한다(van Parijs, 2013). 판 파레이스가 제안하는 보편적 기본소득은 소득 기준에 따라 지급하는 소득지원 프로그램과 세 가지 측면에서 분명히 구별된다. 첫째, 기본소득의 수령 주체는 생활을 영위하는 가구가 아니라 개인이다. 따라서 한 사람 한 사람에게 별도로 지급된다. 둘째, 소득 기준이 없으므로 높은 소득을 가진 사람에게도 지급된다. 셋째, 구직 활동을 하거나 직업 교육을 받는 조건이 없으므로 수급자에게 특별한 의무를 부과하지 않는다.

판 파레이스는 이 같은 보편적 기본소득은 인간에게 실질적 자유를 제공한다고 주장한다. 모두가 기본소득을 받으면 자신이 원하지 않는 직장에 매달리지 않아도 되고, 가정에서 배우자에게 의존하지 않을 수 있는 자유를 갖게 된다는 것이다(van Parijs, 2013). 실제로 미국의 알래스카주와 이란과 같은 나라에서 보편적 기본소득과 같은 프로그램이 운영되고 있으며, 이 제도가 도입되면 소득 기준에 따라 주어지는 소득지원 프로그램에서 나타나는 빈곤 계층이 정부의 지원에 의존하여 노동하지 않으려 하는 '빈곤의 덫'과 같은 현상이 나타나지 않을 것이라고 주장한다. 판 파레이스는 보편적 기본소득은 이와 같은 사회적 효과뿐만 아니라 인간의 실질적 자유를 신장시킨다는 측면에서 윤리적으로 탄탄한 기반을 갖추고 있다고 강조한다. 그러나 그가 제시하는 보편적 기본소득이 진정으로 윤리적 측면에서 타당한 설득력을 가지고 있는가?

흥미롭게도 보편적 기본소득은 판 파레이스처럼 사회주의 유토피아 관점뿐만 아니라 자유를 최대한 누리기 위해 국가의 개입을 최소화해야 한다는 자유지상주의적 입장에서도 제시되고 있다. 대표적으로 미국의 복지국가 개혁을 주장하는 C. 머리는 21세 이상의 모든 미국인에게 매년 1만 달러를 지급하자고 제안한다(Murray, 2006). 이렇게 지급된 현금으로 사회보장연금, 의료보호, 노인의료보험, 빈곤 가구 소득지원 등의 복지 프로그램을 대체하자는 주장이다. 이는 만성적으로 재정적 수요가 증가하는 복지예산을 통제하고, 개인은 자신의 선택에 따라 지급된 현금을 사용하여 복지에 필요한 서비스를 구매하는 등 생활에 사용할 수 있다는 논거를 제시한다. 여기서 머리가 제안하는 보편적 기본소득에서 다음과 같은 특징을 도출해 낼 수 있다. 첫째, 지급된 현금으로 각자 필요한 서비스를 시장에서 구매하니 복지국가에서 제공되는 사회서비스는 모두 폐지하자는 제안을 담고 있다. 둘째, 모두에게 똑같이 지급되지만, 시장소득수준에 따라 지급된 기본소득에 세금을 부과하여 결과적으로 차등 지급된다. 셋째, 21세 미만의 아동과 청소년에게는 지급하지 않는다는 점에서 보편적이지 않다. 이 같은 제안은 미혼모 가정에 대해 엄격한 제한을 두려는 것을 목적으로, 미혼모의 복지의존성에 대한 그의 오랜 관심에서 비롯되었지만(Murray, 1984), 자유지상주의 관점과는 모순된다.

이러한 세 가지 특징 가운데 자유지상주의 관점에서 가장 핵심적인 내용은 보편적인 현금 지원으로 복지국가에서 제공되는 사회서비스를 완전히 대체하자는 것이다. 국가가 개개의 시민이 선호하는 복지서비스를 미리 결정하여 제공하는 것은 효율적이지 않을뿐더러 개인의 자유를 침해하는 것이라고 주장한다. 현금을 지원하면, 시민 각자가 선호하는 서비스를 시장에서 선택하는 자유를 행사할 수 있기 때문이다. 자유지상주의 관점에서 이렇게 제안된 보편적 기본소득은 이론적으로 타당한가?

3. 보편적 복지국가의 규범적 논거와 보편적 보장

복지 제도는 역사적으로 오래전부터 존재해 왔지만, 사회보장이 시민의 권리로서 인정받기 시작한 것은 제2차 세계대전 이후부터다. 영국에서 사회정책 연구의 선구적 역할을 했던 T. 마셜은, 영국의 역사적 경험에 기초하여 사유재산과 종교 및 사상의 자유를 인정한 공민권의 확립(18세기)에서부터, 정치참여의 권리(19세기)와 적정한 수준의 삶을 영위하는 데 필요한 경제적 자원을 보장받는 사회적 권리의 확립(20세기)으로 시민권이 발전해 왔다고 해석했다(Marshall, 1964). 여기서 사회적 권리에 대한 의미는 복지 혜택이 정부나 국가 지도자의 자비로운 은혜가 아니라, 시민으로서 정당히 누려야 할 몫이라는 뜻이다. UN의 세계인권선언에서도 시민으로서 정당한 활동과 사회적 지위에 필요한 일정한 수준의 경제적 자원과 안녕한 생활을 인간의 권리로 천명했다(Morsink, 1999). 또한, 이러한 권리는 일부 사람에게만 국한되지 않고 공동체 성원 모두에게 보편적으로 부여되어야 한다고 강조했다.

따라서 시민의 사회적 권리를 보장하기 위해 보편적 복지국가를 만들어 가는 노력은 인간의 자유를 존중하는 민주주의 국가에서는 필수적이다. 그러나 법적으로나 정치적으로 권리를 인정한다고 해서 보편적 복지국가가 자연스럽게 실현되는 것은 아니다. 보편적 복지국가를 실현하기 위해서는 많은 경제적 자원이 필요하며, 운영을 위한 행정 제도를 잘 갖추어야 실질적으로 정책 효과를 발휘할 수 있기 때문이다. 많은 개발도상국에서는 필요한 자원과 기반이 되는 제도를 갖추지 못하여, 의료보험이나 연금과 같은 복지 제도를 도입할 때 국민 일부만을 대상으로 먼저 시행할 수밖에 없는 현실이다. 우리나라도 1970년대 말 의료보험과 국민연금을 도입할 때 전 국민이 아닌 대기업 종사자와 공무원 등을 대상으로 시작했고, 오히려 생활이 어려운 사람이나 자영업자, 농민은 제외되었다(권혁주, 2007). 이렇게 선택적으로 복지 제도가 시행된다면 보편적 복지국가라고 말할 수 없으며, 국민 모두에게 사회적 권리를 보장하는 보편적 복지국가는 여전히 달성해야 할 가치로 남아 있게 된다. 지금도 여전히 복지국가의 보호를 받지 못하는 사각지대가 있어 한국은 보편적 복지국가를 달성하기 위해 끊임없이 노력해야 한다.

그런데 여기서 사회적 권리로서 제공되어야 할 복지의 내용이 무엇인가 하는 질문을 제기해 볼 필요가 있다. 앞에서 간략히 소개한 것처럼 판 파레이스는 소득수준을 막론하고 모두에게 보편적 기본소득을 제공해야 한다고 주장한다. 그러나 일정한 수준의 생활을 유지하는 데 필요한 소득에 못 미치는 사람뿐만 아니라 소득수준이 높은 사람에게도 기본소득을 제공하자는 주장은 타당한가? 보편적이라는 관점에서 보면 모두에게 제공되는 것이 맞지만 소득수준이 높은 사람에게 기본소득을 지급하는 것이 타당하다면, 모든 국민에게 자동차를 지급하자는 주장은 왜 말이 되지 않는다고 할까?

이 질문에 답하기 위해서 우리는 사회적 권리를 책임의 관점에서 살펴봐야 한다. 사회적 권리는 저절로 보장되는 것이 아니라 시민들이 책임을 다함에 따라 조성된 자원을 공유하는 것이다. 이렇게 정당한 책임과 권리가 짝을 이루어야만 사회적 권리가 실질적으로 보장될 수 있다. 그렇다면 시민들이 다른 시민의 사회적 권리를 보장하기 위해 경제적·사회적 자원을 제공해야 할 책임은 어디에서 오는가? 자기 나름대로 판단과 선호에 따라 삶을 살아가는 시민들이 다른 사람의 삶에 대해 일정한 책임을 져야 하는 근거는 무엇인가?

1장에서 논의한 바와 같이 우리는 자유로운 시민으로서 모두가 평등하다는 점에서 논의를 풀어가 보기로 하자. 다시 말해, 우리는 모두 각자의 삶을 살아가지만, 공동체의 성원으로, 인간으로서 동등한 인격을 가지고 자기 삶을 영위할 가장 기본적인 권리를 소유하고 있다. 그리고 공동체의 의사를 결정하고 운영하는 공직에 참여할 기회를 갖는다(Rawls, 1971; 1982). 이와 더불어 삶을 영위하는 데 누구에게나 필요한 일정한 기능 수행과 능력을 갖춰야 하며, 여기에 필요한 경제적·사회적 자원을 누릴 수 있어야 한다(Sen, 1993). 어떤 시민이 삶을 영위하는 데 요청되는 일정한 수준의 기능 수행과 능력을 갖추지 못하거나 그에 필요한 경제적·사회적 자원을 소유하지 못하게 된다면, 사회적 지원을 요청할 권리를 가지며 다른 성원들은 이에 부응하여 필요한 보호를 제공할 책임을 진다는 규범이 성립한다면 우리는 권리에 대한 책임을 도출해 낼 수 있게 된다.

근본적으로 사회적 권리를 보장해야 할 책임이 발생하는 원리는 이러한 권리를 누리기 위해 보호를 받아야 할 사람이 바로 자기 자신일 수 있기 때문이다. 자동차보험과 같이 우리가 위험에 대비하여 가입하는 보험으로 이를 설명해 보자. 어떤 사람이 자동차 사고를 겪어 가입한 자동차보험사에 보상을 청구하면, 보험회사는 보험금을 지급한다. 그러나 보험금은 보험회사가 부담하는 것이 아니라 보험에 가입한 가입자들이 납부한 보험료에서 조달된다. 보험 가입자는 보험료를 납부할 책임을 지는데, 그러한 책임이 발생하는 이유는 만일 자신이 자동차 사고를 당했을 경우 보상받을 정당한 권리를 인정받기 위해서다. 여기서 주목해야 할 점은 보험에 가입한 모든 사람이 보상금을 지급받는 것이 아니라는 것이다. 사고가 발생하지 않는다면 보험료를 납부해도 보상금이 지급되지 않는다. 그러나 가입자는 매우 중요한 혜택을 실제로 받고 있는데, 그 혜택은 사고가 났을 때 보상받을 것이라는 보장이다. 보험 가입자는 모두 사고 발생 시 보상받을 것이라는 보장을 받는 것이며, 보험금은 사고 났을 경우에만 받는다. 이렇게 시민의 사회적 권리에 대한 정당한 책임을 연결해 보았을 때 보편적 복지국가에서 사회적 권리는, 필요한 사람에게 혜택이 지급되는 선별적 지급과 모든 사람에게 보편적으로 혜택이 보장되는 보편적 보장이라는 점을 도출할 수 있다.[1]

이같이 보편적 지급이 아니라 보편적 보장이 사회적 권리의 핵심이라는 논거는 의료보험에서 더욱 분명히 드러난다. 우리나라에서 실시되는 국민건강보험처럼 전 국민이 공적의료보험으로부터 보장받는 보편적 의료보험을 생각해 보자. 어떤 사람이 고혈압 진단을 받아 치료를 위해 약을 복용해야 한다면, 의료보험을 통해 약을 처방받을 수 있다. 그러나 보편적 의료보험이라고 해서 의료보험에 가입한 모든 사람이 고혈압 약을 처방받아 복용하지는 않는다. 누구든 질병에

---

1 자동차보험과 같은 민간보험과 국가가 운영하는 사회보험이나 복지 제도는 비용부담 방식에서 차이가 난다. 민간보험은 기본적으로 위험도와 보상수준에 따라 보험료율이 결정되지만, 사회보험이나 조세는 부담 능력에 따라 정해진다. 소득수준이 낮은 사람은 보험료나 조세납부를 면제받지만, 사회보장은 마찬가지로 받는다.

걸렸을 때 적절한 치료를 받을 수 있다는 보장을 받는 것이다. 이러한 논리에 따르면, 기본소득은 일정한 소득을 보유하지 못해 지원이 필요한 사람에게 지급되고, 다른 사람들에게는 그러한 위험에 처했을 때 소득 지원을 받을 수 있다는 보장을 해 주는 것이 정당하다. 이렇게 보면 소득이 높든 낮든 누구에게나 보편적으로 기본소득을 지급하자는 판 파레이스의 주장은 옳지 않다는 점을 분명히 알 수 있다.

여기서 판 파레이스가 보편적 기본소득의 사례로 제시한 알래스카주의 기본소득의 사례를 좀 더 살펴보자. 기본적으로 알래스카에서 지급되는 보편적 기본소득의 재원은 알래스카주에서 채굴되는 석유 및 천연자원에서 조성된 알래스카 퍼머넌트 펀드Alaska Permanent Fund다(Berman, 2018). 알래스카의 천연자원은 근본적으로 자연의 선물이며, 알래스카 주민 모두의 것이라고 할 수 있다. 이러한 천연자원을 개발하기 위해 민간기업에 개발권을 부여했는데, 그 경제적 혜택이 기업에 집중되고 일반 시민에게는 배분되지 않는다면 옳지 않다. 땅속에 있는 천연자원을 채굴한다고 해도 민간기업은 그들이 창출해낸 부가가치만을 소유할 권리가 있다. 즉, 원래부터 있었던 천연자원에 대한 알래스카 주민의 몫은 사라지지 않는다. 이러한 몫을 주민에게 돌려주는 것이 알래스카에서 시행하고 있는 보편적 기본소득이며, 이는 시민들이 사회보장을 위한 보험료나 조세를 납부해 지급되는 복지정책과는 근본적으로 다른 성격을 갖는다.

그렇다면 개발도상국에서 조건을 부여하지 않고 모두에게 적용되는 현금지원 정책을 실시하자는 주장은 타당한가? 첫째, 대부분의 사람이 빈곤하게 살아가고 있으므로 소득 기준을 적용하지 않고 모두에게 지급하자는 주장에 대해 살펴보자. 실제로 많은 개발도상국에서 대부분의 국민이 빈곤하며, 그들의 소득을 파악하는 일은 매우 어렵고 비용도 많이 든다. 또한, 소득 파악을 통한 수급자를 선정할 때 오류도 자주 발생하는 편이어서 이와 같은 주장은 타당한 것처럼 보인다(Dutrey, 2007). 그러나 당장 편한 방법을 택하면서 소득 파악을 위한 행정적 제도를 갖추는 노력을 게을리 하면, 매년 똑같은 문제에 직면하게 될 것이다. 비록 당장 어려움이 있다고 해도 지속적으로 노력하여 이러한 행정적 기반을 갖추는 것은 매우 중요하며, 이러한 노력이 장기적인 발전을 가져온다. 또한 이러한 기반을 갖출 때 빈곤한 사람들에게 효과적으로 지원할 수 있게 된다. 실제로 2007-2008년 금융위기 이후 조건부 현금지원 정책을 실시하고자 했을 때 인도네시아와 필리핀은 소득을 파악하는 데 많은 어려움을 겪었다. 이후 두 나라는 지속적으로 행정 기반을 닦은 결과 2020년 코로나19 대유행의 와중에 강력한 봉쇄조치와 함께 경제적으로 어려움을 겪는 사람들에게 현금을 효과적으로 지원할 수 있었다(Kwon, 2020).

둘째, 개발도상국에서 모든 사람에게 현금 지원을 한다면 거기에 필요한 재원 조달 방법이 있어야 한다. 개발도상국은 정부의 재정이나 사회보험의 재정이 보편적 현금지원 정책을 감당하기가 어려운 반면, 다국적 민간기업에 자국의 천연자원에 대한 채굴 권한을 넘겨 그 혜택을 민간기업이나 소수의 권력자가 독점하고 국민이 받지 못하는 사례가 많다. 이 같은 현실을 생각한다면, 현금 지원을 위한 재원을 발굴할 여지는 많다. 예를 들어 볼리비아는 석유와 천연가스와 같은 천연자원에 의한 재원을 활용해 취학기 아동이 있는 가정에 현금을 지급하고, 임신과 출산을 앞둔 가정이나 빈곤한 노인 가구에 지원하는 프로그램을 운영해 많은 성과를 거두고 있다. 따라서 개발도상국에서 보편적 현금 지원의 논거는 타당성을 가진다. 그러나 이러한 경우에도 빈곤한 가정에 대한 지원, 교육 지원 등에 복지를 집중적으로 제공하고, 나머지 자원은 경제 발전을 위해 효과적으로 투자하는 정책이 바람직하다. 베네수엘라는 천연자원에 대한 혜택을 국민에게 돌려준다는 정책을 내세운 정권이 국정을 잘못 관리하여 결국 경제 파국으로 치달았으며, 이로 인해 모든 국민이 빈곤으로 더욱 고통받고 있다. 잘못된 논리에 기반해 복지국가를 운영한 결과 국가 경제가 붕괴 직전에 이른 사례를 보면, 사회정책과 경제정책이 선순환하도록 운영하는 것은 매우 중요하다.

4. 공공재로서 사회복지 서비스

지금까지 보편적 복지국가에서 규범적으로 타당한 소득지원 정책은 보편적 지원이 아니라 보편적 보장에 있다는 논거를 제시했다. 그러나 시민들이 살아가면서 빈곤뿐만 아니라 질병, 육아, 간병·요양 등 다양한 상황에 놓이게 된다. 또한, 실업 이후 재취업을 하기 위해 재교육을 받아야 하는 때도 있다. 이러한 어려움은 저소득층이든 중산층이든 상관없이 생애 주기 동안 누구나 직면하게 된다. 경제적으로 풍요로운 중산층도 육아에 도움이 필요하고, 가족 간병으로 가정이 커다란 어려움을 겪는 경우도 많다(유자영·권혁주, 2020). 맞벌이 가정의 경우 경제적으로는 여유로울 수 있지만, 시간적 여유가 없어서 육아나 가족들을 돌보는 일에 고생하는 사람들도 많다.

이렇게 삶의 과정에서 도움이 필요한 가정을 위해서 의료, 육아, 노인 돌봄과 같은 사회복지 서비스를 제공하여 생활의 어려움을 덜어 주는 것 또한 복지국가가 해야 할 중요한 일이다. 따라서 사회복지 서비스가 필요한 사람에게 도움을 제공하는 것이 보편적 복지국가라고 할 수 있다. 그러나 여기에서도 주의 깊게 봐야 할 점이 있다. 바로 사회서비스의 제공에서도 보편적 복지는 보편적 지급이 아니라 보편적 보장이라는 점이다. 육아를 위한 돌봄이 필요하지 않은 사람에게 당장 돌봄을 제공할 이유는 없다. 그러나 사람들이 돌봄이 필요한 상황에 직면하면 적절한 지원을 받을 수 있다는 보편적 보장이 중요하다. 이러한 보편적 보장은 G. 코헨이 말하는 "혜택에 대한 접근의 평등equality of access to advantages"과 맥을 같이한다고 볼 수 있다(Cohen, 1993).

그런데 앞에서 소개한 머리는 보편적 기본소득을 모두에게 지급하고 복지국가에서 제공하는 사회복지 서비스를 폐지하자고 주장한다. 그에 따르면, 복지서비스에 대한 개인의 선호를 스스로 판단하고 이를 시장에서 구매하도록 하는 것이 사회서비스를 가장 효율적으로 제공하는 방법이다. 또한, 공급자 사이의 가격 경쟁으로 서비스는 더욱 저렴하게 공급될 수 있다고 본다. 결론적으로 시장 기제를 통해 사회복지 서비스를 생산하고 소비하자는 주장이다. 그러나 이러한 주장은 사회복지 서비스가 단순히 개인이 소비하는 서비스 재화가 아니라 공동체가 유지되고 효과적으로 운영되는 데 필요한 공공재임을 간과한 것이다. 공공재는 물과 깨끗한 공기처럼 사람이 살아가는 데 꼭 필요한 동시에 공동체가 함께 생산하고 누리는 방식으로 사용되어야 하는 성격을 가진다. 따라서 공동체 성원들은 이러한 공공재를 창출하는 데 이바지할 책임과 동시에 그것을 누릴 권한을 가진다. 2019년 말부터 전 세계의 모든 나라를 고통받게 한 코로나19는 공공재의 중요성을 잘 말해 준다. 아무리 개인이 위생을 잘 지키더라도 공동체가 함께 대응하지 않는다면 코로나19와 같은 위협에서 개인은 효과적으로 대응할 수 없으며, 코로나19 대유행에서 벗어날 수 없다.

그러나 모든 공공재가 똑같은 성격을 가지는 것은 아니다. 어떤 공공재는 공동체가 존재하기 위해 꼭 필요한가 하면, 어떤 공공재는 공동체가 원활히 운영되는 데 필요하다. 깨끗하고 안전한 수돗물과 같이 공공재로서 꼭 필요한 것도 있으며, 사람들이 운동하고 휴식을 취할 수 있는 운동장과 같은 공공재도 있다. 또한, 음악과 예술 작품과 같은 문화적 공공재도 있듯이 사회마다, 시기마다 공동체 성원들의 판단에 따라 필요한 공공재도 다를 수 있다(Miller, 2004). 의료나 사회 서비스 가운데도 공동체 운영에 필요한 핵심적인 공공재도 있고, 사회에 따라 공공재로 인식되거나 그렇지 않은 것들도 존재한다. 예를 들어 과거에 육아는 가정에서 이루어지는 활동이라고 생각했지만, 이제 육아를 위한 돌봄서비스는 중요한 공공재로 인식되고 있다. 무엇이 공공재이며, 그 성격은 어떠한지는 사회가 처한 객관적 상황과 함께 사회성원들이 공유하는 내용에 의해 결정될 수 있다. 또한 이에 관한 이견으로 사회적 갈등이 발생할 수도 있다.

5. 필요한 사람에게 알맞은 혜택

지금까지 보편적 복지국가가 추구해야 할 보편성의 원칙은 누구나 어려움을 겪을 때 도움받을 수 있다는 보편적 보장이라고 주장했다. 소득이 없어 빈곤한 가정에 소득을 지원하고, 돌봄이 필요한 사람에게 돌봄서비스를 제공하며, 당장에는 이러한 문제에 직면하지 않은 시민들 모두에게 이 같은 복지 혜택을 보장한다는 내용이다. 따라서 소득이나 복지서비스를 실제로 지원하기 위해서는 소득 기준이나 사회복지 서비스의 수요와 필요에 대한 선별이 불가피하게 요구된다. 이러한 관점에서 보편적 복지국가의 원리로서 보편성과 선별성은 반드시 서로 충돌하는 원리가 아니다. 이러한 관점에서 T. 스코치폴이나 S. 데브뢰 같은 학자들은 '선별적 보편주의'라는 개념을 제시하기도 한다(Skocpol, 1991; Devereux, 2016).

그러나 복지국가의 역사적 경험을 되돌아볼 때 선별적인 복지정책으로 인한 많은 문제점이 발생한 것이 사실이다. 이 가운데 대부분의 사례가 보편적 복지국가와 보편적 보장의 원칙에 부합되지 않는 것으로서, 이에 대한 정확한 분석을 통해 개선 방안을 모색하는 것이 필요하다. 먼저, 복지 제도를 도입하면서 현실적인 어려움 때문에 행정적·재정적으로 정책 집행이 용이한 사회집단을 먼저 복지 제도에 포함하면서, 보호가 필요한 사람들은 제도에 편입시키지 않는 선별주의 사례다. 예를 들어 우리나라의 경우 의료보험을 1977년 처음 도입하면서 피고용인이 500인 이상인 대기업과 공무원 등을 대상으로 선정했다. 이 같은 도입 방식은 의료보험료를 부담하는 재정적 여력과 행정적 기반을 고려한 것이었지만, 이는 건강의 측면에서 훨씬 더 취약한, 즉 의료보장이 필요한 사람을 제외시킴으로써 사회적 형평성에 심각한 문제를 초래했다. 경제적·사회적으로 실질적인 보호와 보장을 받아야 하는 사람을 제외하고 부담이 가능한 사람들을 대상으로 하는 선별주의의 전형적인 문제를 보여 준 사례인데, 행·재정적으로 여유가 없는 현실에 우선 제도를 도입하기 위한 불가피한 선택이기도 했다. 그러나 이후 한국의 의료보험은 지속적인 확대 과정을 거쳐 전 국민을 대상으로 하는 보편적인 국민의료보험으로 탈바꿈했다.

선별주의의 두 번째 문제로는 선별성 기준을 해당 복지 혜택의 필요 여부를 판단하는 일차적 선별 기준 외에 소득수준이나 그 밖의 선별성 기준을 추가로 부과하는 경우다. 예를 들어 지방정부에서 노인

요양시설을 통해 제공하는 돌봄 서비스는 '요양의 필요'라는 일차적 선별 기준 외에 '소득 기준'을 적용하여 저소득 계층 노인만을 대상으로 하고 있다. 이 같은 경우 기준소득보다 더 많은 소득을 가진 노인은 요양이라는 필요가 있더라도 해당 복지서비스를 받을 수 없게 된다. 이러한 측면에서 이러한 선별성 기준의 중복 적용은 보편적 보장의 원칙에 부합하지 않는다.

그 밖에도 소득 기준의 추가 적용으로 해당 서비스의 질적 수준을 유지하기 어렵고, 복지 수혜자에 대한 사회적 낙인효과가 발생한다는 실질적 문제가 있다. 중산층을 포함해 사람들 대부분이 이용하는 공공서비스는 대체로 중산층이 요구하는 수준의 서비스를 유지하지만, 저소득 계층만이 이용하는 서비스는 서비스 수준이 낮아지는 경우가 많다. 그러면 서비스를 이용하는 사람들은 권리로서 서비스를 이용한다는 인식을 할 수 없고, 오히려 사회적 차별을 경험하게 된다. 소득 수준이 높은 계층은 필요한 서비스를 시장에서 구매하여 더 높은 수준의 서비스를 누림으로써 사회적 격차가 발생한다. 이와 같은 문제는 보편적 보장의 원칙에 부합하지 않는 선별적 복지 제도로 개선되어야 한다. 결국 이러한 차별적 복지 문제를 해결하기 위해서는 국민 모두에게 보장되어야 한다고 합의된 복지서비스를 하나의 선별 기준에 의해 제공해야 한다. 이렇게 선별적 지급과 보편적 보장을 조화롭게 적용한다면 보편적 복지국가를 달성할 수 있다고 판단된다.

6. 결론

6장에서는 많은 논란과 갈등을 야기하는 보편적 기본소득을 복지국가의 바람직한 원칙으로서 보편성을 중심으로 분석해 보았다. 복지에 대한 사회적 권리의 측면과 함께 복지를 제공해야 하는 사회적 책임의 측면을 함께 고려해야만 실질적인 사회적 권리가 보장된다는 논거를 통해, 보편성의 내용이 보편적 지급이 아니라 보편적 보장이라는 주장을 제시했다. 이러한 관점에서 개발도상국에서 제시된 보편적 현금 지원 정책을 비롯해 보편적 복지와 관련한 제안을 살펴보면서 그 한계와 문제점을 지적했다. 특히 판 파레이스가 주장한 보편적 기본소득은 권리의 측면만을 강조하고 책임의 측면을 간과하고 있으며, 머리의 제안은 공공재로서 사회복지 서비스의 성격을 간과한 주장이라는 것을 지적했다.

그런데 이러한 보편적 지급에 기초한 보편성을 옹호하는 주장이 선거에 승리하는 데만 몰입하는 정치권의 인기영합주의와 연결되면서 복지국가에 커다란 악영향을 끼치고 있다. 지금까지 살펴본 것처럼 조건을 따지지 않고 보편적으로 누구에게나 복지 혜택을 제공하는 정책은 복지국가의 규범적 기초를 훼손하는 것으로, 재정적 측면과 아울러 국민의 신뢰를 훼손하는 잘못을 범하게 된다. 국민의 신뢰를 잃어버리면 장기적으로 복지국가의 근간이 흔들리게 된다. 즉, 필요한 때 사회적 보호를 받을 수 없는 상황을 초래하게 되어, 결국 국민에게 피해가 돌아간다.

이러한 악순환을 막기 위해서는 보편적 보장의 원칙에 따라 모든 국민에게 알맞은 복지 혜택을 제공하는 복지국가를 추구해야 한다. 빈곤한 사람에게 소득을 지원하고 사회복지 서비스가 필요한 사람에게 알맞은 서비스를 제공한다면, 보편적 복지국가로서 제 기능을 수행할 뿐만 아니라 시민들도 스스로 계획한 경제 활동을 펼쳐 나가 경제도 성장하는 선순환 구조를 만들 수 있을 것이다.

8장

공적연금 갈등과 공무원연금 개혁 방향

형평성의 관점에서

1. 저출산·고령화 시대의 세대·집단 간 갈등

우리나라는 전 세계적으로 가장 빠르게 저출산·고령사회로 진입하고 있다. 2019년 출산율은 0.84명을 기록하고 있으며, 이미 2020년을 전후로 경제활동인구의 절대적 규모 감소 현상이 나타났다(통계청, 2021). 이와 더불어 65세 이상 고령인구 비율이 14%를 넘는 고령사회에 진입했고, 2026년에는 21%를 상회하여 초고령사회가 될 것으로 예상된다(최창용, 2018). 이러한 인구구조의 변화와 함께 가족구조도 급격히 변화하여 1인 가구와 2인 가구의 비중이 급증하고, 3-4명으로 구성된 전통적 핵가족의 비중이 감소하고 있다. 전체 가구에서 1인 가구가 차지하는 비중이 2020년 기준으로 30.3%이며, 2인 가구는 27.9%를 차지한다(통계청, 2022).

고령화로 인한 노인의 빈곤도 매우 심각한 사회적 과제로 대두되고 있다. OECD 기준에 따른 상대적 빈곤을 측정한 우리나라의 빈곤율은 13.8%로 다른 OECD 국가에 비해 크게 다르지 않지만, 노인의 상대적 빈곤율은 43.4%로 가장 높은 수준을 기록하고 있다(OECD, 2021). 이와 같은 노인인구의 빈곤은 과거의 가족구조가 급격하게 해체되면서 가정에서 노인 부양과 돌봄이 이뤄지지 못하는 상황에서, 공적연금과 같은 사회정책도 미처 성숙하지 못해 제 기능을 수행하지 못한 때문이다.

이렇게 공적연금 체계를 통해 안정된 노후 생활이라는 정책의 기본 목적을 효과적으로 달성하지 못하는 상황에서, 국민연금의 향후 재정 안정성에 대한 의문이 제기되고 있다. 특히 재정적 부담의 주체를 놓고 기성세대와 젊은 세대 간의 갈등이 두드러진다. 주요 언론의 사설에서 국민연금제도를 개혁하지 않으면 "1990년생 이후 세대는 연금을 한 푼도 받지 못할 수 있다"라고 주장하면서 연금 수급과 재정 문제는 세대 간 갈등의 측면으로 크게 부각되고 있다(『서울경제』, 2022. 1. 14). '적게 내고 빨리 받는' 국민연금의 보험료 및 수급 구조로 인해 연금 재정의 악화가 예상된다는 점도 강조하고 있다. 국민연금에 일정 기간 가입하여 이미 연금을 수급하는 사람에게는 현 제도가 유리하지만, 앞으로 오랜 기간 보험료를 내야 할 젊은 세대에게는 불리하다는 점에서 세대 간 형평성 문제도 제기되고 있다. 그러나 국민연금의 소득대체율이 지나치게 낮아 노후의 소득을 보장하기 어렵다는 측면에서 국민연금에 가입한 중장년 세대 역시 국면연금 문제에 대해 우려 섞인 목소리를 내고 있다.

이와 함께 국민연금과 공무원연금을 분리해 운영하는 공적연금 체계가 형평성에 어긋난다는 주장이 제기되면서, 국민연금 가입자와 공무원연금 가입자 사이의 집단 간 갈등도 노출되고 있다. 2022년 대통령 선거 때 안철수 후보는 국민연금과 공무원연금을 통합하는 공적연금 구조 개혁을 주장했다. 국민연금과 비교해 공무원연금의 연금수급액 수준이 높고, 공무원연금 재정에 정부가 보전금을 지급하고 있어 형평성에 맞지 않는다는 내용이다. 이에 대해 공무원연금은 보험료율이 더 높다는 점을 지적하면서 공무원 노조가 반박하기도 했다. 한편 공무원연금 가입자, 국민연금 가입자와 더불어 공적연금의 보호를 받지 못하는 미가입자도 여전히 많은 수를 차지하고 있어, 공적연금 가입을 둘러싼 사회집단 간 갈등은 점점 더 심해지는 현실이다.

그렇다면 저출산·고령화 시대에 제기되는 이와 같은 세대·집단 간 갈등을 적절히 해소하고 시민들의 안녕을 보장할 수 있도록 하는 사회정책의 개선 방안은 없는가? 형평성에 부합하는 공적연금 제도를 구성하기 위해 어떻게 제도를 개선해 나갈 것인가? 이 장에서는 공적연금 체계를 구성하는 핵심적 제도인 국민연금과 대비하여 공무원연금에 관해 객관적 자료에 근거하여 분석하고, 올바른 개혁 방향을 형평성의 관점에서 논의해 보고자 한다. 먼저 공무원연금과 국민연금이 지금까지 운영된 결과로 나타난 안정된 노후 생활 보장이라는 정책 효과에 대해 사후적ex-post 분석을 시도한다. 구체적으로 소비충당률에 대한 분석을 통해 정책의 효과성을 분석하고, 이를 기초로 하여 형평성에 부합하는 공무원연금의 적정성 및 재정적 안정화 방안에 대해 논의하고자 한다.

2. 노후소득 보장과 공적연금 체계

사람은 생애 주기별로 소득수준에서 커다란 변화를 겪는다. 아동·청소년기를 지나 경제활동을 하면서 소득수준이 증가하지만, 중장년을 지나 은퇴하고 나면 소득은 줄어든다. 그렇지만 우리는 삶의 주기에 따라 일정한 소비 수준을 유지하면서 살아가야 하므로 많은 사람이 저축과 투자 등을 통해 노후를 대비하고 있다. 그리고 이를 위해 사회적 차원에서 만든 제도가 소득보장 제도이며, 그 가운데 경제활동연령[1] 이후의 소득 감소 및 상실에 대비하여 운영되는 제도가 공적연금을 통한 노후소득 보장 정책이다. 경제적으로 능력이 있을 때 보험료를 납부하고 신체적·경제적으로 어려움을 겪는 노후에 도움받는 소득 보장 정책은 사회정의에도 잘 부합하는 제도다.

노후소득 보장 정책에는 정책 목적과 대상에 따라 재원의 원천과 조달 방식을 달리하는 다양한 프로그램이 존재한다. 재원 조달 방식에 따라 소득재분배 결과도 다르게 나타난다. 소득재분배라는 이차적 결과로, 부담하는 사람과 혜택받는 사람 사이에 사회적 갈등이 발생하기도 한다.[2] 먼저 노후에 빈곤선 이하의 소득 계층에게 정부의 재정을 기반으로 제공하는 공적부조 프로그램이 존재한다. 우리나라의 경우에는 국민기초생활보장법에 의한 소득지원 프로그램이 공적부조의 대표적 정책 사례다. 이 경우에는 65세 이상 노인뿐만 아니라 빈곤선 이하의 소득을 지닌 가구에 일정한 조건에 따라 지원한다([그림 8-1] 참조). 이 밖에 빈곤선 이상의 소득을 가지고 있더라도 일정한 기준에 따라 수급자를 선정하여 정부 재정으로 노인들에게 노령연금을 지급

---

1 경제활동연령은 15-64세이며, 65세 이후부터 노령이라고 할 수 있다. 생활수준과 의료의 발전으로 65세 이상 인구의 신체적·정신적 건강 상태 향상과 높은 노동 능력의 보유에 따라 경제활동연령에 대한 새로운 정의가 필요하다. 공적연금과 관련해서도 이에 대한 논의가 매우 중요하다.

2 사회보험의 일차적 목표는 사회적 위험에 대비하여 소득보장(공적연금), 의료보장(의료보험)을 제공하는 것이다. 이와 같은 일차적 목표를 추구하면 소득재분배와 같은 이차적 결과가 나타난다.

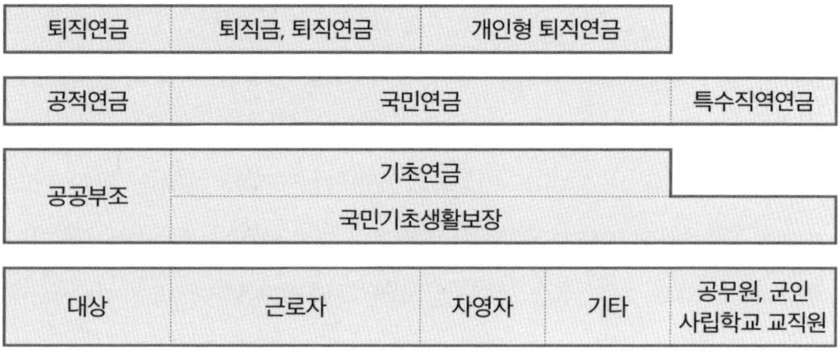

[그림 8-1] 노후소득 보장을 위한 공적연금 체계

하는 프로그램이 존재한다. 우리나라의 경우에는 기초연금이 이에 속하며, 소득수준 하위 70%의 노인들에게 매달 30만 원이 지급된다.

공적부조가 정부 재정으로 지원되는 반면, 국민연금과 공무원연금처럼 가입자가 경제활동을 하면서 일정한 기간 보험료를 납부하고 연금 수급 연령에 이르면 연금을 받는 사회보험 형태의 공적연금제도가 있다. 기본적으로 국민연금은 가입자 소득의 9%를 본인과 고용주가 반씩 나누어 낸다. 국민연금과 별도로 공무원연금을 포함하여 사학연금, 군인연금이 존재한다.[3] 공무원연금은 기준소득월액의 18%를 가입자인 공무원과 정부가 반씩 나누어 납부하며, 가입자의 기준 소득의 18%를 사학연금의 가입자, 학교법인 정부가 나누어 낸다.[4]

[그림 8-1]은 우리나라 노후소득 보장을 위한 공적연금 체계를 간단하게 표현한 것이다. 이러한 체계 속에서 근로자와 자영자 및 여

---

3 특수직역연금의 하나로 별정우체국연금이 별도로 존재한다.

4 사립학교 교직원의 경우 본인과 학교법인이 각각 9%를 납부하고, 교원의 경우 본인(9%), 학교법인(5.29%), 국가(3.7%)가 나누어 납부한다. 군인연금은 가입자와 국가가 기준 소득의 7%를 납부한다.

타 직종의 국민을 대상으로 한 국민연금이 운영된다. 국민연금에 가입하고 보험료를 정기적으로 납부하여 가입 기간을 축적하는 사람은 18-59세 인구의 54.1%를 차지하고, 특수직역연금 가입자는 5.3%이다. 같은 연령대 인구 대비 40.6%가 국민연금 수급 자격을 위한 납부 기록을 축적하고 있지 못하는 상황이다(국민연금연구원, 2020). 국민연금의 최소 의무 가입 기간을 달성하지 못하면 노후에 국민연금을 수급하지 못하게 되어, 노후 생활 보장에 큰 위협이 된다. 국민연금 납부 기록을 축적하지 못한 사람들은 노후 보장의 사각지대에 놓여 있다고 볼 수 있다. 이렇게 국민연금의 수급자 비율이 낮은 이유는 국민연금의 보험료를 가입자와 고용주가 함께 분담하는 보험료 납부 책임 구조에 기인한다. 이는 보험료의 반을 낼 고용주가 없는 자영업자, 실업자, 비경제활동 인구에게 국민연금 가입의 장애 요소가 된다. 또한, 같은 직장에서 상시로 일하는 정규직에 비해 직장을 자주 옮겨야 하는 비정규직, 임시직의 직장인에게도 불리하게 작용한다.

공적연금에 가입하여 최소 10년 이상 보험료를 납부하여 연금 수급 자격을 얻은 사람은 연금개시 연령에 도달하면 연금을 받게 되는데, 평균소득자가 40년 가입 시 40%의 소득대체율 수준의 연금을 받을 수 있도록 설계되어 있다. [그림 8-2]가 제시하는 국민연금 산식은 2007년 개혁의 결과로 정해진 것인데, 이에 따르면 평균소득에 비해 소득이 낮은 사람이 더 높은 소득대체율을 가질 수 있도록 구성되어 있다. 공무원연금은 최대 36년간 보험료를 납부하며, 2015년 개혁에 따라 연금지급률이 1.9%에서 1.7%로 단계적으로 낮아지게 규정되어 있다. 한편 공무원연금 지급률의 1%에 대해 일정한 소득재분배 기능이 작동하도록 규정되어 있다.[5] 이러한 산식에 기초하여 가입자는 은퇴 후 연금 개시 연령에 이르면 연금을 받는데, 실제 연금액은

국민연금

기본연금액 = 1.2(A+B) × (1+0.05 × n/12)

A: 연금 수급 전 3년간 전체 가입자 평균소득월액의 평균액
B: 가입자 개인의 전체 가입 기간의 기준소득월액의 평균액
n: 20년 초과 가입 월수

공무원연금

기본연금액 = 1.7% × B × n

B: 가입자의 전체 가입 기간의 기준소득월액
n: 가입 기간
단, 단계적 인하 1.878%(2016), 1.79%(2020), 1.74%(2025), 1.7%(2035)

[그림 8-2] 국민연금과 공무원연금 기본연금액 산식

가입자 각각의 소득 경력과 가입 기간에 따라 다르다. 국민연금과 공무원연금의 보험료율이 각각 9%와 18%로 다른 것처럼 지급률에도 차이가 있음을 유의해야 한다.

[표 8-1]은 65세 이상 노인 가운데 공적부조 혹은 공적연금을 수급하는 사람들의 비율을 나타낸 것이다. 이 가운데 공무원연금이나 사학연금을 수급하는 사람들의 비율은 2018년 기준으로 전체 노인인구의 4.47% 수준이며, 국민연금을 수급하는 사람이 41.71%를 차지한다. 1988년 제도가 시행된 이래 수급자가 꾸준히 증가했지만, 65세 이상 인구에서 공적연금 수급자의 비중은 여전히 매우 낮은 편이다.

연금 지급에 필요한 재원은 보험료 수입으로 충당하는데, 보험료를 관리하고 연금을 지급하는 재정 운영 방식은 프로그램마다 차이

5 ① 소득재분배=평균 기준소득월액×재분배 적용 비율×재직 연수×1.0%, ② 소득비례=평균 기준소득월액×재직 연수×(연금지급률-1%).

[표 8-1] 65세 이상 노인의 공적연금 수급자 비율

연도	65세 이상 인구 (명)	기초보장 수급자	기초연금 수급자	국민연금 수급자	공무원·사학연금 수급자
2016	6,987,489	6.02	65.57	37.50	4.27
2017	7,345,820	5.86	66.28	39.33	4.43
2018	7,638,574	7.11	67.10	41.71	4.47

자료: 정해식 외(2020: 57)의 표를 재구성

가 있다. 보험료로 조성된 기금을 재원으로 연금을 지급하는 기금 방식과, 연금 지급에 필요한 재원을 당시의 보험료 수입을 통해 바로 지급하는 부과 방식으로 나누어 볼 수 있다. 국민연금은 가입자가 납부한 보험료로 조성된 기금을 보험관리자인 국민연금공단이 운영·관리하는 기금 방식이다. 공무원연금은 기금 방식으로 시작했지만, 현재는 기본적으로 부과 방식으로 운영되고 있다. 공무원연금은 2019년 기준으로 12조 원의 기금을 보유하고 있으나, 기금은 실질적으로 연금 재정에 큰 역할을 못하고 있다. 연금 수입액으로 당해연도 연금지급액을 충당하고 부족분을 정부가 보전하고 있다(국회예산정책처, 2020). 따라서 공무원연금은 매년 연금 지출에 따라 수입을 맞추는 부과 방식으로 운영된다고 할 수 있다. 이렇게 정부 재정으로 공무원연금 부족분을 메우는 보전금이 그동안 정책 갈등의 기본 원인이 되었다. 공무원연금에 지원되는 보전금에 대해서는 형평성 관점에서 다음 절에서 논의한다.

그런데 기금 방식과 부과 방식은 제도의 초기에는 커다란 차이를 보이지만, 일정한 기금이 축적·유지되면서 수입과 지출의 균형이 맞춰지면 부과 방식으로 전환된다. 기금 방식의 경우 제도의 도입 초기에는 가입자가 보험료를 납부하는 동안 연금 수급자가 많지 않아 기

금이 축적된다. 이후 시간이 경과하여 최소 가입 기간을 충족한 수급자가 일정한 규모로 증가하여 수입과 지출이 균형을 맞추면서 부과방식으로 전환된다. 우리나라 국민연금의 경우 여전히 기금이 축적되는 시기로, 2018년 638.8조 원 규모가 축적 및 운영되고 있다(국회예산정책처, 2019). 2038년까지 재정수지 흑자가 지속되어 적립금 규모는 증가하다가 이후 점차 감소하여 2055년에 소진될 것으로 예상된다(국회예산정책처, 2020). 이러한 예측은 현재의 제도 규정이 유지되고 인구 및 경제성장 등에 관한 일정한 가정을 전제한 것으로, 이에 대비하여 적절한 제도 개선으로 수입과 지출 규모를 관리하는 일이 매우 중요하다.

3. 국민연금과 공무원연금의 형평성에 관한 쟁점

지금까지 여러 차례의 개혁에도 불구하고 공적연금 체계 속에서 국민연금과 공무원연금 사이에 형평성 문제가 여전히 제기되고 있다. 학계와 언론계 일부에서는 국민연금과 공무원연금을 비교할 때, 많은 차이가 존재하여 형평성에 부합하지 않는다고 주장한다. 이 절에서는 국민연금과 대비하여 공무원연금에 대해 제기되는 형평성 비판을 몇 가지 쟁점을 중심으로 분석하고, 형평성 기준에 부합하는 제도 개선 방안에 대해 살펴보고자 한다.

논의에 앞서 형평성에 대해 정확히 정의하는 것이 중요하다. 각각의 공적연금 정책이 가지는 성격을 이해하고 형평성 원칙에 따를 때 올바른 개혁 방안을 제시할 수 있기 때문이다. 형평성과 대비하여 평등은 비교 대상이 측정 기준에 따라 똑같다는 의미로 이해할 수 있다.

민주주의 사회에서 인간은 자유로운 존재로 모두 평등하게 존엄하다. 예를 들어 우리 모두는 각각 하나의 표로 평등하게 정치적 의사를 표현한다. 또한 모든 국민은 법 앞에 평등하다는 헌법 정신도 평등 원리에 기반한다. 이에 비해 형평성은 비교 대상이 서로 다르고, 이에 따라 다르게 대함으로써 목적하는 결과에서 똑같게 한다는 원리다. 예를 들어 똑같은 내용과 노동 강도를 가진 작업을 어떤 사람은 한 시간을 수행하고, 또 다른 사람은 두 시간을 수행했다면, 후자에게 두 배로 보상하는 것이 형평성에 부합하는 대응이다. 우리가 모두 자유로운 존재로서 평등하지만, 능력과 삶의 방식에 대한 선호가 다름에서 나타나는 차이를 존중하여 그에 따라 발생하는 차이를 인정하는 것이 형평성에 부합한다. 민주주의 사회에서 모든 인간은 평등하다는 원리는 가장 기본적인 일차적 규범이고, 사람들 사이의 선호와 노력의 차이를 인정하고 이에 대해 합당한 대우를 하는 형평성 규범은 이차적 규범이라고 할 수 있다.

이러한 평등성과 형평성의 관점에서 국민연금과 공무원연금에 대해 분석해 보자. 먼저 국민연금과 공무원연금으로부터 수급하는 연금 수준의 차이를 살펴보자. 2021년 기준으로 국민연금 평균 수급액은 20년 이상 가입자는 약 94만 원이며, 이보다 적은 10-19년 가입자는 약 40만 원이다(국민연금관리공단, 2022), 공무원연금의 경우 평균 연금 지급액은 2019년 기준으로 240만 원이다(인사혁신처, 2020). 이러한 차이를 포함하여 여러 가지 측면에서 국민연금과 공무원연금에 대한 형평성 문제가 제기될 수 있는데, 공적연금의 분리 체계, 연금의 노후생활 보장 적정성과 재정 안정성의 세 가지 측면에서 살펴보기로 한다.

공적연금의 분리 체계에 대하여

그동안 국민연금과 공무원연금으로 나누어 노후소득 보장 체계를 운영하는 것이 형평성에 부합하는지 의문이 계속 제기되어 왔다. 하나의 연금제도를 통해 모든 국민에게 노후소득을 보장하는 공적연금 체계가 평등성과 형평성 측면에서 볼 때 더 부합되기 때문이다. 그런데 국민연금은 1988년부터 실시되었고, 공무원연금은 이보다 훨씬 빠른 1960년부터 도입·시행되면서 서로 다른 성격을 지니게 된 점을 고려할 필요가 있다.

전쟁의 폐허와 빈곤에서 벗어나기 위해 장면 정부가 경제부흥계획을 수립하면서 유능한 인재를 공직에 유인하기 위해 공무원연금제도를 처음 도입했다. 일반 국민에 대해서는 이러한 공적연금제도가 도입되지 않은 상황에서 공무원연금을 우선 도입한 것은 사회보장의 관점에서 평등성에 부합되지 않는 결정이었다. 그러나 이 같은 결정은 1960년 당시 극심한 빈곤 상황을 벗어나고 경제 발전을 도모하기 위한 불가피한 전략적 선택이라고 이해할 수 있다. 1988년 국민연금이 처음 도입될 때도 전 국민을 대상으로 한 것이 아니라 10인 이상 기업부터 시행됐다. 1970년대 초 박정희 정부가 경제 발전에 필요한 국내 자본을 조달하는 방안으로 처음 국민연금 도입을 검토하기 시작했고, 1988년 실제 시행될 때도 이러한 목적을 달성하기 위해 기금식 운영 방식을 채택하여 축적된 기금을 투자자본으로 활용하고자 했다. 이렇게 볼 때 공무원연금과 국민연금 모두 노후소득 보장이라는 제도의 본질적 목적이 아니라 경제 발전을 위한 수단적 효과성에 초점을 두고 도입되었다는 점을 알 수 있다.

그런데 공무원연금제도는 노후소득 보장 제도로서의 성격과 함께 공무원 제도 관리를 위한 인사정책적 성격을 내포하고 있음을 주목해야 한다. 특히 1960년 처음 도입된 이래 공무원연금은 1970-1980년대 경제성장기에 민간 부문에 비해 낮은 공무원의 보수를 미래의 연금을 통해 보상한다는 지연된 보수의 성격을 가졌다(최재식, 2016). 이와 더불어 공무원이 공직에 임하면서 부정부패를 범하지 않도록 하는 인사정책상의 제재 수단이 되기도 했다. 공무원연금 제65조에 따르면, 공무원이 직무와 관련한 사유로 금고 이상의 형을 받거나 탄핵 혹은 징계로 파면되면 연금급여를 일부 줄여 지급하여, 공무원이 법률 준수 의무를 다하도록 제도적으로 활용되었다. 한편 1961년부터 민간에 도입된 퇴직금제도를 공무원을 위해 별도로 마련하지 않고, 공무원연금에서 병행되도록 했다(김린, 2014). 이같이 다양한 기능이 추가되면서 공무원연금제도는 노후소득 보장의 성격과 함께 인사관리 수단의 성격을 지니면서, 국민연금과 다른 제도로 진화해 왔다. 이렇게 보면 서로 다른 목적을 가진 국민연금과 공무원연금 제도를 각각 분리해 운영하는 것은 형평성에서 벗어난다고 볼 수 없다. 이러한 역사적 배경과 정책 목적에서 차별성을 가지는 제도를 평등성 논리에서 인위적으로 통합하는 것은 합당하다고 판단되지 않는다.

노후 보장의 실질적 효과 측면에서

앞에서 형평성이란 각각의 차이를 고려하여 다르게 대하되 목적하는 결과에서 같게 하는 것이라고 정의했다. 그렇다면 두 제도가 노후소득 보장이라는 정책의 목적을 효과적으로 달성하고 있는지 살펴보고, 그에 따라 형평성을 평가해 보는 것이 필요하다. 공무원연금과 국민연금은 지난 20년간 지속적인 개혁을 단행했다. 이러한 제도 개혁은 연금제도의 재정안정화를 위해 보험료율과 지급률을 조정하는 방향으로 진행됐다. 제도 설계 당시에 기여율에 비하여 소득대체율을 지나치게 높게 설정하여, 재정적 측면에서 지속가능성이 위협받았기 때문이다. 이와 함께 기대 수명이 급속히 높아지면서 연금 수급자 수가 지속적으로 증가하고, 연금 수급 기간이 증가하는 것도 재정적 압박의 요인으로 작용했다. 이에 대응하여 지금까지 공무원연금과 국민연금은 몇 차례 연금 수준을 낮추는 개혁을 추진했다.

공무원연금은 지난 25년간 네 차례의 개혁이 있었다. 1995년 개혁은 공무원의 기여율을 단계적으로 인상하고, 1962년 폐지된 연금 지급 개시 연령을 도입했다. 2000년 개혁에서는 공무원과 정부의 기여율을 추가로 인상하여 재정 안정화를 꾀하는 한편, 공무원연금에서 발생할 것으로 예상되는 재정 적자에 대해 정부가 보전하는 규정을 추가했다. 정부 보전금은 재정 안정화에 크게 기여하고 있지만, 다음 절에서 논의하는 것처럼 형평성과 관련하여 비판의 초점이 된다. 2009년 개혁에서는 공무원과 정부의 기여율을 추가로 인상하고 신규 임용자에 대해 지급 개시 연령을 연장하도록 했다. 네 번째로 이루어진 2015년 개혁에서는 추가로 기여율을 높이고, 지급률을 낮추었으며, 5년간 물가수준에 연동하여 연금을 인상하는 것을 동결했다. 지급률은 향후 20년간 단계적으로 낮아져 명목소득대체율이 33년 가입 기준 56.1%가 된다. 이러한 개혁을 통해 연금의 수익비가 2.08에서 1.48로 낮아지면서 국민연금의 수익비인 1.5와 거의 유사한 수준이 되었다(최재식, 2016).

국민연금은 2007년 개혁으로 현재 운영되는 제도에 가장 큰 변화를 가져왔다. 국민연금 기여율을 유지하면서 지급률을 단계적으로 낮추는 개혁이 단행되어, 2007년 60%, 2008년 50%, 2028년 40%로 지급률이 낮게 설계되었다. 이러한 개혁은 국민연금의 재정 안정화를 위해 시도된 것이지만, 기여율을 변동하지 않고 지급률만 낮추는 개혁이었고, 이로 인해 결과적으로 국민연금의 재정 안정화를 위한 개혁의 필요성이 다시 제기되고 있다. 2013년과 2018년 정부는 제도 개선을 위한 몇 가지 대안을 준비했지만 실행되지는 않았다(보건복지부, 2018).

그런데 재정 안정을 위한 지속적인 개혁에도 불구하고 공무원연금과 국민연금이 그 목적을 효과적으로 달성하고 있는지를 살펴보는 것이 중요하다. 공적연금이 기본적으로 노후소득 보장을 정책 목표로 삼았음을 감안할 때, 각각의 제도가 이와 같은 목표를 효과적으로 달성하고 있다면 국민연금 가입자와 공무원연금 가입자에게 형평성을 유지하는 것으로 판단할 수 있기 때문이다. 그러나 어느 한 제도가 노후생활에 필요한 소득을 보장하지 못한다면 형평성에 부합하지 않는다고 판단할 수 있다. 이러한 측면에서 각각의 공적연금 제도의 노후소득 보장 수준을 평가하여 비교하고, 이를 근거로 형평성을 가늠해 보기로 한다.

지금까지 연구에서는 공적연금의 노후소득 보장 수준을 평가하기 위해 주로 소득대체율이 사용되었다. 그런데 소득대체율은 제도 설계 시에 가입 기간과 지급률 등을 통해 사전적ex-ante으로 설정되는 것이다. 이러한 소득대체율은 실제로 연금이 노후 생활을 얼마나 보장하는지 현실적으로 보여 주지 못하는 한계가 있다. 예를 들어 소득대체율 40% 혹은 50%가 노후 생활에서 가지는 실제 효과를 정확히 이해하기 어렵다.

이러한 한계를 극복하기 위해서는 연금을 받아 생활하는 실제 상황을 분석해 주는 사후적ex-post 지표가 필요하다. 이러한 맥락에서 여기에서는 소비지출에 대한 연금 비율을 측정하는 소비충당률 개념을 활용하여 연금이 노후 생활을 얼마나 보장해 주는지 사후적 평가를

$$\text{연금의 소비충당률} = \frac{\text{공적연금 급여액}}{\text{은퇴후 노인가구의 소비 지출 규모}} \times 100$$

[그림 8-3] 연금의 소비충당률 산식

해 보기로 한다. 소비충당률이란 [그림 8-3]에서 제시되는 바와 같이 연금이 실제 소비를 얼마나 충당하는지를 측정하는 지표다. 소득이 삶의 수준을 보여 주는 간접적 지표라면 소비는 직접적 지표이기 때문에(Ringen, 1997), 연금의 소비충당률을 통해 연금이 실질적으로 노후 생활을 얼마나 보장하는지를 가늠해 볼 수 있다. 그런데 소비충당률을 구성하는 노후의 소비 수준에 대해 공적연금의 수준이 영향을 줄 수 있는 내생성이 존재하기 때문에, 지표의 수치에 절대적 의미를 부여하기 어려운 이론적 문제가 존재한다. 예를 들어 항상소득이론이나 소득의 심리계정이론에 따르면, 은퇴 이후 규칙적으로 받는 공적연금은 불규칙한 다른 소득에 비해 소비에 영향을 줄 가능성이 크기 때문이다(윤재호·김현정, 2011).

이러한 문제점을 극복하기 위해 소비충당률을 소비 단계별로 계산하여 그 변화의 흐름을 살펴보고자 한다. 구체적으로 필수 소비, 소비, 총지출 단계로 가구의 소비를 나누고, 그에 대한 연금의 소비충당률을 도출해 보고자 한다. 여기서 필수 소비는 생존에 반드시 필요한 식료품비·의료비·주거비의 합으로 설정했고, 소비는 일상생활에서 발생하는 모든 소비를 포함하고, 총지출은 소비와 비소비 지출을 합한 것으로 정의했다. 소득과 내생성이 가장 적은 필수 소비에 대한 연금의 소비충당률을 도출하면 노후 생활에 필요한 기본적인 생활 수준을 공적연금이 충당하는 정도를 판별할 수 있다. 다음으로 모든 소비에 대한 연금의 소비충당률은 연금 수급 가구의 일상적 생활에 연금이 기여하는 역할을 판별할 수 있다. 끝으로 총지출에 대한 연금의 소비충당률은 가구의 경제생활 전체에 대한 기여도를 알 수 있게 한다. 이렇게 가구의 소비 단계마다 소비충당률을 도출하면 소비충당률에 내포되어 있는 일정한 수준의 내생성에도 불구하고 연금이 소비를 충당하는 흐름을 파악할 수 있게 된다.

또한 소비충당률을 소비의 단계에 맞추어 도출함과 함께 연금 수급자 가구의 소득 계층별로 비교하면, 공적연금이 연금 수급 가구의 노후 생활에 기여하는 정도를 종합적으로 파악할 수 있다. 이렇게 소비의 단계와 소득 계층별로 소비충당률을 파악하여 공무원연금과 국민연금을 비교하면, 각각의 공적연금이 실질적으로 연금 수급자의 노후 생활에 얼마나 기여하는지를 비교할 수 있으며, 이를 근거로 각각의 연금제도가 노후소득 제공을 통한 생활 안정이라는 목적을 달성하고 있는지를 판단할 수 있다. 이를 근거로 공무원연금과 국민연금의 형평성을 가늠해 보기로 하자.

먼저 공무원연금의 소비충당률의 흐름을 살펴보자. [표 8-2]는 국민노후보장패널조사의 데이터를 활용했는데, 국민노후보장패널조사는 중·고령층을 위한 노후소득 보장 정책 관련 자료를 구축하기 위해 전국의 만 50세 이상 가구원이 있는 가구와 개인을 대상으로 가구의 경제 상황, 고용 현황 및 퇴직, 건강, 가족관계, 노후 보장에 관한 내용을 조사한다.[6] [표 8-2]는 국민노후보장패널 7차 자료에서 '공무원연금 수급 중'인 사람들을 대상으로, 가구균등화지수equivalence scale를 반영한 소득과 소비 지출, 연금 급여 수준을 이용하여 앞에서 제시한 공

6 2005년부터 격년으로 조사 중이며, 현재 2017년에 조사한 7차년도 자료까지 공개되어 있다.

[표 8-2] 공무원연금 수급자의 소득계층별 연금의 소비충당률 (기준: 월, 원, %)

구분	1분위 (n=33)	2분위 (n=33)	3분위 (n=33)	4분위 (n=33)	5분위 (n=32)	전체 (N=164)
총소득	1,144,767	1,666,960	2,091,988	2,615,873	4,064,252	2,306,113
가처분소득	1,013,897	1,580,075	1,887,138	2,434,373	3,615,670	2,097,027
공적연금 급여	886,035	1,286,322	1,377,852	1,773,887	1,487,546	1,361,565
총지출	1,007,869	1,295,295	1,461,938	1,484,871	2,342,866	1,513,542
필수소비 지출	736,562	1,019,619	877,842	875,627	1,216,148	946,431
소비 지출	877,000	1,208,410	1,257,087	1,303,371	1,894,285	1,304,456
비소비 지출	130,869	86,885	204,851	181,500	448,581	209,086
연금의 총지출 충당률(연금급여/총소비 지출)	87.91%	99.31%	94.25%	119.46%	63.49%	89.96%
연금의 소비 충당률(연금 급여/소비 지출)	101.03%	106.45%	109.61%	136.10%	78.53%	104.38%
연금의 필수소비충당률(연금급여/필수소비 지출)	120.29%	126.16%	156.96%	202.58%	122.32%	143.86%
가처분소득 대비 연금 급여	87.39%	81.41%	73.01%	72.87%	41.14%	64.93%
총소득대비 연금 급여	77.40%	77.17%	65.86%	67.81%	36.60%	59.04%
총소득대비 총지출	88.04%	77.70%	69.88%	56.76%	57.65%	65.63%

출처: 국민노후보장패널 7차년도 자료를 이용하여 계산(가구균등화지수 반영)

무원연금의 단계적 소비충당률을 도출했다.[7]

---

7 연금 급여는 은퇴(퇴직)한 공무원 개인에게 주어지지만, 실제 해당 연금 급여를 통한 소비 지출은 가구 차원에서 이루어지기 때문에 소비는 가구 규모에 영향을 받는다. 따라서 가구균등화지수를 적용하여 가구 소득 및 소비가 과대평가되거나 과소평가되지 않도록 했다.

분석 대상은 7차년도 국민노후보장패널에서 공무원연금을 수급하고 있는 179명 가운데 일부 결측치와 극단치를 제외한 총 164명의 연금 수급자의 가구다. 이들 가구에 대해 공무원연금의 필수소비충당률, 소비충당률, 총지출충당률을 산출한 결과를 분석해 보면 다음과 같이 정리할 수 있다.

첫째, [표 8-2]를 보면 공무원연금의 필수소비충당률은 연금 수급 소득계층 전체적으로 평균 143.86%로 나타났으며, 1분위 120.29%, 2분위 126.16%, 3분위 156.96%, 4분위 202.58%, 5분위 122.32%로 나타났다. 필수소비가 음식물비, 주거비, 의료비로 구성되어 생활에 필요한 필수재임을 감안할 때, 공무원연금이 모든 연금 수급 소득계층에서 필수소비 지출을 충당하는 데 필요한 수준의 급여 이상을 제공하고 있음을 알 수 있다. 둘째, 은퇴 이후 공무원 연금 수급 가구의 일상적 소비생활을 담고 있는 소비충당률은 분석 대상 전체적으로 평균 104.38%로 나타났으며, 전체 가처분소득과 그에 따른 소비 수준이 높은 5분위를 제외한 모든 소득계층에서 연금은 일상적인 소비 지출을 충당하는 것으로 나타났다. 셋째, 비소비 지출을 포함한 총소비 지출은 4분위를 제외하고 전반적인 계층에서 충당하지 못하는 것으로 나타났다. 전체 가구의 평균 총지출충당률은 89.96%로, 제4분위에서만 119.46%를 기록하고 다른 계층에서는 모두 100%에 미치지 못했다. 이러한 수치는 공무원연금 수급 가구가 소득과 지출의 균형을 맞추는 안정적 경제생활을 유지하기 위해 연금 이외의 다른 소득원이 필요하다는 점을 의미한다.

[표 8-3]은 국민노후보장패널에서 추출한 1,145명의 국민연금 수급자 가구의 국민연금 소비충당률을 도출한 내용을 담고 있다. 이에 따르면 국민연금 수급자는 전체 소득계층에 걸쳐 연금이 소비 단계

[표 8-3] 국민연금 수급자의 소득수준별 소득 · 지출 · 연금급여 (단위: 월, 원, %)

구분	1분위 (n=229)	2분위 (n=229)	3분위 (n=232)	4분위 (n=226)	5분위 (n=229)	전체 (n=1145)
총소득	539,670	934,163	1,390,718	1,977,149	4,979,594	23,552,670
가처분소득	474,418	796,738	1,212,353	1,746,201	4,457,845	20,833,350
총지출	754,767	961,208	1,242,248	1,437,977	2,079,162	15,534,710
연금수급액(월)	206,931	225,983	248,170	262,863	258,789	240,509
필수소비 지출	573,158	601,231	785,097	841,325	999,635	759,942
소비 지출	689,514	825,653	1,078,263	1,216,187	1,557,413	12,876,530
비소비 지출	65,252	137,425	178,365	230,949	21,749	2,719,324
연금소득의 필수 소비충당률	36.10%	37.59%	31.61%	31.24%	25.89%	31.65%
연금소득의 소비충당률 (연금 급여/ 총소비)	30.01%	27.37%	23.02%	21.61%	16.62%	22.41%
연금소득의 총소비 지출 충당률 (연금 급여/ 총소비 지출)	27.42%	23.51%	19.98%	18.28%	12.45%	18.58%
가처분소득 대비 연금소득	43.62%	28.36%	20.47%	15.05%	5.81%	1.15%
총소득대비 연금소득	38.34%	24.19%	17.84%	13.30%	5.20%	1.02%
총소득대비 총지출	139.86%	102.90%	89.32%	72.73%	41.75%	65.96%

출처: 국민노후보장패널 7차년도 자료를 이용하여 계산(가구균등화지수 반영)

마다 적절하게 충당되지 못함을 알 수 있다. 필수소비에 대한 충당률은 전체 계층에서 31.65%로 나타났다. 국민연금으로는 생활에 필수적인 음식물비, 주거비, 의료비의 3분의 1정도만이 충당되어, 다른 수입원에 의존하지 않으면 필수소비를 할 수 없다는 의미로 해석된다.

국민연금이 가장 기본적인 필수소비를 충당할 수 없어서 그보다 넓은 범위의 소비를 포함하는 일상적 소비와 비소비 지출을 포함하는 소비충당률, 총지출충당률이 각각 100%에 훨씬 못 미치는 22.41%와 18.58%를 기록하고 있다. 이러한 분석 결과는 국민연금에 의존한 노후 생활이 실질적으로 불가능하다는 점을 분명하게 보여 준다. 이렇게 공무원연금과 국민연금의 소비충당률을 비교해 보면 공무원연금은 연금수급자에게 적정한 노후 생활을 영위할 수 있는 소득을 보장해 주지만, 국민연금은 그렇지 못함을 알 수 있다.

이러한 분석 결과를 통해 국민연금과 공무원연금을 비교하면 형평성에 부합하지 못함을 알 수 있다. 각각 분리된 공적연금제도에 가입하여 연금을 수급한다고 하더라도, 최종적으로 노후 생활에 대한 적정한 보장을 제공해야 형평성에 부합한다고 할 수 있다. 그러나 연금제도에 따라 노후 생활 보장에서 현저한 차이가 발생한다면, 이는 형평성에 부합한다고 할 수 없다. 그렇다면 형평성 제고를 위한 제도 개선의 방향은 어떠해야 하는가? 공적연금의 목적이 노후 생활에 대한 적정한 보장이라고 한다면, 국민연금의 수준 제고가 일차적으로 필요하다. 국민연금의 소득대체율을 인상하여 필수 소비를 충당하고, 일반적 소비생활까지 적절하게 충당할 수 있도록 하는 개선책이 필요하다. 이를 통해 공적연금이 각각 노후 생활을 적정히 보장하여 형평성에 부합되도록 해야 한다. 이를 위해서는 국민연금 기여율 인상이 불가피하다고 판단된다.

재정 안정화의 측면에서

공무원연금이 은퇴 공무원의 노후 생활을 적정하게 보장한다고 해서 개혁의 필요성이 없는 것은 아니다. 공무원연금의 재정에서 정부 보전금이 중요한 부분을 차지하는데, 이에 의존하여 계속 재정을 운영한다면 형평성에 대한 비판이 제기될 수밖에 없다. 공무원연금은 2000년대 이후 지속적인 재정수지 적자를 기록하여 정부로부터 보전금을 받아 왔다. 그런데 2020년 기준으로 정부 보전금은 2조 1천억 원 규모다. 공무원연금은 과거 상대적으로 낮은 공무원의 보수에 대한 보상으로서 기여율에 비해 상대적으로 높은 수준의 연금을 지급했기 때문이다. 일종의 지연된 보수의 성격을 가졌던 과거 공무원연금의 구조적 특성이 연금 지급 시점에서 적자로 나타나는 것이다. 이를 보완하기 위해 2000년 개혁에서 공무원연금에 정부보전금제도가 도입되었다. 그러나 2000년대 이후 공무원의 보수도 꾸준히 인상되어 민간 근로자와 차이가 거의 없으며, 민간 근로자의 고용 안정성이 축소되는 노동시장 환경에서 공무원은 상대적으로 높은 고용 안정성을 유지해 왔다는 점을 고려하면 이제 정부 보전금에 대한 재정립이 필요하다.

이뿐만 아니라 공무원연금제도가 현재처럼 유지된다면 정부 보전금은 [표 8-4]에서처럼 앞으로도 계속 증가하여 2050년에는 17조 2천억 규모로 보전율이 16.6%에 이르게 된다(국회예산정책처, 2020). 이렇게 공무원연금이 재정을 자체 운영하지 못하고 정부 재정에서 출연하는 보전금이 계속 증대된다면 국민연금과 대비하여 공무원연금의 형평성을 확보하기가 어렵게 된다. 따라서 공무원연금에 대한 정부 보전금을 적절히 통제하고 관리하는 일이 매우 중요하다. 이러한 관점에서 [표 8-4]는 정부 보전금을 2050년 10조 수준으로 통제하는 것을 목표로 설정하고, 이에 필요한 추가 부담을 피고용인으로서 연금 가입자인 공무원과 고용주로서의 정부가 3 : 7 혹은 5 : 5 비율로 나누는 시나리오를 제시했다. 이러한 시나리오에 따르면 공무원연금 기

[표 8-4] 보전금 감액 및 추가 기여율 추계

(단위: %, 조 원)

<table>
<tr><th rowspan="3">연도</th><th colspan="2" rowspan="2">현재 전망</th><th colspan="3" rowspan="2">조정 후 보전율 및 보전금</th><th colspan="4">조정 후 추가 기여율 및 부담률</th></tr>
<tr><th colspan="2">3:7(1안)</th><th colspan="2">5:5(2안)</th></tr>
<tr><th>보전금</th><th>보전율 (A)</th><th>수정 보전율 (B)</th><th>9% 초과분 (C=A-B)</th><th>조정 후 보전금</th><th>공무원 추가 기여율 (C×0.3)</th><th>정부 추가 부담률 (C×0.7)</th><th>공무원 추가 기여율 (C×0.5)</th><th>정부 추가 부담률 (C×0.5)</th></tr>
<tr><td>2020</td><td>2.1</td><td>2.8%</td><td>2.8%</td><td>-</td><td>2.1</td><td>-</td><td>-</td><td>-</td><td>-</td></tr>
<tr><td>2025</td><td>4.45</td><td>5.6%</td><td>5.2%</td><td>0.32%</td><td>4.2</td><td>0.10%</td><td>0.23%</td><td>0.16%</td><td>0.16%</td></tr>
<tr><td>2030</td><td>6.8</td><td>7.9%</td><td>6.2%</td><td>1.73%</td><td>5.3</td><td>0.52%</td><td>1.21%</td><td>0.86%</td><td>0.86%</td></tr>
<tr><td>2035</td><td>9.5</td><td>10.5%</td><td>7.1%</td><td>3.36%</td><td>6.5</td><td>1.01%</td><td>2.35%</td><td>1.68%</td><td>1.68%</td></tr>
<tr><td>2040</td><td>12.2</td><td>12.8%</td><td>8.1%</td><td>4.74%</td><td>7.7</td><td>1.42%</td><td>3.32%</td><td>2.37%</td><td>2.37%</td></tr>
<tr><td>2045</td><td>14.7</td><td>14.8%</td><td>9.1%</td><td>5.74%</td><td>9.0</td><td>1.72%</td><td>4.02%</td><td>2.87%</td><td>2.87%</td></tr>
<tr><td>2050</td><td>17.2</td><td>16.6%</td><td>10%</td><td>6.57%</td><td>10.4</td><td>1.97%</td><td>4.60%</td><td>3.29%</td><td>3.29%</td></tr>
</table>

출처: 국회예산정책처(2020) 활용하여 재계산

주: 1. 국회예산정책처(2020)의 10년 단위 수치를 활용하되, 매년 추정치는 선형보간법을 적용하여 계산. 보전금은 재정수지적자액, 보전율은 기준소득총액 대비 보전금

2. 1안은 보전율 조정으로 인한 추가 부담액을 공무원과 정부가 3:7의 비율로 부담하는 것이고, 2안은 공무원과 정부가 5:5의 비율로 부담하는 것임

여율을 단계적으로 인상하여 2050년에는 가입자인 공무원이 추가로 3.29%(정부와 부담을 5:5로 나눈 경우)를 기여하고 정부도 같은 수준의 추가 부담을 해야 한다.

그런데 고용주로서 정부와 가입자로서 공무원이 추가 부담해도 정부 보전금이 일정한 수준에서 유지되는 것은 공무원연금이 단순한 연금이 아닌 공무원 제도 운영에 필요한 인사관리 정책의 수단이라는 점을 고려했기 때문이다. 공무원연금이 민간의 퇴직금제도(고용주 부담률 8.33%)를 내포하고 있으며, 그 밖에 공무원에게 부과되는 인사상 경제적 제약에 대한 보상비용을 감안한다면 이와 같은 정부 보전금은 용인될 수 있다고 판단된다.

이와 같은 추가 비용 부담 시나리오는 공무원연금의 적정한 노후 생활 보장이라는 정책 목적 달성을 전제한 상태에서 제시된 것으로, 이미 연금을 수급하는 은퇴자는 정부 보전금에 대한 부담을 분담하지 않는 것을 전제한다. 그러나 연금 수급자도 연금 재정 안정화를 위해 기여할 필요가 있다. 특히 과거 공적연금이 은퇴 이후 10년 정도의 연금 수급 기간을 전제했던 것에 비해, 앞으로는 연금 수급 기간이 20년을 상회할 것으로 예상되는데, 이러한 장기 연금 수급 기간을 고려한 적절한 대안을 마련하는 것이 필요하다. 예를 들어 연금 수급 기간이 10년 이상 되는 수급자에게는 물가상승률에 대비한 인상률을 차등적으로 적용하는 방안을 고려할 수 있다. 이렇게 연금의 실질가치를 차등적으로 보존하는 방안을 실시하기 위해서는 고령의 연금 수급자의 소비생활에 대해 심도 있는 연구가 선행되어야 한다. 이를 통해 실질적인 노후 생활 수준의 하락을 초래하지 않는 범위에서 연금 수급 기간에 따른 차등적·실질적인 가치 보존을 고려할 필요가 있다. 다시 말해 연금의 인상 수준을 결정하는 물가상승률에 대해 연금 수급 기간에 따라 가중치를 차등적으로 부여하는 방안을 고려해 보자는 것이다. 이러한 정책 대안 등을 통해 정부 보전금을 2050년 기준으로 10% 이내로 통제한다면 공무원연금의 재정 안정화와 함께 형평성을 유지할 수 있을 것으로 판단된다.

4. 보편적 공적연금 체계를 위하여

지금까지 공적연금 분리 체계, 노후 생활 보장 및 재정 안정화 등을 고려하여 국민연금과 공무원연금을 형평성 관점에서 분석하고, 그에 따라 제도 개선 방안에 대해 논의했다. 먼저 빈곤을 벗어나 경제 발전을 정책적으로 추진하는 과정에서 우리나라의 공적연금 체계가 분리된 구조를 갖게 된 역사적 맥락과 그에 따른 제도의 성격 변화를 고려하여 분리된 체계의 불가피함을 살펴보았다. 이어서 형평성의 관점에서 두 제도가 노후 생활 보장이라는 정책 목표를 효과적으로 달성하면서 지속 가능한 재정 구조라는 필요조건을 충족하는지 분석했다.

소비충당률의 개념을 통해 각각의 연금제도가 실제로 노후 생활을 얼마나 보장하고 있는지를 살펴본 결과, 공무원연금은 필수소비와 함께 일상적 소비생활을 충당하며 적정한 수준의 노후 생활을 보장하는 것으로 나타났다. 이에 비해 국민연금은 가장 기본적인 필수소비를 충당하기에도 부족한 것으로 나타났다. 이렇게 보면 제도의 공통적인 목적인 노후 생활을 보장하는 데 커다란 차이를 나타내고 있음을 알 수 있다. 이러한 분석에 기초하여 노후소득 보장이라는 목표를 달성하려면 국민연금의 연금 수준을 인상할 필요가 있음을 지적했다.

한편 공무원연금은 노후 생활에 대한 적정한 보장이라는 목적을 자체적인 재정수지 구조를 통해 달성하지 못하고 지속적으로 정부의 재정보전금에 의존하는 것은 형평성에 어긋난다고 지적했다. 이에 대해 고용주인 정부와 가입자인 공무원이 부담을 상향하는 재정 개선 시나리오를 제시했다. 그리고 공무원연금이 연금제도의 성격 외에 퇴직금의 기능, 공무원 인사관리라는 정책 수단으로써 가지는 성격도 고려했다. 이와 함께 연금 수급자도 일정한 부담을 나누어 가지는 것이 필요하다는 점을 지적했다. 특히 기대수명의 연장으로 인하여 연금 수급 기간이 장기화되는 점을 감안하여 10년 이상 장기 수급자의 연금에 대한 물가상승률을 차등적으로 반영하는 방식과 같은 대안을 고려해 볼 필요가 있음을 제시했다.

이렇게 형평성과 평등성을 동시에 충족하게 된다면 사회집단 간 이해관계의 충돌을 최소화하고 사회갈등을 해소할 수 있을 것이다. 서로 다른 연금에 가입하더라도 모두가 적정한 노후 생활을 보장받아 형평성이 제고된다면 고령화사회에서 제기되는 중요한 사회문제에 적절히 대응할 수 있다. 그런데 국민연금, 공무원연금 그리고 기타 직역연금 등에 가입하지 못하여 여전히 노후 생활에 대해 적절한 보장을 받지 못하는 사람들이 경제활동인구의 40%를 넘고 있는 현실도 간과해서는 안 된다. 이를 고려할 때 공적연금 체계의 보편성을 달성하는 일은 매우 중요하고 시급하다. 자영업자, 임시직, 비경제활동 인구 등이 국민연금을 가입하도록 다양한 노력을 해왔음에도 여전히 사각지대가 폭넓게 존재하고 있다. 따라서 국민연금 미가입자, 미납부자가 노동시장에서 갖는 직업적 특성을 감안한 별도의 연금제도를 마련하는 등 공적연금 체계의 보편성을 향상하는 노력을 지속해야 할 것이다.

9장

한국의 국제개발협력 정책에 대한 성찰

자기중심적 원조를 넘어

1. 코로나19 대유행 국면에서 국제개발협력[1]

지난 30년간 세계 경제가 지속적으로 성장하면서 빈곤도 줄어들었지만 아직도 수많은 사람이 가난과 기아 그리고 질병에 시달리고 있다. 증가하는 자연재해와 사회적 갈등으로 인해 많은 개발도상국에서 이 같은 문제들이 더욱 악화되는 안타까운 현실이다. 지난 2년간 전 세계가 겪었던 코로나19 대유행은 상황을 더욱 어렵게 만들었다. 사실 2000년 이후 추진된 새천년개발목표Millennium Development Goals와 이

1 '국제개발협력'은 개발도상국의 경제·사회 발전을 위한 국가 간 혹은 다자간 협력을 의미하는 광의의 개념이다. '공적개발원조'는 개발도상국의 경제·사회 발전을 위해 공공 재정을 통해 조달된 재원을 유·무상의 방식으로 개발도상국에 공여하는 순수한 원조를 말한다. 유상원조는 개발도상국의 경제적 상황에 따라 증여율이 10-45% 수준이어야 한다. 여기에서는 일반적으로 '국제개발협력'이라는 용어를 사용하고, 정의된 개념과 정확히 부합하고 그 용어를 사용할 필요가 있을 때에만 '공적개발원조'를 사용한다.

어 설정된 지속가능개발목표Sustainable Development Goals를 통해 세계의 빈곤 감소에 상당한 성과를 거두었다. 1990년 기준으로 전 세계 빈곤 인구가 19억 명에서 2015년 8억 3,600만 명으로 반으로 줄어들었다(United Nations, 2015). 그러나 코로나19 대유행으로 개발도상국의 빈곤은 다시 증가 추세로 돌아섰으며(OECD, 2020; Khras, 2021), 여기에 더해 시리아, 아프가니스탄, 리비아, 미얀마 등의 국가에서 무고한 사람들이 집을 잃고 난민이 되거나 목숨을 잃는 불행한 사태가 발생하고 있다. 또한 저개발과 빈곤으로 고통받는 사하라 이남 지역 국가의 발전 상황은 여전히 개선되지 않고 있다. 이번 전염병 대유행으로 세계가 함께 노력해야 한다는 사실을 새삼 깨닫게 되었지만, 개발도상국에 대한 백신 지원 실패에서 보는 바와 같이 여전히 세계는 국제개발협력을 위한 효과적인 공조를 끌어내지 못하고 있다.

그렇다면 개발도상국의 경제·사회 발전을 도모하고 글로벌 공공재를 창출하기 위한 보다 적극적인 공동의 노력을 유도해 낼 방법은 무엇일까? 세계가 공동의 목적을 위해 협력하는 일은 과연 가능할까? 세계가 개발도상국의 경제·사회 발전을 위해 국제적으로 협력해야 한다는 목적을 더욱 분명히 하고, 이러한 목적의 정당성에 대한 세계시민의 확고한 지지를 도출하는 일은 매우 중요한 과제다. 그래야만 세계시민의 지지에 기초하여 각국 정부가 국제개발협력을 위한 진중한 노력을 기울일 수 있기 때문이다. 이에 따라 9장에서는 한국적 맥락에서 국제개발협력의 가치와 목적에 대해 성찰해 보고 미래 정책 방향에 대해 논의하고자 한다.

한국은 왜 국제개발협력에 앞장서야 하는가? 한국이 국제개발협력을 통해 추구하고자 하는 목적과 가치는 무엇인가? 그리고 한국은 국제개발협력을 자신의 이익을 실현하기 위한 수단으로 사용하고 있지는 않는가? 앞으로 한국의 국제개발협력 정책은 어떤 가치를 실현하는 방향으로 나아가야 하는가? 이러한 질문에 답하고자 9장에서는 명시적으로 혹은 암묵적으로 전제하고 있는 한국의 국제개발협력과 공적개발원조 정책의 규범적 근거에 대해 살펴보고자 한다. 구체적으로 2절에서는 국제개발협력 정책과 관련하여 자기성찰적 접근을 검토하고, 3절에서는 국가 간의 국제개발협력과 공적원조를 제공하는 다양한 정치이론적 논거를 살펴본다. 이러한 논의를 기반으로 4절에서는 한국의 공적원조에 관해 분석하고, 한국의 정책이 자기중심성에 기반한다는 분석을 제시할 것이다. 5절에서는 한국의 국제개발협력 정책이 자기중심적 동기를 넘어 인류 보편적 가치인 자유를 중심으로 추진되어야 함을 강조할 것이다.

국제개발협력은 세계 여러 나라들이 공동의 노력으로 대립과 갈등을 막고 개발도상국의 발전과 평화를 추구하는 정책이다. 따라서 이러한 노력은 개발도상국의 발전과 시민의 자유 증진에 대한 기여를 일차적 목적으로 해야 한다. 그러나 국제개발협력이 진정성을 상실한 채 자기 이익을 충족하는 방편으로 이용된다면, 결국 협력의 목적을 달성하지 못하고 오히려 개발도상국의 발전을 저해하고 국제적 갈등을 유발할 수 있다. 이러한 맥락에서 9장의 연구는 국제사회에서 갈등을 미연에 방지하고 공동 번영과 발전을 추구하는 데 의미를 둔다.

2. 국제개발협력에 관한 성찰적 접근

한국과 일본을 포함하여 동아시아의 국가들이 최근 개발도상국에서 빈곤 감소와 경제·사회 발전에 커다란 역할을 수행하면서 공여국으로서 위상이 높아지고 있다. 그런데 동아시아 공여국의 공적개발원조에 관한 연구에 따르면, 동아시아의 대표적인 공여국인 한국과 일본은 개발도상국의 빈곤 감소와 글로벌 공공재 창출보다는 자국의 경제적 이익 추구에 우선순위를 부여한다는 비판을 받고 있다(Lancaster, 2007; Stallings, 2017). 2018년 발표된 발전기여도 지표Commitment to Development Index에 따르면, 한국과 일본은 각각 OECD 공여국 가운데 27위와 24위를 기록하는 등 저조한 성적을 보였다(Hulme, 2015). 이와는 대조적으로 스웨덴, 노르웨이, 덴마크와 같은 스칸디나비아 국가들은 해당 지표에서 매우 높은 순위에 위치했다. 이러한 관점에서 한국, 일본 등 동아시아 국가들이 개발도상국의 경제·사회 발전에 크게 이바지하지 못한다는 비판은 피하기 어렵다(Hulme, 2015).

한국이 OECD 개발협력위원회DAC의 성원으로 공식적인 공여국의 위상을 확보한 지 10여 년이 지난 오늘날, 지금껏 수행해 온 공적개발원조에 대해 되돌아보는 것은 매우 의미 있는 일이다. 다른 신흥 공여국과 비교했을 때, 그동안 한국은 OECD/DAC의 지침을 충실히 지키는 성실한 공여국이 되고자 최선을 다해 왔다(Stallings, 2017; OECD, 2018). 또한, 공적개발원조를 효과적으로 수행하기 위해, 많은 문제로 지적된 분절화를 극복하고자 국제개발협력위원회를 설치하여 정책의 조정과 통합을 위한 노력을 해 왔다. 그렇지만 여전히 한국의 공적개발원조 정책은 명확한 목적의식과 미래 비전이 없다는 비판을 받고 있다. 그러나 필자는 한국이 국제개발협력이나 공적개발원조에 대한 목적과 가치를 지향하지 않는다고 판단하는 것은 성급한 결론이라고 본다.

먼저 한국의 국제개발협력 정책에 내재된 가치와 의미를 깊이 성찰해 볼 필요가 있다. 그리고 국제사회의 성숙한 일원으로 개발도상국의 발전과 글로벌 공공재를 창출하기 위한 미래 방향을 설정하는 접근 방식을 찾는 것이 효과적일 것이다. 자기성찰이란 관심 있는 어떤 대상뿐만 아니라 그에 대한 행위의 주체로서 자기 자신과 그 관계에 대해 깊이 있게 되돌아봄을 의미한다(Bourdieu, 2004). 이는 대상에 대해 갖는 가치와 이론을 비판적으로 재구성해 봄으로써 자신을 새롭게 발견해 내는 과정이다(Hamati-Ataya, 2013). 자기성찰은 객관적인 사실에 대한 경험적 인식뿐만 아니라 어떠한 행위에 대해 자신이 부여하는 가치와 방향을 스스로 되돌아보는 비판적 과정으로, 자기성찰의 과정을 통해 자신의 내재적 생각을 명확히 파악하고 그 한계를 극복하는 방안을 모색하는 자기 성장의 방법이기도 하다.

한편 국제정치의 현실주의적 관점에서 보면, 공적개발원조는 공공 재정으로 국가이익을 실현하는 외교정책 수단이라고 이해할 수 있다. 국제 무대에서 국가는 자국의 이익을 실현하기 위해 전략적으로 행동하는 행위자이기 때문이다(Waltz, 1979). 따라서 국제개발협력에서 공적개발원조에 관해 규범적 가치나 이상을 논의하는 것은 큰 의미가 없을 수 있다. 그러나 국가이익의 내용이 반드시 군사적 측면의 안보나 경제적 측면의 이익에만 국한되지 않고 민주주의나 인간의 자유 수호라는 가치까지 포함된다면, 외교정책에서 규범적 측면을 간과할 수 없다. 현실주의 이론과 대조적으로 우리가 사는 세계는 하나의 국제사회이며, 이러한 사회에는 따라야 하는 규칙과 공동으로 추구해야 하는 가치가 존재한다는 국제사회론적 관점도 있다(Bellamy, 2011). 국제사회론에 따르면, 국제개발협력 정책은 국제사회의 공동의 가치와 목적을 추구하는 구체적인 정책 수단이라고 이해할 수 있다. 결국, 현실주의 관점이든, 국제사회론적 접근이든 국제개발협력 정책은 규범적 성격이 강한 정책 수단으로, 그 안에 내재한 가치와 목적이 정책의 성격과 방향을 결정하는 데 큰 영향을 주게 된다. 따라서 국제개발협력 정책에 대해 스스로 돌아보는 자기성찰적 접근을 통해 우리가 암묵적으로 전제한 규범적 가치가 무엇인지 살펴보는 노력을 해야 한다. 이를 통해 한국의 국제개발협력 정책의 목적을 다시 한번 정립해 보는 계기로 삼을 수 있을 것이다. 이러한 성찰을 위해 먼저 국제개발협력 정책의 다양한 이론적 논거를 살펴보기로 하자.

3. 왜 우리는 개발도상국을 도와주어야 하는가?

H. 모겐소는 해외 원조[2]는 현대 외교정책이 고안한 가장 혁신적인 정책 수단이라고 지적한 바 있다(Morgenthau, 1962). 그는 해외 원조 정책은 국가이익을 추구하는 외교정책의 수단이기도 하지만 그 자체가 목적이라는 점을 강조했다. 그런데 해외 원조 정책이 그 자체로서 목적이 되려면 그만의 정당한 존재 이유를 제시해야 한다. 이에 대해 P. 싱어는 도덕적 의무라는 측면에서 국제개발협력에 관한 강력한 논거를 제시했다. "다른 사람에게 매우 불행한 일이 벌어졌을 때, 우리에게 도울 힘이 있다면 도덕적으로 정당한 범위에서 돕는 것이 우리의 의무다"(Singer, 1972: 231). 또한, 어려움에 처한 사람이 우리 이웃의 아이이든 벵골의 어린이든, 얼마나 멀고 가까운지는 중요하지 않다고 강조했다. 다시 말해 고통에 처해 있는 사람을 돕는 데 국적을 따질 필요가 없다는 것이다(Hulme, 2016).

---

2 해외 원조는 공적 재정을 통해 시행되지만, 공적개발원조의 개념에 포함되지 않는 군사 원조나 종교에 관련된 원조 등을 포함하는 개념이다.

예를 들어 2004년 인도네시아의 아체 지역에 쓰나미가 닥쳐 수많은 사람이 사망하고 피해를 봤을 때나, 2013년 필리핀에 태풍 하이난이 몰아쳐 커다란 피해를 입었을 때나 지리적 거리와 상관없이 전 세계 곳곳에서 구조단이 파견되고 도움의 손길이 이어졌다. 싱어의 말처럼 도덕적 의무에 따라 세계 여러 국가가 긴급구조의 손길을 내밀었다. 이러한 관점에서 각 국가가 국제개발협력에 참여하는 것은 국제사회에서 우리가 해야 하는 도덕적 의무에 따른 행위라고 할 수 있다. 도덕성을 가진 행위의 주체로서 자신들의 도덕적 의무를 국가정책을 통해 수행하는 방식이다. 그런데 도덕적 의무에 따른 행동은 주체적으로 움직여야 하는 일로, 타인이 강제할 수 없다는 점에 주목할 필요가 있다. 각 국가에게 국제개발협력에 나서도록 강제할 수는 없다는 것이다.

그런데 타인을 돕는 행동은 싱어가 말한 강한 도덕적 의무에서만 비롯되는 것이 아니다. 이 장에서는 어려움에 직면한 타인을 도와야 한다는 도덕적 의무감과 비교하여, 약한 도덕성에 기초한 행동으로 자기중심적 고려에서 비롯된 이타적 행위가 있다고 주장하고자 한다. 다른 사람을 돕는 행동은 타인의 안녕을 우선하여 고려한 행위인데(Sen, 1993), 이와는 대조적으로 자기 중심으로 다른 사람을 도울 수도 있다. 예를 들어 동료, 지인이나 이웃으로 존경받기 위해서도 타인을 도울 수 있다. 어느 날 친구와 함께 길을 걷는데, 어려운 사람을 도울 수 있도록 기부해 달라는 단체를 만났다고 하자. 그 단체가 정확히 어떤 일을 하는지 잘 모르더라도 자선냄비에 기부금을 넣어 본 적이 있으리라. 왜 그랬을까? 타인에게 누군가를 도와주는 자신의 멋진 모습을 보이고 싶었던 것은 아닐까? 이러한 자기중심적 고려에서 비롯된 것도 도덕적으로 충분히 가치 있는 행동이라고 할 수 있다. 물론 싱어가 말한 도덕적 의무에 의한 행동에 비하면 약한 도덕성을 갖는다고 할 수 있다. 근본적으로 자기중심적 고려에 따른 이타적 행동은 실제로 어떤 도움이 필요한지, 진정 도움이 되는지를 중요하게 고려하지 않는다는 점에서 취약성을 갖는다. 즉, 도덕적 동기는 있으나 행위의 결과에는 큰 관심이 없다는 뜻이다.

그런데 국제개발협력은 도덕적 의무뿐만 아니라 규범적 책임에서도 그 근거를 찾을 수 있다. 도덕적 의무가 행위 주체의 내적 도덕 감성에서 비롯된다면, 규범적 책임은 공동체에서 함께 사는 사람들 사이의 규칙과 규범에서 비롯된다. 도덕적 의무는 행위 주체의 자발적 행동을 유발하지만 도덕 감성이 없는 사람에게 똑같은 행동을 강제하지 않는다. 물에 빠진 어린이를 구해 준 사람에게 수백만 리 떨어져 있는 어느 나라의 자연 재해를 입은 사람들도 도와주어야 한다고 도덕적으로 강요할 수 없다는 뜻이다. 그러나 세계를 규범에 근거한 하나의 공동체라고 본다면, 재해나 빈곤으로 어려움에 닥친 사람들을 도와주는 것은 규범적 책임이라고 할 수 있다. 이러한 논거는 사회계약론에 따른 규범적 책임에 기반한다(Rawls, 1982). 그런데 시민과 시민 사이의 권리와 의무 관계를 연결하고 그것의 실현을 담보하는 국가가 국제사회에는 존재하지 않기 때문에 사회계약론을 그대로 적용하는 것은 한계가 있다는 비판을 제기할 수 있다(Nagel, 2005). 다시 말해 권리와 의무를 내포한 시민권을 공유하지 않는 사람들 사이에 강제성 있는 규범적 책임을 부과하기는 어렵다.

여기에 한 가지를 더해 생각해 보면, 여러 형태의 국제개발협력 가운데 공적개발원조는 자연재해나 빈곤 등으로 곤경에 처한 사람을 도와주는 인도주의적 지원뿐만 아니라 개발도상국의 경제·사회 발전을 위한 사회기반시설이나 공공 제도 발전에도 기여해야 한다. A. 센은 발전은 핵심적으로 인간의 자유를 신장한다며 자유를 실현하기 위한 인간의 잠재능력을 강조했다(Sen, 1999). 그런데 인간이 잠재능력을 발휘하여 자유를 누리며 살아가는 데는 자신의 내적 잠재능력뿐만 아니라 자신이 원하는 선택지와 활동에 필요한 무대가 필요하다는 사실을 상기해야 한다. 개인이 자유롭게 활동할 수 있는 정치·사회적 영역이 보장되어야 하고, 경제적 조건들이 갖춰져야 한다. 개발도상국 사회에 관한 연구를 살펴보면 빈곤뿐만 아니라 제도적·사회구조적 장벽과 차별로 인해 많은 사람이 자유를 누리지 못하고 고통받고 있음을 알 수 있다(Kabeer & Cook, 2010; Midgley, 2014). 그렇다면 과연 우리는 멀리 떨어져 있는 어떤 개발도상국의 제도와 사회 발전을 위해 도와야 한다는 규범적 책임을 질 수 있을까? 한 개인으로서 이러한 규범적 책임을 져야 한다는 주장은 직관적으로나 논리적으로나 설득력이 없다. 여기서 우리의 초점을 규범적 행위의 주체로서 국가에 맞추어 보자.

세계화가 가속화되면서 개인이나 기업, 사회단체가 국제적인 활동으로 유대관계를 맺고 있지만, 세계질서는 근본적으로 주권국가를 중심으로 구성되고 유지된다. 세계시민의 권리를 보장하고 책임을 부과하는 세계정부가 존재하지 않기 때문이다. 국제질서가 주권국가 사이에서 구성되는 것이라면, 이러한 질서 속에서 규범적 책임을 지는 주체는 국가라고 할 수 있다.

그런데 국제질서는 자유롭고 평등한 구성원 간에 구축된 것이라기보다는 강대국에 의해 개발도상국과 같은 약소국에 강요된 것이라는 시각도 있다. 현재 개발도상국이 겪는 어려움은 강대국이 초래한 것이라고 강조하면서 개발도상국 지원에 대한 강대국 책임론을 주장한다(Pogge, 2008). 해외에 식민지를 건설하여 약탈과 착취를 일삼은 제국주의 국가들에 대한 책임을 묻는 이 주장은 매우 설득력이 있다. 그런데 이 주장에서는 두 가지를 추가로 논의해야 한다. 첫째, 강대국에 의해 강요된 국제질서가 개발도상국을 비롯한 약소국에 피해를 준다면, 이를 먼저 개혁하고 개발도상국에 지원하는 국제개발협력은 차후가 되어야 한다. 둘째, 역사적으로 식민지 경략의 경험이 없는 한국과 같은 나라의 국제개발협력에 대한 책임 여부에 대해 공백이 남는다. 이러한 측면에서 T. 포게의 주장(Pogge, 2008)은 더 많은 논의를 요구한다.

주권국가의 국제개발협력에 대한 책임을 따져 보기 위해서 반드시 포게가 그려 내는 강자와 약자 간의 강요와 피해의 관점에서만 살펴볼 필요는 없다. 현재 유지되는 세계질서 속에서 풍요를 성취한 국가가 여전히 저개발로 고통받는 국가에 대해 지원하는 일은 규범적 책임이라고 판단할 수 있기 때문이다. 한국의 경제 발전 사례가 이를 잘 뒷받침해 준다. 지난 60여 년 동안 한국은 세계에서 가장 빈곤한 국가에서 수출 주도의 산업 정책으로 중진국의 반열에 올랐으며, 1990년대 이후 WTO의 출범과 같은 세계화·자유화의 질서 속에서 지속적인 경제성장을 이루었다(Adelman, 1997). 이에 반해 사하라 이남 지역의 많은 국가는 이러한 질서 속에서 고전을 면치 못하고 여전히 저개발 상태에 머물러 있다. 그런데 이러한 성공과 좌절은 개별적 경험이 아니라 세계질서 속에서 상호작용한 결과이며, 그 속에서 풍요를 이룬 국가는 여전히 어려움을 겪는 나라를 지원하는 규범적 책임을 지는 것이라고 판단된다.

이러한 논거를 기반으로 규범적 행위자로서 국가의 책임을 이해한다면, 앞에서 어려운 문제로 제기된 개발도상국의 제도적 발전과 사회·경제적 구조 개혁에 대한 지원도 개발도상국의 시민에 대한 지원과 함께 공적개발원조의 정책 대상이 될 수 있다. 인간의 자유와 권리 보호를 위한 법적 제도의 확보와 시민들의 자유로운 정치 참여를 보장하는 민주주의 질서 등과 함께 경제발전에 기초가 되는 행정 제도를 구축하도록 지원하는 일이 공적원조의 중요한 부분을 차지하는 이유다. 요약하면, 도덕적 주체로서 고통받는 약자를 돕는다는 도덕적 의무감은 국제개발협력에서 가장 진정성이 있고 강력한 동기다. 그러나 이러한 도덕적 의무는 다른 사람에게 강요할 수 없는 동시에 개발도상국을 지원하는 데 대상이 협소해질 수밖에 없는 이유이기도 하다. 반면에 규범적 행위자의 주체로서 국가를 설정하면 국제개발협력의 주요 수단이 공적개발원조가 되며, 국제개발협력의 대상도 행정 제도, 사회·경제 구조 개혁과 같이 광범위한 내용을 포함하게 된다.

그런데 정부 주도하에 개발도상국을 지원하는 경우, 어떤 시민은 스스로 선택하지 않은 국제개발협력에 참여하는 꼴이 된다. 정부가 실시하는 공적개발원조는 시민들에게 부과된 조세로 재정을 조달하기 때문이다. 이와 같은 공백을 메우기 위해서는 민주주의를 통한 시민의 정치 참여와 공공정책을 추진한 내용에 관한 정부의 책임성을 확보해야 한다(김태균, 2018). 공적개발원조에 나서는 정부는 그 정당성에 대해 시민의 지지를 받아야 하며, 정책의 추진 과정과 결과에 관해 설명하고 책임진다면, 공적개발원조가 시민에게 강요된 선택이라는 문제를 해소할 수 있다.

국제개발협력과 공적개발원조의 규범적 책임성을 따져 볼 때 반드시 글로벌 공공재 창출을 고려해야 한다. 국제개발협력은 개발도상국을 지원하는 목적만 있지 않다. 코로나19 대유행과 지구온난화와 같은 전 세계가 공동으로 직면한 과제를 해결하기 위해 개발도상국을 지원하는 일도 글로벌 공공재를 창출하는 일이다. 글로벌 공공재는 세계라는 공동체가 유지되고 효과적으로 관리되기 위해 생산해야 하는 제도와 가치를 말한다. 글로벌 공공재 창출에 기여하는 일은 우리에게 부과된 책임이며, 그 혜택은 세계시민 모두가 골고루 나누어 가진다.

4. 한국의 공적개발원조 정책에 대한 성찰

지금까지 국제개발협력의 당위성에 대해 도덕적 의무, 자기중심적 동기라는 윤리적 논거를 통해 살펴보았다. 이와 더불어 세계 공동체의 구성원으로서, 규범적 행위자로서 국가가 가진 책임의 관점에서 공적개발원조의 당위성과 글로벌 공공재에 대한 책임에 대해 논의했다. 이러한 도덕적 의무와 규범적 책임의 관점에서 볼 때 한국의 공적개발원조는 어떤 특성을 띠며, 어떤 방향으로 나아가야 하는가?

새로운 공여국으로서 한국은 많은 개발도상국의 모범 사례로 인정받고 있다. 가장 빈곤한 나라에서 성공적인 발전을 이루었고, 그 발전의 경험도 매우 생생하게 남아 있기 때문이다(Kohli, 2004; Kwon & Koo, 2014). 우리 국민은 한국이 공여국으로서 개발도상국을 지원하는 국제개발협력 정책을 추진하는 데 커다란 자부심을 느끼고 있다. 2017년에 실시된 국민인식조사에서 공적개발원조에 대한 지지도 86.7%로 나타났다(박정호·김은주, 2017). 2011년 한국은 부산에 세계 150여 국가를 초청하여 '원조 효과성 제고를 위한 제3차 고위급 회의'를 개최하여 공여국으로서 세계적 위상을 과시하기도 했다.

2010년 OECD/DAC 가입에 서명한 이후 한국은 두 차례에 걸쳐 국제개발협력 중기 계획을 시행했다. 2014년에는 국제개발협력기본법을 제정했는데, ① 개발도상국의 빈곤 감소와 삶의 질 향상, ② 개발도상국의 발전과 이를 위한 제도 개선, ③ 개발도상국과 우호 협력 증진, ④ 국제개발협력과 관련된 범지구적 문제 해결 등을 국제개발협력의 목적으로 제시했다. 여기서 국제개발협력의 목적은 모두 타당한 것으로, 보편적으로 받아들여질 만한 내용이다. 때문에 기본법의 추상적 목표로는 국제개발협력의 동기를 파악하기가 쉽지 않다.

좀 더 구체적으로 살펴보기 위해 국제개발협력의 실질적인 방향을 제시하는 중기 계획의 내용을 살펴보자. 제1차 국제개발협력 기본계획은 주로 국제개발협력 정책 집행을 위한 행정 체제 구축에 초점을 맞추고 있다(대한민국정부, 2010a). 2016-2020년의 제2차 기본 계획에서도 통합과 실질적 성과, 그리고 다양한 협력 주체의 참여를 강조하는 등 여전히 한국 정부와 국제개발협력 분야의 국내 참여자를 대상으로 한 행정 체제 구축과 발전에 초점을 맞추고 있다(정지원, 2021). 이는 한국의 국제개발협력 체제가 제대로 갖추어지지 못한 때문이기도 하지만, 공적개발원조 추진에서 정부 부처 사이에 분절화된 문제점에 대응하기 위해서였다.

국제개발협력의 동기를 좀 더 깊이 있게 파악하기 위해서는 OECD/DAC에 가입한 배경을 알아야 한다. 한국은 60여 년 전 한국전쟁의 폐허 위에서 눈부신 경제 발전을 이룩했고, 1988년 민주주의 헌법에 따라 국민이 정부를 직접 선출했다. 이렇게 경제 발전과 민주화라는 역사적 과업을 성취한 한국 정부는 1996년 선진국들의 국제기구라고 할 수 있는 OECD에 가입할 수 있었다. 문민정부를 내세운 김영삼 정부는 이와 함께 세계화를 경제 발전 전략으로 내세우면서 선진국으로서의 위상을 확립하고자 했다. 그러나 이와 같은 야심과 전략은 1997년 외환 위기라는 치명적인 복병을 만나 좌절되고 말았다.

절치부심의 노력으로 한국은 경제 위기를 빠르게 극복했다. 이에 정부는 일부 시기상조라는 의견에도 불구하고 OECD/DAC의 가입을 추진했다. 외환 위기를 극복하고 선진국 반열에 오른 한국의 위상을 새삼 확인하고자 하는 의도에서 비롯되었다.[3] 그리고 2005년 11월 공적개발원조 정책 개선을 위한 종합계획에서 국제개발협력에 관한 정부의 전략을 마련했다(국제개발협력위원회, 2017). 이 문서에서는 한국의 공적개발원조 정책의 여러 과제를 발굴하고 정책적 대안을 제시하는데, 그 가운데서도 공적개발원조 정책을 총괄·조정하는 국제개발협력위원회의 설치를 제안했다. 이는 한국 정부가 OECD/DAC에 가입하기 위한 전략적 접근이었다. 2006년 국제개발협력위원회가 출범했고, 한국은 OECD/DAC에 동료 평가를 신청하여 2008년 그에 대한 심사가 진행되었다(OECD, 2008). 한국은 여기에서 지적된 사항들에 대한 대응 방안을 마련하면서 가입에 필요한 조건을 맞추어 나갔다.

2010년 최종적으로 한국은 OECD/DAC 가입을 승인받았으며, 경제 위기로 선진국의 문턱에서 좌절한 경험을 넘어 국제사회에서 인정받는 공여국의 위치를 차지하게 되었다. 한국 정부는 OECD/DAC의 가입으로 국민이 큰 자부심을 느끼고, 국가의 국제적 위상이 한층 제고될 것이라고 기대했다(대한민국정부, 2010a). 2010년 이명박 대통령은 OECD/DAC에 가입한 감흥을 다음과 같이 표현했다.

> (…) 외국 선교사로부터 구호물자 의복을 받으려고 줄을 서던 어린 소년이

---

3 당시 외교부에서 OECD 관련 정책을 담당했던 오준 대사와의 저자 인터뷰(2019. 9. 20).

대한민국의 대통령이 되어 여러분 앞에 섰습니다. (…) 대한민국의 놀라운 발전은 우리가 어렵고 힘들 때 도움을 주었던 모든 분의 덕택으로 가능했습니다. (…) 전쟁의 폐허와 가난을 딛고 일어선 대한민국 국민은 이제 세계 번영과 평화에 이바지할 준비가 되어 있습니다. (…) 이제 우리의 역할을 다하겠습니다. (필자 번역, Kim, 2011: 812에서 재인용)

여기서 주목할 대목은 국제개발협력을 통해 선진국으로서 위상과 자부심을 확인하려는 한국의 자기중심적 동기다. 국제개발협력에서 자기중심적 동기가 뚜렷이 나타나는 또 다른 예는 한국의 개발 경험의 공유에 대한 강조다(Stallings, 2017). 실제로 한국의 개발 경험은 많은 정책적 시사점을 제공한다. 예를 들어 아프리카의 르완다, 에티오피아와 같은 나라에서는 한국의 발전국가모델을 벤치마킹하여 경제발전정책을 추진하고 있다. 탄자니아에서는 한국의 새마을운동을 모델로 삼아 지역개발사업을 실시하기도 했다. 이에 정부는 지식공유사업KSP 프로그램을 만들어 한국의 개발 경험을 체계적으로 공유하고자 한다. 그런데 이러한 경험 공유를 통한 국제개발협력도 기본적으로 자기중심적 동기에서 비롯된 국제개발협력이라고 할 수 있다.

한편으로 한국의 국제개발협력 동기에서 규범적 책임의 측면도 존재함을 알 수 있다. 1950년대와 1960년대에 한국은 대규모 해외 원조를 받았다. 한국전쟁 기간 동안의 인도주의적 지원뿐만 아니라 전쟁 후에도 미국과 UN을 통해 많은 지원을 받았다. UN 기구였던 국제연합한국재건단UNKRA을 통해 1953년에서 1960년까지 받은 원조는 약 1억 2천만 달러에 달했다(차동세·김광석, 1996). 이 기간에 미국으로부터 식량 원조 PL480을 포함하여 17억 4,500만 달러를 지원받았다(차동세·김광석, 1996). 이렇게 많은 도움을 받았던 한국이 경제적으로 발전했으니 이제 그만큼 갚아야 한다는 것은 매우 강력한 규범적 책임이라고 할 수 있다. 2017년 조사된 공적개발원조에 대한 국민인식 조사에서 한국 국민은 우리가 받은 원조를 국제사회에 돌려주어야 한다는 생각을 개발도상국의 빈곤 감소나 세계 평화, 한국의 경제성장 등의 다른 사항보다 앞서는, 국제개발협력을 지지하는 첫 번째 이유로 꼽았다(박정호·김은주, 2017). 이는 기본적으로 받은 것을 돌려주어야 한다는 규범적 책임에 속하는 내용이라고 할 수 있다.

따라서 그동안의 연구에서 지적된 것처럼 한국의 국제개발협력이 경제적 이익 실현이나 국가이익을 위한 외교정책의 수단뿐만 아니라 도덕적 의무와 규범적 책임에 근거한다는 사실을 도출해 낼 수 있다. 그러나 자기중심적 동기는 여전히 약한 도덕적 동기일 뿐만 아니라, 과거에 받은 도움을 갚겠다는 규범적 측면에서의 책임도 근본적으로 한국의 경험을 일차적으로 고려하는 자기중심적 고려다. 즉, 여기에는 지원받는 상대에 대한 고려가 약하다는 비판적 지적이 존재할 수밖에 없다. 근본적으로 다른 사람이나 국가에 도움을 줄 때는 도움 받는 쪽에 진정으로 도움이 되는지 잘 살펴야 한다. 수원국의 관점에서 국제개발협력의 사업 내용이 적절하고 추진 방식이 효과적인지 살펴보는 것은 매우 중요하다. 이러한 측면에서 한국은 수원국의 필요에 대해 훨씬 더 깊이 고려해야 한다. 물론, 한국국제협력단에서는 개별 수원국에 관한 국제개발협력 전략 문서를 작성하여 개발협력사업을 수행하고 있다. 그러나 여전히 공여자 중심의 프로젝트 사업으로 진행된다는 지적이 있음을 고려하여 현지 상황과 밀착된 정책 분석과 그에 따른 적절한 사업 방식을 구상하여 사업을 효과적으로 수행해야 한다(Kwon, Lee & Ha, 2022).

5. 국제개발협력의 세 가지 추진 방향

한국이 OECD/DAC 회원국으로 가입한 지 이제 10년을 넘어서고 있다. 새로운 10년을 시작하면서 한국의 국제개발협력은 자기중심적 고려를 벗어나 분명한 목적과 방향성을 지향해야 할 시점에 이르렀다. 즉, 수원국의 필요에 부합하고 경제·사회 발전에 효과적인 결과를 창출하는 방향에서 추진되어야 한다. 따라서 앞으로 한국의 국제개발협력 정책은 다음과 같은 세 가지 방향으로 나아가야 한다.

첫째, 개발도상국에서 인간의 자유와 권리 증진 및 보호를 국제개발협력의 가장 중요한 목표로 설정해야 한다. 함께 살아가는 세계 공동체에서 서로 보장하고 보호받아야 할 기본적 권리이자 경제·사회 발전의 가장 핵심적인 목표는 인간의 자유에 있기 때문이다. 또한 빈곤과 질병 그리고 폭력에 의해 고통받는 당사자는 바로 인간이라는 점에서 국제개발협력의 초점은 인간에게 맞춰져 있어야 한다. UN의 세계인권선언에서도 천부인권으로서 자유를 보편적이고 가장 기본적인 권리로 강조하고 있다. 이렇게 인간의 자유를 국제개발협력 정책의 기본적 가치로 삼아 빈곤과 질병, 그리고 폭력으로 자유를 침해받는 취약국을 포함한 개발도상국의 시민이 속박에서 벗어나도록 과감한 노력을 기울여야 한다. 이러한 관점에서 보면 빈곤 감소에 최상위의 중요성을 부여하는 현재의 국제개발협력 기본법은 개정할 필요가 있다.

둘째, 개발도상국이 지속 가능한 경제·사회 발전을 스스로 달성할 수 있도록 공공행정 제도의 기반을 구축하는 데에 지원해야 한다. 인간의 자유를 억압하는 외부의 제약을 제거하더라도 실질적으로 자유를 실현하기 위해서는 자유로운 활동의 무대로서 공공행정, 경제 제도가 필요하기 때문이다. 공여국의 협력 사업이 마무리된 후에도 수원국이 사업을 수행할 수 있도록 제도적 기반을 갖춘다면 지속 가능한 발전을 이룰 수 있을 것이다. 이와 함께 사회 구조적 차별과 억압을 제거하는 노력을 지원해야 한다. 특히 공공행정 제도의 구축에서 한국이 비교우위를 살려 좀 더 적극적으로 사업을 진행해야 한다는 점을 강조하고자 한다. 이러한 제도적 기반 위에서 의료, 농업, 과학기술 등 분야별 협력과 지원이 이루어진다면, 개발도상국 시민들이 자유를 누리는 데 필요한 선택지가 더욱 넓혀질 것이라 본다. 공공행정 지원을 위한 국제개발협력 사업을 선정할 때에도 수원국이 스스로 필요한 사업을 정하고 그에 대한 예산 계획을 수립할 수 있도록 수원국 정부에 직접 예산을 지원하는 방식을 강화해야 한다. 지금까지 한국의 국제개발협력 사업은 대부분 공여국 중심의 소규모 프로젝트였다. 이러한 방식으로는 수원국이 장기적으로 발전하기가 매우 어려우므로, 스스로 사업을 계획하고 추진할 수 있도록 수원국 중심의 국제개발협력 사업으로 전환하는 것이 바람직하다.

실제로 2011년 부산에서 열린 국제개발협력 고위급 회담에서 공여국과 취약성이 높은 개발도상국이 뉴딜 협약에 합의했는데, 여기에 한국도 공여국으로 참여했다. 해당 협약에 따라 취약국 정부의 공공정책 수행 능력을 제고하기 위해 공여국은 수원국 정부 시스템으로 국제개발협력 사업을 추진하기로 했다. 그러나 사하라 이남 아프리카 국가를 대상으로 진행한 한국의 국제개발협력 정책을 경험적으로 분석한 최근 연구에 따르면, 여전히 수원국에게 높은 자율성을 부여하는 정부 예산지원과 같은 사업이 제대로 이루어지지 않고 있다(Kwon, Lee & Ha, 2021). 앞으로 수원국 정부의 능력을 개발하는 데 더욱 적극적인 노력이 필요하다고 판단된다. 한편으로는 개발도상국 정부의 능력 부족과 부정부패를 근거로 개발도상국에 예산을 직접 지원하는 것에 대해 우려하는 시각도 존재한다. 이러한 문제에 대응하기 위해 개발도상국에 예산을 지원하되 정책적 투명성과 책임성을 철저히 요구할 필요가 있다. 또한 한국 국제개발협력 전문가가 적극적으로 참여하는 모니터링을 강화하는 방식도 있다.

셋째, 코로나19 대유행, 지구온난화, 해양 오염, 미세먼지 등 범세계적 정책 과제에 대응하기 위한 글로벌 공공재 창출을 국제개발협력의 중요한 목적으로 설정해야 한다. 이와 함께 개발도상국에서 발생하는 분쟁과 갈등, 국가 간 전쟁 등 평화를 위협하는 사안에도 더욱 적극적으로 대응할 필요가 있다. 세계 10대 무역국으로 세계 경제 무대에서 많은 활동을 펼치는 한국이 세계적 공공재 창출에 더 많이 기여하는 것은 당연한 일이다. 개발도상국을 직접 지원하는 양자 간 국제개발협력뿐만 아니라 국제기구를 통해 국제개발협력을 수행하는 다자간 사업에도 더욱 신경써야 한다. 글로벌 공공재 창출을 위한 다자간 협력을 강화해 나가려면 한국이 세계적 공공 의제를 설정하는 데 적극적으로 의사를 표현하고 주도적으로 이끌고 나가야 한다.

한국이 성숙한 공여국으로 이상과 같은 세 가지 정책 목적과 방향을 추진하기 위해서는 개발도상국의 현지 사정을 깊이 이해하는 지역 전문가와 국제개발협력을 계획 및 집행할 수 있는 정책전문가 등 다양한 전문 인력이 필요하다. 그러나 현재 우리나라의 국제협력 분야에는 이러한 전문 인력이 턱없이 부족한 현실이다. 한국에서는 아직 젊은 인재들이 전문성을 개발하여 경력을 쌓을 수 있는 전문 인력 생태계가 매우 좁고 빈약하다. 국제개발협력의 전문 인력이 성장할 수 있도록 관련 분야의 교육을 강화하고 인재 생태계를 폭넓게 구축하는 일이 시급한 과제다. 만약 충분한 능력을 갖춘 전문 인력이 성장하여 개발도상국에 실질적인 경제·사회 발전을 가져오는 정책을 추진한다면, 우리나라가 진정으로 자기 책임을 다하는 성숙한 세계 공동체의 구성원으로 거듭날 수 있을 것이다. 국제개발협력은 세계 여러 나라가 서로 협력하여 개발도상국의 발전을 도모하고 평화를 유지하는 고결한 노력이다. 그런데 이러한 노력이 자국의 이익만을 위한 수단으로 이용된다면, 오히려 개발도상국의 발전을 저해하고 갈등을 초래하게 된다. 이 장에서 논의한 바와 같이 앞으로 한국은 국제개발협력의 자기중심적 동기를 넘어서 개발도상국의 진정한 발전과 평화를 위해 한 단계 더 발전된 국제개발협력 정책을 펼쳐야 할 것이다.

10장

민주주의와 지능정부의 잠재적 위협

1. 전자정부에서 지능정부로의 변화

최근 인공지능 기술을 채용한 전자기기들이 일상생활에서 광범위하게 사용되고 있다. 예를 들어 페이스북과 인스타그램 등 소셜미디어에서 제안하는 서비스들이나 광고들은 인공지능 기술을 활용하여 소비자 개개인에 맞춤형으로 제공된다. 아직 완전한 자동운전 시스템에는 이르지 못했다 하더라도 최근 출고된 자동차 모델들은 인공지능 기술을 도입하여 여러 측면에서 운전을 도와주고 있다. 이처럼 인공지능 기술은 경제·산업뿐만 아니라 공공 부문에도 도입되어 시민들에게 더욱 효과적인 서비스를 제공하고 있다. 챗봇을 통해 공공서비스에 대해 상담하거나, 건물에 대한 데이터를 실시간으로 수집·분석하여 화재와 같은 재해 예방에 활용되기도 한다. 또한, 공공기관은 인공지능으로 더 나은 서비스를 효율적으로 제공할 수 있어서 앞으로 더욱 다양한 부분에서 이를 적극 도입할 것으로 예상된다.

그러나 인공지능 기술의 도입에 따른 우려도 제기되고 있다. 가장 큰 우려는 노동시장에서 그동안 사람들이 수행한 많은 일이 인공지능을 장착한 로봇에 의해 대치될 것이라는 예측으로, 이미 사회적으로 큰 반향을 일으킨 바 있다. 이와 함께 지난 수십 년간 정보통신 기술을 활용하여 구축한 E-Government에 인공지능 로봇 기술을 적용하여 지능정부를 구성하면, 보다 효율적인 정부 운영과 공공서비스 제공이라는 긍정적 측면과 함께 부정적인 파급 효과도 나타날 것이란 우려도 있다. 그러나 인공지능 로봇 기술과 지능정부의 발달 수준은 아직 시작 단계에 불과하며, 앞으로 기술 발전이 지속되어 실제 적용된다면 이러한 우려가 현실에서 어떻게 나타날 것인지는 분명하지 않다.

인공지능 기술과 지능정부의 효과는 단순히 미래에 대한 예측의 문제가 아니다. 문제를 예상하여 이에 대해 적절한 대응책을 마련하는 등 적극적인 대응이 요구되는 분야다. 미래는 인간이 기술 발전에 따라 발생할 수 있는 다양한 시나리오를 검토하고 예상되는 긍정적 효과와 함께 부정적 변화 중에서 가장 적절한 방향으로 만들어 가는 것이기 때문이다. 따라서 이성적 성찰을 통해 미래의 사회적 가치와 필요한 공공재를 고려해 보고 그에 따라 바람직한 미래를 그려 나가는 노력이 필요하다. 더욱이 지능정부가 일견 편리함을 도모하고 사회갈등을 줄일 수 있는 것처럼 보여도, 시민의 자유를 침해한다면 민주주의에 대한 위협뿐만 아니라 심각한 사회갈등도 초래할 수 있기 때문이다.

10장에서는 인공지능 기술을 본격적으로 채용하여 지능정부가 실질적으로 작동하게 된다면, 그에 따른 민주주의에 대한 다양한 영향을 살펴보고자 한다. 기술 발전은 인간이 풍요롭고 안전하게 살아가기 위한 수단적 가치를 지니며, 인간 자유와 존엄성을 중시하는 민주주의의 정치질서 속에서 시민의 안녕과 풍요로운 삶을 만드는 데 기여하는 방향으로 채용되어야 한다. 자유민주주의 기본적 가치를 지키면서도 기술의 변화·발전으로 국민의 안전과 복지를 증진하는 방향에서 지능정부를 구축하는 것은 매우 중요하다. 이 장에서는 고도의 인공지능 기술이 적용된 지능정부가 민주주의 기본 원칙과 운영에서 나타날 수 있는 잠재적 위협에 대해 살펴보고, 그에 대한 대응 방안을 모색해 보고자 한다.

2. 인공지능 시대와 지능정부

인공지능 기술이 고도화되면서 다양한 분야에서 그 기술이 적용되고 있다. 가장 먼저 재화와 서비스를 생산하는 경제활동 분야에서 인공지능 기술을 활용하여 생산성을 높이려는 기업들이 늘어나고 있다. 정부도 인공지능 기술이 적용된 공공서비스를 제공하고자 다양한 시도를 하고 있다. 앨런 튜링Alan Turing에 따르면, 인공지능이란 사람의 정신적 활동에 버금가는 지능적 행동을 보여 주어 사람과 구별할 수 없을 정도로 높은 지능을 가진 기계다(최창환, 2017). 사람과 기계를 식별하고자 하는 튜링 테스트Turing Test는 지적 능력을 정확히 정의하지 않은 상태에서 인간에 견주어 인공지능을 판단하는 간접적 접근 방법이다. M. 테그마크는 지능intelligence(지적 능력)을 "복잡한 과업을 수행할 능력"으로 정의하면서 인공지능을 이처럼 복잡한 과업을 수행할 수 있는 기계라고 보았다(Tegmark, 2017). 이와 같은 정의는 최근의 인공지능을 장착한 기계의 모습을 잘 표현하기는 하지만, 인공지능과 더불어 과업 수행이라는 또 다른 내용이 내포되어 있어 정확한 정의라고 보기 어렵다.

먼저 인간의 지적 능력을 정확히 정의하자면, 학습을 통해 습득한 지식으로 판단할 수 있는 능력을 의미한다. 이것은 단순한 계산을 넘어 어떤 사안에 대해 자신의 견해를 가지고 판단할 수 있는 능력을 말한다(Floridi & Sanders, 2004). 따라서 인공지능이 사람의 지적 능력과 유사한 능력을 발휘한다는 것은, 인간처럼 복잡한 상황에서 요구되는 판단 능력과 그에 필요한 학습을 수행할 수 있다는 점을 의미한다(Bellman & Lee, 1979).

그런데 최근에 인공지능 기술이 사용되는 사례들을 보면, 컴퓨터가 기계 학습을 통해 획득한 지적 능력으로 판단하는 것에 그치지 않고, 인공지능 기술이 로봇에 적용되어 주어진 과업을 수행한다는 점에 주목할 필요가 있다(Livingston & Risse, 2019). 인공지능은 기본적으로 알고리듬에 기초하여 다양한 통로로 수집된 빅데이터를 활용하여 스스로 학습하는 컴퓨터다. 인공지능이 가상세계에서 작동한다면 인공지능의 정보와 판단에 기초하여 과업을 수행하는 로봇은 기계장치를 활용하여 물리적 세계에서 일정한 과업을 실제로 수행한다. 컴퓨터의 정보처리 능력에 언어, 음성, 시각, 촉각 등 인지능력과 로봇 기계 장치의 물리적 활동 능력이 더해지는 것이다. 따라서 인공지능이 적용된 로봇은 가상세계에서 컴퓨터가 학습한 지식을 토대로 현실 세계에서 활동하는 물리적 실체다. 인지능력과 신체적 능력을 통해 물리적 활동을 하고, 그 결과 현실 세계에 어떤 변화를 창출할 수 있다(이정동 외, 2019).

인공지능 로봇이 개발되자, 지금껏 전문기술 인력이 수행한 산업 공정이 인공지능 로봇 기술로 대치되는 사례들이 급격히 늘어나고 있다(Livingston & Risse, 2019). 이제 일상에서도 인공지능 로봇을 어렵지 않게 접할 수 있다. 과거의 자동화된 로봇이 정해진 과업만을 수행한 것과는 달리 인공지능 로봇은 복잡한 의사 결정이 필요한 새로운 상황에서 적절한 판단을 내리고 그에 따라 과업을 수행할 수 있게 되었다. 이처럼 인공지능 로봇이 다양한 산업 생산과 서비스 창출 과정에서 많은 역할을 수행함으로써 해당 산업 분야에서는 생산성이 급격히 상승할 것으로 보인다.

인공지능은 지적 수준에 따라 약弱 인공지능, 강强 인공지능, 초강력 인공지능으로 분류된다. 약 인공지능은 한정된 분야에서 인간과 같은 지능적 능력을 발휘하는 낮은 단계의 인공지능이다. 인공지능이 정해진 규칙과 범위를 넘어 보다 폭넓은 상황에서 학습하고 판단할 수 있도록 성능은 강 인공지능, 초강력 인공지능으로 강화될 것이다. 이와 다른 시각에서 인공지능의 활용 범위에 따라서도 인공지능 기술을 분류할 수 있다. 특정한 업무 분야에서 판단력이 필요한 과업을 수행하는 특정 인공지능과, 특정 업무에 국한되지 않고 다양한 분야에서 필요한 과업을 수행하는 범용 인공지능으로 나뉜다. 예를 들면 바둑 두는 알파고AlphaGo는 특정한 과업을 수행하는 인공지능이고, 요양원에서 노인들에게 돌봄을 제공하는 인공지능 로봇은 상황에 따라 여러 가지 과업을 수행하는 범용 인공지능이다. 노인에게 대화 상대가 되거나 이동 수단을 제공하고, 신체의 건강 상태를 판별할 수 있다. 현재의 기술력으로는 대부분 특정 인공지능 수준에서 사용되지만, 범용 인공지능도 곧 현실화될 것으로 본다. 따라서 본 장에서는 인공지능 로봇이 특정 인공지능에서 범용 인공지능으로 빠르게 진화한다는 맥락에서 논의를 이어 가고자 한다.

인공지능 기술의 발전과 동시에 인공지능을 장착한 로봇이 경제 활동과 사회생활뿐만 아니라 공공행정에도 점점 더 확대·적용됨에 따라 더욱 발전되고 세련된 인공지능이 사회 각 부분에서 활동하는 자동화 사회가 곧 도래할 것이다. 특히 다양한 인공지능 로봇을 활용하여 국민에게 공공서비스를 제공하는 정부 시스템을 지능정부라고 한다. 현재의 기술 발달과 활용 속도를 감안하면 가까운 시일 내에 지능정부가 출현할 것으로 보인다.

이미 세계 각국의 정부들은 지난 30여 년간 정보통신 기술을 적용하여 공공 업무를 수행하는 전자정부를 구축해 왔다. 이러한 바탕 위에 인공지능 기술을 접목하여 지능정부를 구축하는 것은 어려운 일이 아니다. 일차적으로 전자정부는 공공행정의 효율성을 위해 정부의 각종 데이터와 공식 문서를 컴퓨터와 인터넷 연결망을 통해 처리하는 정보통신 기술 시스템을 의미한다. 즉, 정부 내부의 공공행정을 관리하는 시스템이 전자정부의 초기 모습이다. 여기서 한 발 나아간 전자정부는 정보통신 기술로 국민의 경제적·사회적 활동에 관한 정보를 수집 및 관리하여, 정부의 공공행정을 효율적으로 수행한다. 예를 들어 전자정부 시스템은 고속도로 요금소에서 자동차의 번호를 식별하고, 이것을 정보로 전환하여 해당 고속도로의 교통량을 파악할 수 있다. 정부는 이와 같은 정보를 기초로 고속도로를 운영하는 데 필요한 정책을 보다 효과적으로 수립하고 집행할 수 있게 되었다. 국민의 다양한 사회·경제적 활동에 대한 정보를 수집하고 관리하는 것은 전자정부의 핵심적 기능이다. C. 후드는 정부가 사회 경제적 활동에 대해 정보와 자료를 수집하는 일을 전자정부의 인지기능detection이라고 개념화했다(Hood, 1991). 한편 정부는 이렇게 수집 관리된 정보로 국민에게 더욱 수준 높은 공공서비스를 효율적으로 제공할 수 있다. 예를 들어 전자정부가 구축됨에 따라 관공서에 직접 방문하지 않고도 컴퓨터를 연결하여 공공서비스를 제공받을 수 있게 되었다. 후드는 전자정부를 활용하여 공공서비스를 제공하는 것을 수행기능effecting이라고 정의했다(Hood, 1991).

이뿐만 아니라 민간의 경제·사회 활동 역시 디지털 정보에 기초한 데이터로 전환되어 효율성과 효과성을 높이고 있다. 민간기업들은 경쟁에서 뒤처지지 않기 위해 다양한 데이터를 축적 및 활용해 왔다. 시민들도 대부분 컴퓨터와 스마트폰을 활용하여 더 많은 정보를 획득하며, 사회연결망서비스를 이용하여 다양한 주제에 대해 자신들의 견해를 피력한다. 정부는 민간 부분에서 데이터를 관리하고 활용하는 데 적절한 규제와 지침을 제시하는 규제자로서의 역할을 맡는다. 따라서 전자정부는 정부 내부의 행정 관리를 포함하여 정부와 시민 사이에 상호작용의 통로 역할을 하고 있다(황한찬·엄석진, 2019).

컴퓨터와 인터넷이 지속적으로 발달하면서 더욱 향상된 전산 능력과 정교해진 알고리듬을 기반으로 한 인공지능이 활용되면서 전자정부는 지능정부로 변모하게 된다. 전자정부에서 구축된 빅데이터를 활용하여 컴퓨터가 스스로 학습하고 필요한 판단을 내리는 알고리듬으로 인해 지능정부로 탈바꿈하는 것이다. 앞에서 언급한 바와 같이 인공지능과 인공지능 로봇은 축적된 정보뿐만 아니라 주어진 과업을 수행하기 위해 시각, 청각, 촉각 등의 감각 기능과 기계 장치를 동시에 활용하여 물리적 활동을 이행하여 국민에게 훨씬 폭넓은 공공서비스를 제공할 수 있게 된다(Neff, 2018). 인공지능 로봇이 공공서비스를 비롯하여 다양한 공공정책을 집행하게 된다면, 지능정부는 정보통신기술을 이용한 업무(가상세계)와 정책을 집행하는 새로운 모습(물리적 현실 세계)으로 등장하게 될 것이다.

지능정부에서 공공서비스

인공지능 기술은 발전하는 중이기 때문에 지능정부가 어떠한 공공서비스를 제공할지는 여전히 불투명하다. 공공기관의 민원 업무 가운데 다양한 시민들의 질의에 응답하는 챗봇은 오늘날 가장 쉽게 볼 수 있는 사례다. 민원인들의 다양한 질의에 인공지능 기술을 기반으로 적절한 답을 찾아 신속히 답변하는 챗봇 덕분에 이제는 과거처럼 전화상담원의 답변을 오랫동안 기다리지 않아도 된다. 우리나라에서 서울 강남구, 대구시, 경기도 등이 이러한 질의응답형 인공지능 로봇을 앞서 도입했다(이재호·정소윤·강정석, 2019).

뉴욕 소방청은 뉴욕의 빌딩에 대한 데이터를 분석하여 시시각각 화재 위험 수준을 예측하는 파이어캣FireCat 인공지능 화재 예방 시스템을 운영하고 있다. 이로써 수많은 인원이 실제로 화재 위험 조사에 동원되지 않고도 인공지능의 데이터 분석만으로 화재 위험을 판단하여 효과적인 화재 예방 서비스를 제공할 수 있게 되었다 (Heaton, 2015). 이와 같은 서비스는 이제 보스턴에서도 활용되고 있다고 한다. 플로리다 경찰청은 경찰의 스마트폰과 카메라 등을 통해 수집되는 현장의 다양한 데이터를 분석하여 범죄의 발생, 형태 등을 파악하는 범죄 예측 시스템을 운영하고 있다. 이처럼 인공지능 기술로 대규모 데이터를 실시간으로 수집·분석하여 적절한 판단을 내릴 수 있게 되면, 정부 업무의 효율화와 공공서비스의 품질 향상을 가져올 수 있다.

한편 인공지능을 장착한 무인 자동차 등이 개발되면 장애인, 노인, 어린이 등 교통약자들에게 맞춤형 교통서비스와 공공서비스를 제공할 수 있으며, 인공지능을 장착한 드론을 통해 고속도로의 교통 상황을 실시간으로 파악하여 교통의 원활한 흐름을 유도하는 등 다양한 공공서비스가 제공될 것으로 판단된다(Mehr, 2017).

지능정부의 세 가지 미래 시나리오

지능정부가 구축되면 정부와 시민의 관계는 어떻게 바뀔까? 지금까지 학계에서 전자정부의 광범위한 활용에 따른 행정의 변화를 예측한 세 가지 이론적 흐름을 짚어 보면, 앞으로 예상되는 지능정부의 파급 효과에 대한 논의의 방향을 설정하는 데 큰 도움이 될 것이다.

첫 번째는 전자정부가 구축되고 광범위하게 활용됨에 따라 공공행정에 긍정적 방향으로 근본적 변화가 있을 것이란 주장이다. 이는 클린턴 행정부에서 행정 체제의 성과 평가를 추진하면서 내세운 신공공관리론에서 찾아볼 수 있다. 클린턴 행정부는 신공공관리 개혁을 주장하면서 컴퓨터에 기반한 새로운 정보통신 기술을 활용해 과거와는 획기적으로 다른 공공서비스를 제공하게 될 것이라는 시각을 제시하였다(Gore, 1995).

두 번째는 전자정부가 발전함에 따라 부정적 결과가 초래될 것이라고 보는 흐름이다. 예를 들어 D. 브린 같은 학자들은 전자정부로 인해 감시사회가 도래할지도 모른다는 우려를 제기했다(Brin, 1998). 시시각각 인공위성을 통해 항공사진을 촬영하고 곳곳에 배치된 CCTV 카메라가 정부의 컴퓨터에 연결되어 시민들을 총체적으로 감시하게 된다는 것이다. 정부의 인지기능이 강화되면서 전자정부가 감시사회의 빅브라더가 될 것이라는 비관적 예측은 이 흐름의 핵심이다. 실제로 우리나라에서도 매년 월급생활자들의 연말정산으로 인해 정부 시스템에 소득 활동과 소비 내역에 대한 정보가 고스란히 담겨 전자정부의 사생활에 대한 정보 인지능력이나, 코로나19 방역 시 확진자의 동선을 정부가 매우 정확하게 추적하는 등 전자정부의 감시 능력을 우려하고 있다.

세 번째는 전자정부가 공공행정에 변화를 가져오기는 하나 본질적인 성격의 변화를 초래하지 않는다고 보는 시각이다. 전자정부에 채용된 다양한 정보통신 기술은 공공행정을 보다 효율적으로 수행하기 위한 수단으로서, 근본적으로 정부의 성격을 변화시킬 수 없다는 주장이다(Margetts, 1999). 여기에는 새로운 기술을 공공행정의 수단으로 사용하여 발생할 수 있는 부정적 파급 효과를 최소화하는 다양한 견제 장치가 필요하다는 주장이 함께한다.

이와 같은 전자정부의 파급 효과에 대한 논의는 지능정부의 미래 시나리오에 그대로 적용되지 않는다. 일부는 타당하고, 일부는 부적합할 수도 있다. 이러한 점을 고려하여 먼저 전자정부와 대비하여 지능정부가 가지는 근본적인 차이를 짚고 넘어가야 한다.

첫째, 인공지능이 데이터에 기반한 학습으로 정책 과정에서 인간을 대신해 판단을 내린다. M. 보벤스와 S. 소우리디스는 전자정부가 구축됨에 따라 현장에서 시민을 상대하는 공무원은 이미 설계된 전자정부 시스템에 따라 단순 과업을 수행할 뿐 과거의 재량권을 갖지 못할 것이라고 지적했다(Bovens & Zouridis, 2002). 반면 지능정부에서 인공지능 로봇은 공공서비스를 제공하는 과정에서 필요에 따라 일정한 의사 결정을 하게 된다. 예를 들어 중소상공인이 코로나19로 인해 긴급대출을 필요로 할 때, 인공지능은 자신이 가진 데이터에 대한 학습을 기반으로 대출 여부를 결정할 것이다(김병조·은종환, 2020). 이러한 대출은 일종의 재량권 행사가 되며, 이는 지능정부의 다양한 계층의 의사 결정 및 정책 집행 과정에서 나타날 것이다. 결국 재량권 행사는 정치적 성격을 가지며, 이는 민주주의 관점에서 분석할 필요성이 있다.

둘째, 지능정부는 훨씬 다양한 방식과 경로를 통해 데이터를 축적하고 이를 통해 학습을 수행한다는 점에서, 전자정부와는 차원이 다른 인지능력을 소유할 것이다. 빅브라더에 의해 국민의 사생활과 자유로운 활동에 대한 끊임없는 감시가 가능해져, 지능정부에서 감시사회가 탄생할 위험이 크다.

셋째, 인공지능과 함께 물리적 세계에서 자체적 판단에 따라 공공서비스를 제공하게 되어, 지능정부는 인간의 도구로서가 아니라 주체적으로 공공 기능을 수행할 것이다. 전자정부가 공공행정의 관리와 정책 집행 수단으로 자리 잡게 되면, 지능정부의 파급 효과는 훨씬 더 클 수밖에 없으며, 그로 인해 근본적인 변화를 가져올 가능성이 크다. 특히 고도로 발달한 인공지능 기술을 활용하여 공공행정을 수행하는 지능정부가 등장하면, 공공 부문과 공무원의 역할에도 심각한 영향을 끼칠 것이다. 이에 민주주의에 어떠한 변화가 있을 것인가를 고찰할 필요가 있다. 지능정부는 단순히 공무원의 업무를 보조하는 수단이 아니라 스스로 학습하고 의사 결정을 하고, 그에 따른 공공서비스를 수행하기 때문에 공공행정뿐만 아니라 근본적으로 민주주의의 정치권력과 행정의 관계에도 심각한 변화를 초래할 것이기 때문이다.

다음 절에서는 민주주의 관점에서 지능정부가 가져올 부정적 파급 효과를 중심으로 살펴보기로 한다. 앞에서 논의한 바와 같이 긍정적·부정적 파급 효과가 모두 가능하나, 부정적 파급 효과를 중심으로 조망하여 이에 따른 문제를 최소화하고자 한다. 따라서 민주주의의 기본적 가치와 운영 원리를 제시하고 이에 대한 지능정부의 위험과 도전을 구체적으로 살펴보기로 한다. 특히 인공지능 로봇 기술이 접목된 지능정부의 활동이 어떻게 민주주의에 위협을 가하는지 살펴보고 그에 대한 대안을 모색한다.

3. 자유에 대한 지능정부의 통제 가능성

민주주의의 세 가지 기본적 원칙과 운영 원리 측면에서 지능정부가 민주주의에 가져올 파급 효과를 논의하기로 하자. 첫째, 민주주의 사회에서 주권자는 시민이며, 이들은 자신이 원하는 삶을 영위할 자유를 가진다. 이는 민주주의 정치 질서에서 가장 기본적이고 소중한 가치다(Rawls, 1996). 자유는 기본권으로서 시민 한 사람 한 사람 모두가 평등하게 향유해야 한다. 어떤 삶이 바람직한지에 대한 생각은 모두 같을 수 없으며, 자신의 사상과 판단에 따라 자유롭게 선택할 권리를 가진다. 따라서 민주주의 사회에서 시민들은 사상과 종교의 자유, 자신의 신체에 대한 자기결정권, 사유재산에 대한 소유권을 가지며, 정부는 이러한 자유를 옹호하고 보호해야 한다. 우리나라 헌법에서도 명시적으로 신체의 자유, 양심의 자유, 종교의 자유, 사생활의 비밀과 자유를 시민의 기본권으로 삼으며, 이와 더불어 거주·이전의 자유, 직업 선택의 자유, 언론·출판·집회·결사의 자유를 폭넓게 인정하고 있다. 지능정부가 구축되고 활용되면서 이러한 민주주의 시민의 기본권에 대해 어떠한 영향을 끼칠지 살펴볼 필요가 있다.

둘째, 민주주의 정치 질서에서 정부를 구성하고 국정을 운영하는 기본 원리는 다수결에 따른 대의 제도다. 지능정부가 본격적으로 구축되었을 때 대의민주주의 원리에 미치는 영향을 살펴볼 필요가 있다. 사람은 다른 사람과 동떨어져 혼자서 살아갈 수 없으므로, 공동체 안에서 자유가 실현되고 수호되어야 한다. 또한 공동체에서 살아가는 시민들은 서로 다른 생각을 가질 수 있다. 따라서 국정을 운영하는 정부를 선출하는 데 각자의 선호를 표출하여, 그에 따라 다수가 선호하는 정부를 구성하는 것이 민주주의의 기본 운영 원리다(Dahl, 1998). 모든 사람은 공직에 참여할 기회도 고르게 얻어야 한다. 기회의 평등을 다수결의 원리와 함께 민주주의의 기본적인 운영 원리라고 할 수 있다. 그런데 인공지능을 기반으로 한 지능정부가 사람들의 선호에 심각한 영향을 끼친다면, 과연 대의민주주의가 제대로 운영될지 의문이다.

셋째, 정부의 책임성 측면에서 지능정부의 영향을 살펴보아야 한다. 민주주의 사회에서 국민으로부터 권한을 위임받은 정부는 정기적인 선거를 통해 그 성과에 대한 책임을 진다. 정부의 책임성은 정기적인 선거뿐만 아니라 국민의 대표자인 국회를 비롯하여 다양한 통로를 통해 지속적으로 확보되어야 한다. 이러한 책임성을 통해 국민의 대리인인 정부가 그 권한을 남용하거나 유용하지 않도록 해야 하는 것이 민주주의 정부의 구성 원리다(Bovens, 2010; Jarvis, 2014). 따라서 집권세력은 그들의 정책을 국민에게 설명하고, 그 타당성을 설득해야 하며, 정책 집행의 결과에 책임져야 한다(Brandsman & Schillemans, 2012). 그런데 정부의 다양한 정책 수행에서 인공지능이 판단하고 공공서비스를 제공한다면, 그 책임성을 어떻게 확보할 수 있는지 검토할 필요가 있다.

지능정부와 자유에 대한 통제

정보통신 기술의 보편적 적용과 함께 시민들 개개인의 디지털 정보의 지문과 발자국이 끊임없이 기록되고, 이것이 시민의 자유로운 삶과 사생활을 심각하게 침해할 것이라는 우려는 오랫동안 존재해 왔다. 특히 전자정부가 거의 전 분야에 걸쳐 시민들의 정보를 광범위하게 수집·축적해 옴에 따라, 앞으로 등장할 지능정부에서는 시민의 사생활에 대한 정부의 감시가 한층 더 강화될 가능성이 매우 크다.

이러한 우려는 중국의 사회 신용 시스템을 통해 현실화되었다. 이 시스템에서 개개인은 개인 인식번호ID number를 가지며, 컴퓨터, 인터넷, CCTV, 도로 통행 인식 장치 등 다양한 디지털 정보 인식 기능을 가진 단말기를 통해 일상의 행동이 기록되고 평가된다(Koble, 2019). 개인들은 정해 놓은 행동규범에서 벗어나는 행위를 했을 때, 부여받은 점수에서 차감되는 방식으로 통제를 받는다. 주어진 기간 동안 개인의 사회적 신용점수가 많이 차감되어 특정 수준에 미치지 못하면, 사회적·경제적 활동에서 제약이나 불이익을 받게 된다. 이러한 불이익을 받지 않으려면 사회봉사 등 신용점수를 얻을 수 있는 활동을 해야 한다. 이 밖에도 일정한 액수의 벌금을 납부하면 신용점수를 회복할 수 있도록 하는 시스템이다.

사회 신용 시스템을 실질적으로 운영하기 위해서는 기존의 정보통신 기술뿐만 아니라 핵심적 기술로서 인공지능 기술도 필요하다. 금융거래나 사회통신망서비스 활동 등과 같은 인터넷에서의 개인 활동뿐만 아니라 거리에서 무단횡단을 하거나 지하철에서 무임승차를 하는 경우와 같이 CCTV로 촬영된 동영상에서 개인을 식별하고 사회적 이탈 행동을 파악하기 위해서다. 사회 신용 시스템과 같은 감시 시스템은 고도로 발달된 인공지능 기술이 채용되면 훨씬 더 강력하게 발전할 것으로 보인다.

사회 신용 시스템은 권위주의 정치체제를 가진 중국에서 부분적으로 시행되고 있다. 중국은 앞으로도 이러한 사회 신용 시스템을 더욱 확대 시행할 것이라고 한다. 민주주의 정치체제를 가진 국가에서도 이와 유사한 시스템을 개발하고 시행할 가능성을 배제할 수는 없다. 특히 인공지능 기술을 적용하여 범죄 용의자를 신속하게 인식하는 기술 등이 개발되어 활용될 것으로 보인다(Livingston & Risse, 2019). 이러한 기술은 일단 개발되면 일반 시민을 대상으로 이용될 가능성도 크다.

인공지능 기술은 매우 유용할 수 있으나, 다양한 사상과 사고방식이 공존하는 민주주의 사회에서 특정한 삶의 방식만을 강요하는 결과를 초래할 수 있다. 이러한 점에서 시민의 자유를 심각히 침해할 위험성이 매우 높다. 나아가 사회 신용 시스템을 운영하는 정부가 설령 민주적인 절차를 통해 수립되었다고 하더라도, 집권 세력이 자신들의 사상과 정책을 강요하거나 그에 부합되지 않는 사람들을 식별하고 통제하기 위해 사용할 가능성은 상존한다. 특히 인공지능 기술이 적용된 사회 시스템이 본격적으로 개발되면 시민 개인의 사회 활동을 감지하는 것을 넘어 사상이나 삶의 방식까지도 식별할 것으로 예측되는데, 이것은 민주주의 사회의 기본 가치인 사상의 자유를 심각히 침해할 우려가 있다.

인공지능 기술로 인한 시민의 권리 침해는 직업 선택의 자유 측면에서도 나타날 수 있다. 이미 언급한 바와 같이 인공지능 기술은 로봇 기술과 연계되어 물리적 세계에서 복잡한 과업을 수행할 수 있다. 로봇 기술이 특정한 생산 라인에서 과업을 반복적으로 수행하는 것에 비해 인공지능 로봇은 복잡하고 다양한 상황에 맞춰 판단하고 그에 따른 과업을 수행하기 때문에 인간 노동력을 대치하는 범위가 매우 넓을 것으로 예측된다(Acemoglu & Restrepo, 2019). 과거 산업혁명에서 기계화된 생산시설이나 정보화사회에서 컴퓨터가 인간의 노동을 대신하면서 사회경제적 파급 효과가 매우 컸다. 그 연장선상에서 인공지능 로봇 기술의 도입은 엄청난 사회 변화를 일으킬 수 있다. 그러나 과거와 달리 대량 정보에 기초한 의사 결정과 그에 따른 복잡한 과업을 수행할 수 있는 인공지능 로봇은 노동자를 대신하는 범위와 강도가 훨씬 넓고 강할 것으로 예상된다.

인공지능 로봇이 인간의 노동을 광범위하게 대체한다면 많은 사람이 직장을 잃고 빈곤층으로 전락할 우려가 있다. 그러면 실직한 사람들은 복지국가가 제공하는 소득에 의존한 삶을 살게 될 것이다. 최근에는 인공지능 로봇이 본격적으로 생산활동에 참여하면 시민들은 기본소득으로 생활할 수 있도록 하자는 주장도 제시된다. 그러나 스스로 노동가치나 부가가치를 창출하지 않고 인공지능 로봇이 창출한 가치에 의존해 살 수 있다고 믿는 것은 지나치게 순진한 생각이다. 로봇이 생산한 가치는 인공지능 로봇을 소유한 기업이나 개인이 전유할 것이기 때문이다. 더욱이 인공지능으로 구성된 지능정부가 작동하면, 시민들은 인공지능 로봇이 작동되지 않는 특정 분야의 업무에 배치될 수도 있다.

대의민주주의에 대한 인공지능의 위협

소셜미디어 등과 같은 인터넷 서비스에서 인공지능 기술로 접속자의 특성에 맞는 맞춤형 광고를 제공하는 일은 이미 일상화되었다. 그런데 이러한 기술은 사람들의 정치적 선호에 암묵적인 영향을 끼쳐 대의민주주의를 위협할 수 있다. 지난 2016년 미국 대통령 선거에서 케임브리지 애널리카라는 데이터 분석 회사가 페이스북의 데이터를 수집하여 미국 유권자들의 특성에 맞게 정치 광고를 하는 등 유권자의 정치 선호에 영향을 주어 세계적으로 물의를 일으킨 바가 있다. 케임브리지 애널리카가 페이스북의 회원 자료를 불법적으로 수집하여 이에 대해 제재를 받았지만, 유권자 맞춤형 정치 광고는 형태만 달리하여 계속될 것으로 예상된다. 우리나라에서는 지난 2017년 대통령 선거에 김경수 경남지사가 컴퓨터 프로그램으로 인터넷 댓글을 조작하여 법원으로부터 유죄판결을 받았다. 이같이 데이터 수집 및 인터넷 조작 등의 방법으로 선거에 영향을 끼치는 사례는 이미 대의민주주의에 심각한 위협으로 대두되고 있다.

데이터 수집이나 맞춤형 정치 광고를 통해 시민들의 정치 선호에 영향을 끼치는 것을 넘어 인공지능 기술로 사실과 다른 정보를 제공하면 더 큰 문제가 야기될 수 있다. 인공지능 기술을 이용한 '딥페이크deepfake' 기술은 실존 인물과 똑같은 동영상을 만들어 사실과 다른 정보를 제공, 유권자가 특정한 사건에 오해하도록 정치적 영향력을 행사하는 기술이다. 실제로 미국의 오바마 대통령이나 트럼프 대통령이 연설하는 딥페이크 동영상은 주의를 기울이지 않으면 알아챌 수 없는 수준이다. 여기에 인공지능 로봇으로 부정 선거를 자행할 수 있다는 우려가 대두되고 있다. 단순히 유권자의 정치적 선호에 영향을 끼치는 것을 넘어, 대의민주주의의 근간인 선거를 직접 조작할 수 있다는 의미다. 예를 들어 인공지능 로봇이 선거인 명부의 데이터를 분석하여 투표하지 않을 사람들을 식별, 그들의 이름으로 우편투표를 진행하면 실제로 인간이 개입하지 않고도 부정 선거를 할 수 있다. 특히 소수의 지역구에서 승부를 바꿀 수 있는 최소한의 투표를 인공지능 로봇이 조작한다면, 유권자들이 부정 선거를 인식하지 못할 가능성이 매우 크다. 실제로 최근 한국과 미국에서 치러진 선거에서 컴퓨터 알고리듬 조작으로 인한 부정선거에 대한 문제가 제기되었는데, 이것이 사실인지 아닌지는 확인되지 않고 있다.[1] 이와 같은 문제 제기

---

1 2020년 4월 한국의 총선과 2020년 11월 미국의 대통령 선거에 대한 부정선거 시비가 크게 제기되었다. 미국에서는 여러 번의 재판을 통해 특별한 부정행위가 없었던 것으로 밝혀졌지만, 한국에서는 법정 재판 기한이 훨씬 지나도록 대법원에서 재판을 지연하고, 일부 진행된 투표지 검증 과정에서 부정한 투표지가 발견되는 등 논란이 가시지 않고 있다.

는 그 진실이 어느 쪽이든지 인공지능 로봇이 대의민주주의에 심각하게 위협적임을 보여 준다.

지능정부의 책임성 문제

전자정부보다 훨씬 더 향상된 지능정부에서는 빅데이터로 자기 학습을 하고 새로운 상황도 자율적으로 판단하여 공공서비스를 수행할 것으로 예상된다. 인공지능은 단순 과업을 수행하는 데에도 대체로 좁은 오차 범위에서 정확하게 판단할 능력이 있어서, 국민들에게 공공서비스를 매우 효과적으로 제공할 것으로 예측된다. 범용 인공지능 로봇이 개발되어 활용되면 지능정부가 제공할 수 있는 공공서비스는 훨씬 더 다양해질 것이다. 그러나 인공지능의 자기 학습은 데이터를 기반으로 이루어지기 때문에, 과거에 발생한 사례를 기초로 한다. 그래서 이러한 사례들에 특정한 편의偏意가 있었다면, 인공지능의 판단에도 상당한 영향을 미칠 수 있다. 마이크로소프트사가 개발한 인공지능 챗봇이 자기 학습을 통해 인종차별적 언어를 배우고 이를 거리낌 없이 사용해 물의를 일으켰듯이, 이러한 현상은 다른 인공지능의 판단 사례에서도 빈번히 발생하고 있다. 미국의 어느 회사에서 인공지능이 신입사원 충원을 위한 서류심사를 진행했는데, 결과적으로 백인 남성에게 더 많은 점수를 부여한 적도 있다. 이뿐만 아니라 범죄 위험을 예측하여 대응하는 지능정부 시스템은 기존 데이터를 기반으로 예측하기 때문에 기존 방식과는 다른 새로운 정책적 변화를 시도하는 데에 많은 어려움을 겪을 것으로 예상된다.

그런데 이보다 더 심각한 문제는 현재 적용되고 있는 인공지능 시스템의 자기 학습과 그에 따른 판단이 결과적으로 타당한 결정을 하더라도, 그 근거와 논리에 관해 설명할 수 없다는 점이다. 인공지능 기술은 규범적 원칙에 따라 결정을 내리지 않고 다양한 사례에 기초하여 통계적 판단을 내리기 때문에, 결정에 대한 논거가 존재하지 않는다. 그러나 공공 부문에서 내린 결정은 거시적 수준에서 내려지든, 혹은 현장 수준에서 내린 미시적 결정이든 공적 가치에 대한 권위적 배분의 성격을 갖는다. 따라서 권위적 결정에 관해 설명하고 정당화하는 책임성이 요구된다. 예를 들어 자동차의 도로 이용을 적절히 통제하여 교통의 흐름을 원활히 조율하는 인공지능 시스템으로 대부분의 사람들은 편리하게 이동할 수 있으나, 일부 운전자가 불편을 겪을 수 있다. 또한 인공지능으로 학생들에게 장학금을 지급하면 장학생에 선발된 학생과 선발되지 못한 학생이 있을 수 있다. 이 같은 두 가지 상황에서 인공지능의 결정에 따라 혜택받지 못한 시민들이 피해 보상을 요구하거나 이의신청을 한다면 인공지능은 자신의 판단을 어떻게 설명하고 정당화할 것인가? 인공지능이 자신의 판단을 설명하고 그에 대해 적절한 책임을 질 수 없다면, 공공서비스 결정에 따른 사회적 가치의 배분은 민주적 정당성을 잃게 될 것이다.

4. 인공지능의 윤리와 규제

인공지능 로봇과 이를 기반으로 한 지능정부에서 민주주의에 대한 잠재적 위협을 통제하기 위한 대안은 무엇인가? 최근 인공지능을 선도적으로 개발하고 있는 국가들에서 윤리적 원칙과 규제가 다양하게 모색되고 있다. 그런데 인공지능 기술을 개발하고 산업적 활용을 높이기 위해 기존의 규제를 축소하고 개선하려는 움직임도 동시에 진행되고 있어, 시민의 자유를 보호하고 민주주의에 대한 잠재적 위협을 통제하는 윤리적 규제는 여전히 정책적 우선순위에서 밀리고 있다.

예를 들어 우리나라가 2020년 1월 통과시킨 데이터 3법은 인공지능과 빅데이터를 활용한 기술을 개발하기 위해 기존 규제를 개선하는 것을 기본적 취지로 한다. 이러한 방향에서 부차적으로 개인의 사생활 보호를 위한 데이터 사용에 관한 규정을 설정하고 있다. 그러나 빅데이터와 인공지능 로봇을 채용한 지능정부가 시민의 사생활을 침해하거나 자유권을 제약하는 것에 대해서는 구체적인 대안을 제시하지 않았다. 이러한 문제점을 해소하기 위해 2020년 12월 과학기술정보통신부는 인공지능 법제도·규제에 관한 로드맵을 제시했다. 이를 통하여 '사람 중심의 인공지능 시대'를 실현하기 위해 11개 분야에서 30개 과제를 설정했다. 그러나 여기에서도 데이터 경제 활성화 기반 조성, 알고리듬 투명성·공정성 확보, 인공지능 법인격 설정, 인공지능 책임 체계, 인공지능 윤리 정립 등에서 법적 근거를 마련해야 한다고 향후 과제를 설정하는 데 그치고 있다.

우리나라보다 앞서서 인공지능 윤리에 대해 많은 논의를 진행해 온 미국에서는 오바마 행정부의 국가과학기술자문회 기술위원회가 「인공지능의 미래를 위한 준비Preparing for the Future of Artificial Intelligence」라는 보고서를 발표하면서 인공지능의 공정성, 안전성 및 거버넌스에 관한 기준을 마련해야 한다는 점을 지적한 바 있다(윤혜선, 2019). 그러나 미국에서도 공정성, 투명성, 책임성 등을 중요한 원칙으로 강조하고 있으나 여전히 원론적 수준에 그쳐서, 그 구체적인 내용은 더 많은 연구를 통해 채워져야 할 것이라고 평가된다(윤혜선, 2019: 176).

영국 정부가 설치한 '데이터와 기술혁신 윤리연구소'는 인공지능의 알고리듬에 대해 투명성을 제고하여 의사 결정에 대한 신뢰 가능성trustworthy을 높이고 정당성을 확보하는 정책 방향을 제시한다(Macdonald & Durkee, 2020). 지능정부가 국민의 신뢰를 받으려면 인공지능이 학습하고 판단하도록 하는 알고리듬을 투명하게 공개하여, 인공지능이 공정하게 운영되는지 그 내부 논리를 평가할 수 있게 해야 한다는 것이다.

그런데 알고리듬을 아무리 투명하게 공개한다고 해도, 그것을 정확하게 이해하는 것은 매우 어려운 일이다. 결국 인공지능을 제어하는 알고리듬을 비롯한 운영 체계에 대해 전문가들로 구성된 위원회가 감시·감독해야 하는 방안이 제시될 수 있다. 전문가 위원회를 중심으로 인공지능에 대한 투명성, 공정성, 책임성을 확보하는 노력이 국민의 신뢰를 받으려면 일반 국민이 '이해 가능한' 방식의 책임성을 확보하는 것도 필요하다고 O. 오닐은 지적한다(O'Neill, 2013). 전문가 위원회가 아무리 감시·감독을 한다고 해도 일반 국민이 이해하고 신뢰 가능한 투명성 메커니즘이 필요하다는 것이다. 따라서 전문가 위원회는 일차적으로 감시·감독하는 일뿐만 아니라 인공지능의 알고리듬을 국민이 이해할 수 있도록 국민에게 설명하는 의무를 제조사 및 사용자에게 부과하고, 그것이 실현될 수 있도록 해야 한다. 예를 들어 독일 연방헌법재판소는 전자개표기를 사용할 때 특별한 전문지식이 없는 시민도 검증할 수 있어야 한다는 판결을 하였다(Federal Constitutional Court, 2009). 이와 같은 조항은 앞으로 인공지능의 투명성, 공정성, 책임성을 실현하는 데 필요한 기본선으로서 충분히 고려될 필요가 있다. 일반 시민이 신뢰 가능한 투명성 확보라는 관점에서 시민의 자유를 침해하지 않도록 시민과 전문가가 참여하는 감시·감독위원회를 설치하는 등 다양한 노력을 해야 한다.

그런데 여기서 지능정부를 구성하는 인공지능과 이를 채택한 로봇을 규제하는 것만으로는 책임성을 확보하는 데 충분하지 않을 수 있다. 인공지능 로봇은 단순히 정책을 집행하는 도구가 아니다. 인공지능이 판단을 내리고 그에 따라 과업을 수행하는 것이라면, 인공지능 로봇을 활용하는 조직 자체의 의사 결정 구조, 나아가 거버넌스 체제가 이를 반영한 새로운 형태로 개혁되어야 할 필요가 있다. L. 맥그리거는 인공지능을 도입하여 어떤 의사 결정을 하도록 하는 것은 단순히 기술적인 측면에서 인공지능에 과업을 부과하는 것을 넘어 해당 조직에 거버넌스 자체의 변화를 가져오는 것으로 이해하고, 여기에서 제기되는 함의와 문제점을 이해하고 파악해야 한다는 점을 강조한다 (McGregor, 2019). 이를 통해 인공지능의 의사 결정을 적절히 감시하고 통제하여 최종적으로는 인간이 판단과 결정을 할 수 있어야 한다.

5. 결론

10장은 인공지능 로봇 기술을 공공 관리와 공공서비스에 도입하여 지능정부를 구성할 때 제기되는 민주주의에 대한 위협을 시민의 자유에 대한 통제, 대의민주주의에 대한 위협, 민주주의의 책임성 측면에서 논의하였다. 지능정부를 구축하고 활용하여 공공 관리의 효율성과 높은 수준의 공공서비스를 제공하는 일은 바람직하고 불가피한 일이기도 하다. 그렇지만 지능정부가 초래할 민주주의에 대한 다양한 위협을 예측하고 이를 적절히 통제하는 일도 매우 중요하다. 지능정부의 효과적 활용과 적절한 통제를 통해 우리가 원하는 미래를 열어 갈 수 있기 때문이다.

인공지능 기술이 사회에 보편적으로 적용되면, 지능정부는 특정한 사회적 가치를 사회의 지배적 가치로 설정하고 이에 따라 시민들의 삶을 재구조화할 위험이 존재한다. 중국과 같은 권위주의 국가에서는 이미 사회 신용 시스템이 도입되어 시민들의 행동뿐만 아니라 사고방식과 같은 사상의 자유까지 크게 위협하는 현실이며, 민주주의 사회에서도 이러한 위협이 제기될 수 있다고 본다. 민주주의 정부는 외부 공격뿐만 아니라 권력에 대한 내부의 유혹에 빠져 타락할 위험성을 지니며, 인공지능 로봇으로 더욱 강력해진 지능정부는 그러한 타락의 가능성을 더욱 높일 것이다.

한편 인공지능은 암묵적으로 시민들의 정치적 의사 결정에 영향을 끼쳐, 시민들의 자유로운 의사가 반영되는 대의민주주의의 원칙뿐만 아니라 민주주의의 핵심적 제도인 선거제도도 심각하게 훼손할 수 있다. 겉으로는 시민을 통제하여 사회갈등이 줄어드는 것처럼 보여도, 장기적으로는 우리가 전제하는 시민의 자유를 근본적으로 망가뜨려, 더 큰 사회갈등과 혼란을 야기할 수 있다. 10장에서는 인공지능 기술의 핵심적인 사각지대로서 책임성 문제를 제기했다. 이러한 점은 모두 잠재적으로 민주주의의 기본적 가치를 침해할 수 있는 위협들로서, 이를 통제할 적절한 대응 방안이 필요하다. 그리고 대응 방안을 구성할 때는 전문가만이 아니라 일반 국민도 함께 이해할 수 있는 원칙을 가져야 한다.

오늘날 인공지능 윤리의 측면에서 한국을 비롯한 세계 여러 나라가 인공지능에 대한 규제를 검토하고 있으나 구체적인 대안을 제시하지 못하고 있다. 오히려 인공지능 기술을 더욱 개발하고자 기존 규제를 풀어 주는 데 관심을 쏟는 상황이어서, 인공지능이 시민의 자유를 침해하지 않고 민주주의를 훼손하지 않도록 하는 정책적 대안이 시급히 마련되어야 한다. 전문가뿐만 아니라 시민들이 이해하여 신뢰할 수 있도록 공개성과 투명성을 확보하기 위해 인공지능 로봇의 활용에 대한 지속적인 감시·감독이 필요하다. 기술적 측면에서 인공지능의 규제뿐만 아니라 공공조직의 거버넌스를 개선하여 인공지능을 관리하고 통제할 수 있도록 하는 방안도 함께 고려되어야 할 것이다.

결론

2022년 3월에 있었던 대통령 선거는 한국 사회의 대립과 갈등이 최고조에 달했음을 극명하게 보여 주었다. 민주주의의 꽃이라는 대통령 선거였지만, 국가가 미래를 향해 나아갈 방향에 대해 토론하고 그에 필요한 합리적인 정책 대안을 논하는 자리는 되지 못했다. 대중영합주의로 지지를 호소하거나 억지스러운 공약이 난무했다. 계층 간 불평등과 세대 간 반목과 불신으로 사회갈등이 심해지고, 가난 속에서 맨주먹으로 경제 발전을 일궈 낸 세대들은 노인이 되어 빈곤과 외로움으로 불안한 생활을 하는 등 오늘날 우리 사회가 직면한 다양한 사회문제에 대해 진지한 정책을 제시하지 못했다. 끊임없는 경쟁 속에서 불확실 미래를 마주하고 있는 청년들은 불공정에 분노했지만, 그들에게 명확한 대안을 제시하지 못했다. 새로운 대통령이 선출된 이후에도, 화합과 조화보다는 여전히 대립과 갈등이 계속되는 안타까운 상황이다. 이러한 사회적인 고통과 갈등 속에서 시민들의 삶을 지탱해 주는 든든한 받침이 되어야 하는 민주주의 정치는 권력을 향한 투쟁의 수단으로 전락하고, 공공정책은 정파적 이해관계의 수단으로 추락하고 있다. 이러한 문제들은 근본적으로 자본주의 시장경제 체제에서 사회적 불평등과 불안정 심화에 따른 결과이지만, 경제적 이익이나 정치적 실리와 같은 원하는 목적을 달성하기 위해 적절한 과정을 무시하는 우리 사회의 결과우선주의라는 고질적인 병폐에 직접적으로 기인한다.

이러한 한국 사회의 답답하고 부조리한 현실을 넘어 누구나 공정한 기회 속에서 자신의 삶을 열심히 영위하고, 어렵고 힘든 사람을 보듬는 조화로운 사회로 나아갈 수 있는 길은 무엇일까? 이 책은 대립과 갈등으로 큰 어려움을 겪는 한국 사회에 갈등을 해소하고 올바른 공공정책을 모색할 수 있도록 적절한 대안을 제시하고자 했다. 올바른 공공정책을 설계하고 이를 효과적으로 추진하여 성과를 창출한다면 정부는 국민에게 신뢰받을 수 있고, 시민들의 삶은 더 나아질 것이라는 믿음에서 출발했다. 그러나 서로 다른 가치관을 가지고 이해관계가 충돌하는 사람들 사이에서 올바른 정책을 끌어내는 것이 과연 가능한가? 본서는 자유와 책임이라는 최소한의 전제에 기초하여 가치 갈등 사회에서 올바른 공공정책을 만들어 내기 위해서는 과학적이고 합리적인 분석과 함께 정책의 주체로서 공직자와 시민의 이성적 성찰이 일차적으로 필요함을 강조했다. 이러한 이성적 판단을 기초로 하여 서로 다른 가치관과 이해관계를 가진 사람들이 서로 토론하고 설득하는 숙의 과정을 거쳐야 한다는 주장도 제시했다. 그리고 이에 필요한 제도적 기반으로 행정 체제의 책임성이 확보되어야 올바른 정책을 수립·집행할 수 있다는 주장을 했다. 이러한 관점에서 사회적 갈등을 유발하는 쟁점 사례에 대해 올바른 정책대안을 모색했다. 여기에서는 이러한 이론적 주장을 전체적으로 요약하면서 실천적 대안에 대해 살펴보기로 한다.

1. 올바른 정책을 위한 성찰, 숙의 그리고 제도

과학적 분석과 합리적 원칙에 따라 정책 수단을 채택하는 일은 올바른 공공정책을 만들기 위한 가장 기본적인 필요조건이다. 그러나 서로 다른 생각과 가치관을 가진 사람들 사이에서 합의할 수 있는 정책을 도출하는 일은 매우 어려운 일이다. 이러한 난제를 풀어 가기 위해서 이 책은 자유와 책임이라는 두 가지 전제를 출발점으로 삼아 이론적 근거와 방향을 살펴보았다. 첫 번째 출발점으로 제1부 1장에서 자유의 내용에 대해 세밀하게 살펴보면서 바람직한 삶을 영위하고자 하는 적극적 자유를 존중하고 소극적 자유를 보호하는 것이 공공정책의 기본적 과제라는 점을 제시했다. 권리의 주체로서 시민들이 자신의 삶을 살아가는 데 필요한 기회의 평등과 적정한 능력을 갖추도록 지원하는 것이 정부 정책의 과제가 된다. 두 번째 전제는 시민들이 공동체에 대해 가지는 책임이다. 우리는 모두 공동체에서 살아가는 존재로서 생각과 이해관계가 다르더라도 공동체에서 공존하기 위해서는 필요한 규칙을 지켜야 한다. 또한 공동체가 유지되고 원활히 작동하도록 공공재를 창출하는 데에는 모두에게 책임이 있으므로, 각자의 능력과 상황에 따라 부담해야 한다는 점은 명백하다.

이렇게 자유와 공동체의 책임이라는 상반되지만 조화시켜야 하는 전제로부터 올바른 정책을 찾기 위한 노력이 시작된다. 그러나 이러한 노력은 올바른 정책에 대한 기본 방향을 설정할 수 있지만, 구체적인 상황에서 올바른 정책을 정하는 데 충분하지 않다는 사실이 1장에서 얻은 결론이다. 인간과 공동체에 관한 이론적 규명만으로는 올바른 공공정책에 대한 답을 찾을 수 없다는 말이다. 서로 다른 가치가 충돌하는 상황에서 올바른 정책을 설계하고 집행하기 위해서는 정책에 관련된 사람들의 숙의가 필요하며, 이러한 맥락에서 2장에서는 이성에 기반한 숙의의 방법과 필요한 역량에 대해 살펴보았다. 숙의는 여러 견해를 가진 사람들이 토론과 설득 그리고 동의를 통해 의사 결정을 하는 방법이다. 그러나 각자의 주장만을 내세우는 식으로는 모두가 공감할 수 있는 합의를 도출하기 어렵다. 이런 맥락에서 2장에서는 숙의의 첫 번째 과제로 이성에 기반한 자기성찰의 필요성을 강조했다. 공공 갈등이 정책적 쟁점에 대해 상반된 입장을 가진 당사자 사이의 긴장된 상태를 의미한다면, 갈등을 풀어내기 위해 가장 먼저 해야 할 일은 자기 입장에 대해 이성적으로 성찰하고 그것이 적절한지를 반추해 보는 것이다. 이성적 성찰과 비판을 통해 자기 생각을 재정립할 수 있다면 온전한 주체로서 자율성을 가진 사람이 될 수 있을 뿐만 아니라, 자신의 견해를 수정하여 큰 어려움 없이 상대방과 갈등을 풀어 낼 수도 있기 때문이다.

그러나 이성에 따른 자기성찰을 하더라도, 상대방과 입장 차이가 해소되지 않아 갈등이 여전히 남게 되는 경우가 비일비재하다. 따라서 다음 단계로, 숙의를 통해 갈등을 풀어 나가기 위해 쟁점이 되는 정책의 성격에 따른 세 가지 접근 방법에 대해 살펴보았다. 이익 갈등에 대해서는 합리성에 근거한 타협이 필요하지만, 기술적 사안에 대한 갈등에는 과학적 분석에 따른 논리적 의사 결정이 중요하고, 가치 갈등과 정체성 갈등은 이성에 기반한 설득과 타협이 진행되어야 한다는 차별적 접근 방법을 제시했다. 그러나 정체성 갈등과 가치관 갈등에서 서로 다름을 인정하고 적절한 수준에서 갈등을 안고 가는 방안도 수용할 수 있어야 한다는 점도 지적했다. 6장에서 다룬 시민참여 공론조사와 같은 갈등 해결 방법이 효과적으로 작동하기 위해서는 이와 같은 정책의 성격과 갈등의 맥락이 잘 연결되도록 차별적 접근 방법을 적절하게 사용해야 한다.

이어서 숙의를 위한 토론 과정에서 필요한 규범에 대해 살펴보았다. 먼저 각자 주장하는 내용이 일관성을 가져야 하며, 그 주장에 근거하는 정보와 근거를 투명하게 제시해야 한다는 점을 지적했다. 또한 토론은 상대방을 존중하는 가운데 진행되어야 한다고 했다. 그러나 지난 몇 년간 사회에서 경험한 토론은 이와는 너무 상반된 모습이었다. 상대방에게 상처를 입히려는 논객들이 명성을 얻고, 위선적 주장을 펴는 데 거리낌 없는 사람이 세인의 관심을 받는 현실이었다. 정책을 담당하는 공직자들도 객관적 분석과 합리적 판단에 기초하지 않고 집권 세력의 정치적 이익과 선호에 맞추어 정책 방향을 정했으며, 이로 인해 정책을 둘러싼 사회적 갈등이 최고조에 달했다.

이러한 맥락에서 제2부에서는 공공정책을 집행하고 관리하는 주체로서 정부와 행정관료제의 책임성에 대해 다루었다. 3장에서는 올바른 공공정책을 추진하기 위한 제도적 기반으로서 행정관료 체제에 관해 분석했다. 특히 우리나라 헌법의 기본 정신인 민주주의와 공화주의 관점에서 집권 세력과 행정관료제 사이의 통제와 견제의 필요성을 강조하면서 그 실행 원칙으로 책임성과 정치적 중립성을 제시했다. 국민의 선택을 받은 대통령과 집권 세력은 정부의 정책결정의 주체로서 행정관료제에 대해 책임성에 기초하여 적절한 통제권을 행사해야 하고, 행정관료제는 전문성과 정치적 중립성에 기초하여 행정업무를 추진하고, 집권 세력에 대한 견제 역할을 해야 한다는 규범도 도출했다. "권력에게 진실을 말하는 것"이 공직자의 의무라는 말과 일맥상통하는 것이다. 입법·사법·행정의 삼권분립에 기초한 견제와 균형뿐만 아니라 정부를 구성하는 집권 세력과 행정관료제 사이의 통제와 견제가 민주주의와 공화주의라는 원칙 아래에서 실현된다면, 올바른 정책을 마련할 수 있는 행정적 기반이 조성될 수 있을 것이다.

한편 행정관료는 정치적 중립성을 견지하면서 전문성에 근거하여 정책을 집행해야 한다. 그러나 아무리 전문성에 따라 행정을 수행하더라도 불가피하게 정치적 성격을 띨 수 있고, 이러한 점이 집행 과정에서 고려되지 못하면 갈등을 초래할 수 있다. 4장에서 중립적으로 설계되고 추진되는 정책이 어떻게 정치적 성격을 내포하게 되는지 자세히 분석했다. 공공정책이 추진되는 사회적 맥락과 조건에 더하여 정책 수단의 조합에 따라 객관적이고 중립적으로 선택된 정책도 정치적 성격을 띠게 된다. 이뿐만 아니라 공공정책이 초래하는 사회적·경제적 가치의 재분배 효과로 인해 정치적 성격이 불가피하게 나타난다. 이러한 이유로 공공정책이 정치적 성격을 가질 가능성이 커지는 것이다. 따라서 행정 업무를 담당하는 공직자들은 이러한 점을 명확히 이해하고 전문성에 기초하여 정책 수단을 설계해야 하고, 그와 함께 정치적 중립성을 지키는 노력을 게을리해서는 안 된다. 다른 한편으로 이러한 공공정책의 정치적 파급 효과에 대해 국민이 선출한 집권 세력과 의회는 책임성을 확보하여 행정국가화 현상이 나타나지 않도록 해야 한다.

올바르게 설정된 정책 목적에 따라 효과적인 정책 수단을 선택해도 행정을 제대로 집행해야 최종적으로 국민에게 필요한 공공서비스와 공공재를 창출할 수 있기 때문에 공무원의 적극적인 공무 수행은 필수적 요건이라 할 수 있다. 이러한 시각에서 5장에서는 적극행정에 대해 다루었다. 적극행정이란 국민의 행정적 필요나 요구에 적극적으로 대응하는 행정 업무 추진 자세를 의미하는 것으로, 공무원의 복지부동한 행태를 타파하여 행정의 효율성을 높이고 시민에게 필요한 공공서비스를 제공하는 데 반드시 요구되는 공무원의 자세다. 5장에서는 적극행정이 이루어지지 않는 문제에 초점을 맞추어 그 원인을 분석하고 대안을 살펴보았다. 적극행정이 이루어지지 않는 것은 공무원의 소극적 태도뿐만 아니라 공직을 통해 사적 이익을 추구하려는 권한 남용의 행태에 그 원인이 있음을 밝혔다. 또한 공공행정이 공정하게 집행되지 못하면 사회적 갈등을 효과적으로 관리하는 데 큰 어려움을 일으킨다는 점을 강조했다. 적극행정을 추진하기 위해 먼저 공직자에게 자율성을 부여하는 한편, 공공성의 원칙에 따라 공무원의 책임성을 확보해야 한다. 공직자의 이기적 행동을 마치 자연스러운 듯이 이해하는 신자유주의 조류와 함께 오랫동안 조금씩 무너져 내린 공직 윤리를 회복하지 않으면 적극행정은 어려울 수밖에 없다. 권한 남용 행태를 근본적으로 방지하기 위해서는 공직 윤리를 회복하고 공무원이 소명 의식을 가지고 공직에 임해야 한다.

제3부는 사회갈등을 유발하거나 그럴 잠재력이 높은 다섯 가지 정책 사례를 선정하여 앞에서 논의한 이론적·규범적 논의를 적용함으로써 올바른 정책 대안을 모색해 보았다. 먼저 6장에서는 우리 사회의 가장 첨예한 갈등 사례인 원자력발전소 건설과 관련한 시민참여 공론조사를 실시한 사례를 분석했다. 시민참여 공론조사는 다양한 가치관과 이해관계를 가진 시민을 대상으로 대표성을 확보하도록 표본을 추출하고, 참여자들이 객관적인 자료에 근거하여 숙의를 진행하는 제도로서, 앞으로도 정책적 활용도가 높다. 신고리 5·6호기 공론조사 사례는 제1부에서 제시한 것처럼 서로 다른 가치관에 따라 다른 판단을 하는 사람들이 숙의 과정을 통해 정책에 관련된 갈등을 풀어낼 수

있음을 보여 주는 매우 긍정적 사례다. 6장에서 신고리 5·6호기 건설 중단·재개를 결정하기 위해 실시된 시민참여 공론조사는 대표성과 숙의성 원칙에 충실하게 진행되었다고 평가했다. 그러나 그 정책의 성격과 맥락이 과학적·기술적이라는 점이 충분히 고려되지 못했고, 이해관계자의 모집단이 국민 전체인지 아니면 지역주민과 건설에 관련된 기업 등 당사자인지에 대한 검토와 판단이 부족했음을 지적했다. 즉, 시민참여 공론조사의 대상과 방법이 정책 쟁점의 맥락과 적절하게 연결되지 못한 아쉬움이 있다. 이는 오히려 국가 에너지 정책으로서 탈원전 정책에 관한 시민참여 공론조사를 실시하고 이를 통해 탈원전 정책에 대한 갈등을 해결했으면 더 바람직했었을 것이라 판단된다. 끝으로 시민참여 공론조사를 실시하여 공공정책에 관한 의견을 모으더라도, 정책결정의 권한과 책임이 있는 사람이 최종적으로 결정하여 책임성을 분명히 해야 한다는 점도 지적했다.

7장은 2022년 3월에 있었던 대통령 선거의 중요한 공약으로 제시된 보편적 기본소득에 대해 살펴보았다. 1장에서 논의한 바와 같이 시민의 자유를 실질적으로 보장하기 위해, 모든 국민을 사회적 위험으로부터 보호하는 보편적 복지국가는 다양한 가치관에도 불구하고 우리가 동의할 수 있는 정책이다. 또한 공동체의 성원으로서 보편적 복지국가를 유지하기 위한 책임을 져야 한다는 것에 대해서도 살펴보았다. 그런데 소득수준과 관계없이 누구에게나 일정한 현금을 지급하는 보편적 기본소득은 보편적 복지국가에 부합하는 올바른 정책인가에 대해 복지의 권리와 책임의 관점에서 따져보았다. 7장은 이론적 규명을 통해 시민의 자유와 책임성이라는 기본적 전제에 부합하는 보편성의 원칙은 보편적 지급이 아니라 보편적 보장이라는 점을 제시하면서 보편성과 선별성이 조화를 이루는 소득보장 정책이 필요하다는 점을 지적했다.

이어서 8장에서는 우리 사회가 고령화 시대로 접어들면서 세대 간, 사회집단 간 갈등이 첨예하게 노정되어 있는 공무원연금과 국민연금을 형평성의 관점에서 분석했다. 사회·경제적 발전 과정에서 불가피하게 시차를 두고 도입 및 운영된 공무원연금과 국민연금은 노후 보장의 차이로 인해 사회적 갈등을 초래하고 있다. 반면에 연금이라는 제도의 특수성으로 인해 서로 다른 경로를 지닌 두 제도를 통합하는 방안도 많은 비용이 들어 오히려 또 다른 차별을 가져오는 문제를 내포하고 있다. 따라서 두 제도를 유지하면서 형평성에 부합되도록 운영하려면 연금의 적정성과 재정적 안정성이라는 제도의 목적과 필요조건을 각각 확보해야 한다는 가정에서 제도를 분석했다. 따라서 8장에서는 연금의 소비충당률 개념을 제시하는데, 이를 통해 분석한 결과 공무원연금의 적정성은 확보한 것으로 평가할 수 있으나, 재정적 안정성을 위해 공무원과 고용주로서 정부의 부담을 제고할 필요가 있었다. 국민연금은 연금의 적정성 확보를 위한 정책적 노력이 필요하다는 결론에 다다랐다. 8장의 논의는 정책의 쟁점을 이성적·합리적으로 고찰함으로써 사회적 갈등을 풀어내는 방법을 제시한다. 그러나 공적연금제도 개혁에 관한 정치권의 실제 논의가 앞으로 어떻게 전개될지는 여전히 미지수다.

9장은 국제개발협력을 통한 개발도상국에 대한 지원의 당위성과 우리 안에 있는 내적 동기에 대해 살펴보았다. 국제개발협력 정책은 국제사회의 협력과 조화를 추구하는 정책으로, 사회갈등을 초래하는 정책과 대조적이다. 그러나 이와 같은 국제개발협력 정책도 적절한 규범적 근거와 효과적인 수단을 통해 시행되지 않으면 오히려 갈등의 원인이 될 수 있다. 국내에도 여전히 많은 사람이 빈곤으로 어려움을 겪고 있는 상황에서, 해외 원조의 타당성에 대한 분명한 근거와 올바른 추진 방법이 정립되지 않으면 자원 배분을 놓고 사회갈등을 유발할 수 있다는 점에서 다루었다. 이러한 맥락에서 국제개발협력 정책에 관한 규범적 논거를 자기성찰의 시각에서 살펴보았다. 원조를 받던 나라에서 원조를 제공하는 공여국으로 변모한 한국이 과거에 받은 지원을 돌려주어야 한다는 동기는 윤리적으로 타당하지만, 여전히 자기중심적 고려에서 비롯되고 있다는 점을 지적했다. 자기중심적 동기를 넘어 개발도상국의 지속 가능한 발전과 글로벌 공동체가 필요로 하는 공공재 창출에 초점을 맞추는 국제개발협력 정책의 방향을 제시했다.

10장에서는 급속한 발전을 거듭하고 있는 인공지능과 로봇 기술을 채택한 지능정부가 출현하면 나타날 민주주의에 대한 잠재적 위협에 대해 고찰했다. 이미 사회의 각 분야와 공공 부문에서 이러한 기술이 다양하게 적용되고 있고, 지능정부는 우리가 느끼지 못하는 사이에 우리의 생활에 깊이 침투해 있다. 이 같은 확산으로 인한 긍정적 효과뿐만 아니라 부정적 결과에 대해 예측해 보는 것은 매우 중요한 일이다. 향후 기술적 복잡성으로 인해 시민이 정부의 일을 이해하고 그 적절성을 판단하기 어려울 가능성이 매우 크며, 고도로 발달한 인공지능과 로봇 기술을 채용하여 운영되는 지능정부는 특정한 사회적 가치를 지배적 가치로 설정하고 이에 따라 시민의 삶을 재구조화할 위험성을 내포한다는 점을 지적했다. 이와 함께 정책 수단으로서 인공지능과 로봇 기술이 가진 통제와 감시의 성격을 제대로 관리하지 못한다면 가까운 미래에 매우 심각한 사회적 갈등이 초래될 수 있으므로, 민주주의에 대한 잠재적 위협의 대응책으로 전문가에 의한 책임성의 확보뿐만 아니라 누구나 사용 가능한 인공지능 기술에 대한 투명성을 제시했다.

2. 올바른 공공정책이 사회 발전을 가져올 것인가?

본서는 다양한 가치관과 이해관계가 충돌하는 민주주의 사회에서 올바른 공공정책을 설계하기 위한 이론과 제도를 살펴보고, 구체적인 정책 분야에서 제기되는 쟁점을 분석해 보았다. 지금까지 공공정책에 관한 연구와 논의는 대부분 정책결정 과정에서 관련 행위자에 관한 경험적 연구나 주어진 목적을 달성하기 위해 채택된 정책 수단과 그 효과에 대한 경험적 분석에 초점을 맞추어 왔다. 이러한 학문적 접근은 올바른 정책이 필요로 하는 내적 타당성을 높이기 위한 매우 중요한 필요조건이다. 그러나 이러한 노력만으로는 올바른 정책을 수립하기가 어렵다. 이 책은 인간의 자유와 공동체에 대한 책임이라는 최소한의 가정에서 출발하여, 서로 다른 가치관과 이해관계가 충돌하는 갈등 상황에서 올바른 정책 목적을 설정하고 수단을 채택하는 데에 바람직한 접근과 방법을 이론적·규범적 차원에서 살펴보았다. 이로부터 시민으로서, 정책을 결정하고 집행하는 공무원으로서 스스로를 비판적으로 돌아보는 이성적 성찰은 매우 중요하고 필요하다는 점을 도출했다. 그러나 이론과 규범에 따라 이성적 성찰을 한다고 해도, 사회갈등을 풀어내는 올바른 정책을 만들기에는 부족할 수 있다. 이와 함께 생각이 다른 시민들 사이에 토론과 설득 그리고 동의가 필요하며, 이 같은 숙의 과정을 통해 올바른 정책이 수립될 수 있음을 제시했다. 그리고 민주적인 통제에 따르면서도 정책적 전문성과 창의성을 발휘할 수 있는 행정관료의 역할도 중요함을 강조했다. 이러한 이론과 주장을 정책 갈등을 유발하는 사례에 적용하여 타당한 정책 대안을 제시하고자 했다.

그렇다면 올바른 정책을 설계하고 집행한다면 정부의 정책 능력이 제고되고, 나아가 우리 사회의 발전과 성숙한 민주주의를 가져올 수 있는가? 여전히 자기 이익만을 앞세우는 현실에서 올바른 규범과 숙의를 통한 정책 설계와 집행을 주장하는 것은 지나치게 이상적이라는 비판이 제기될 수 있다. 그러나 조금만 깊게 생각한다면 우리가 어떤 선택을 해야 하는지 분명히 알 수 있다. 단기적으로는 상대방을 설득하고 갈등을 조정해야 하는 어려움이 있더라도 올바른 공공정책을 추구하는 것이 사회 발전의 길이 된다는 믿음은 지나친 이상론이 아니라 모든 시민이 정치인과 공직자에게 바라는 합리적 기대와 요구다. 6장에서 다룬 신고리 5·6호기 건설 중단·재개를 두고 시민참여 공론조사로 결정한 것은 갈등을 조정하면서 올바른 정책을 만든 실질적 사례다. 물론 올바른 정책만으로 국민은 편안하고 풍요로운 삶을 살고 사회는 발전하는 충분조건이 될 수는 없다. 시민들의 창의적이고 다양한 사회·경제 활동이 함께할 때 가능할 것이기 때문이다. 정부가 추구하는 공공정책이 올바른 과정을 거쳐 합리적으로 설계된다면, 시민들의 다양한 활동이 성공을 거두는 데 탄탄한 밑거름이 될 것이다.

그런데 사람들이, 특히 정치인이나 공무원들이 과연 이러한 규칙과 규범을 따를지 여전히 의문이 들 수 있다. 혹자는 이러한 노력이 쇠귀에 경 읽기와 마찬가지로 헛된 노력에 불과하다고 할지 모른다. 사람들은 눈앞의 이익에만 관심을 두지, 올바른 공공정책을 만들기 위해 요구되는 규칙과 규범을 지키는 일에는 무관심하다면서 말이다. 그런데 여기에는 두 가지 측면에서 오류를 내포하고 있다. 우선 우리의 일상생활을 자세히 둘러보면 일정한 규칙과 규범에 따라 생활하고 있음을 알 수 있다. 적색 신호등이 켜지면 길을 건너지 않고 기다리고, 거리에 아무렇지 않게 쓰레기를 버리지도 않는다. 너무나 당연한 이 같은 행동은 소위 선진국이라는 나라에서도 아직 잘 지켜지지 않는 규칙이다. 이렇게 보면 이미 한국 사회는 많은 규범과 규칙을 잘 지키는 경험과 그럴 수 있는 의지가 있음을 알 수 있다. 코로나19 대유행에도 온 국민이 방역 수칙을 잘 준수한 사실이 이와 같은 주장을 뒷받침해 준다. 따라서 시민과 정치인, 공직자들이 오늘날 직면한 갈등을 해결하기 위해 한 단계 높은 수준으로 변화를 추구하자는 이 책의 제안은 실현 불가능한 것이 아니다.

올바른 공공정책을 위한 이 책의 제안과 주장은 근본적으로 미래에 관한 논의다. 서로 다른 가치관과 생각을 지닌 사람들 사이에서 바람직한 변화와 발전을 끌어내기 위해서는 시민들이나 공무원들이 올바른 행위 규범을 깊이 이해하는 것이 매우 중요하다. 어떻게 행동해야 할지 알아야 그렇게 행동할 수 있기 때문이다. 이러한 변화가 하루아침에 일어나지는 않을 것이 분명하지만, 우리가 올바른 공공정책에 관한 학문적 연구와 사회적 논의를 지속한다면 우리도 모르는 사이에 조금씩 커다란 변화와 발전을 가져올 수 있을 것이다.

참고문헌

강혜진·김병섭. 2018.「정무직 공무원의 균형인사」.『행정논총』 56(3): 1-32.

국민연금관리공단. 2022.『국민연금통계연보 2021』. 국민연금관리공단.

국민연금연구원. 2020.『2019 국민연금 생생통계 Fact Book』. 국민연금연구원.

국제개발협력위원회. 2017.『2017 국제개발협력 백서』. 국제개발협력위원회.

국회예산정책처. 2019.『2019-2060 국민연금 재정 전망』. 국회예산정책처.

국회예산정책처. 2020.『4대 공적연금 재정 전망』. 국회예산정책처.

권혁주. 1998.「영국 복지개혁의 소득재분배 효과」.『한국행정학보』 32(1): 27-43.

권혁주. 2007.「한국행정에서 사회적 평등과 발전: 사회정책을 중심으로」.『한국행정학보』 41(3): 67-90.

권혁주. 2009.「정책 수단의 정치적 성격: 사회정책을 중심으로」.『한국행정논집』 21(4): 1301-1319.

권혁주. 2016.「한국의 사회갈등과 사회통합 방안: 사회구조적 관점에서」.『행정논총』 54(2): 93-116.

권혁주. 2018.『성공하는 정부를 위한 국정운영』. 박영사.

권혁주. 2020.「민주·공화주의 관점에서 정치·행정의 통제와 견제: 책임성, 정치적 중립을 중심으로」.『행정논총』 58(3): 31-54.

김건희. 2019.「대표성과 숙의성을 중심으로 살펴본 신고리 5·6호기 공론화의 쟁점」. 서울대학교 석사학위논문.

김길수. 2018.「신고리 5·6호기 공론조사 사례연구」.『한국자치행정학보』 32(2): 205-224.

김린. 2014.「직역연금과 국민연금의 관계에 대한 규범적 관점에서의 소고: 공무원연금법 개정 논의를 중심으로」.『사회보장법학』 3(2): 5-51.

김병조·은종환. 2020.「행정-정책 의사결정에서 머신러닝(machine learning) 방법론 도입의 정책적 함의: 기계의 한계와 증거기반 의사결정」.『한국행정학보』 54(1): 261-285.

김선경. 2019.「민간투자사업의 협력적 거버넌스 연구: 한국과 영국의 비교를 중심으로」. 서울대학교 석사학위논문.

김수종. 2017.「적극행정 면책제도에 관한 논리적 고찰」.『감사논집』 29: 151-168.

김윤권. 2019.「적극행정 동인과 제약에 관한 연구」. 한국행정연구원 발표 논문.

김윤권·이재호·윤수재·심호. 2011.「적극행정 면책제도의 분석 및 활성화 방안」.『한국행정논집』 23(3): 829-852.

김태균. 2018.『대항적 공존: 글로벌 책무성의 아시아적 재생산』. 서울대학교출판문화원.

김형준. 2007.「김영삼 대통령의 리더십과 문민정부 국정운영 평가」. 한국정치학회·관훈클럽 편.『한국의 대통령 리더십과 국가발전』. 인간사랑.

김호정. 1994.「한국관료행태의 결정요인: 복지부동의 원인」.『한국행정학보』 28(4): 1255-1277.

김호정. 1996.「한국의 공무원과 기업체직원의 무사안일행태 비교」.『한국행정학보』 30(3): 53-70.

나태준. 2004.『갈등해결의 제도적 접근: 현행 갈등 관련 제도분석 및 대안』. 한국행정연구원.

남궁근. 2021.『행정조사방법론』. 법문사.

대한민국정부. 2010a.『국제개발협력 기본계획』. 국제개발협력위원회.

대한민국정부. 2010b.『국제개발협력 선진화 방안』. 대한민국정부.

박길성. 2010.「사회갈등과 공공가치의 모색」. 한국사회과학협의회세미나. '한국의 사회갈등과 선진적 갈등관리의 모색', 2010. 5. 10.

박동서·최병선·이달곤·권해수. 1992.「'작은 정부'의 개념논의」.『한국행정학보』 26(1): 39-55.

박성민. 2006.『강한 것이 옳은 것을 이긴다』. 웅진씽크빅.

박윤. 2019.「적극행정의 개념에 관한 연구」.『한국인사행정학회보』 18(4): 273-282.

박은철·유기봉·김재현. 2013.「포괄수가제(DRG) 현황과 과제」.『의료정책포럼』 11(2): 50-59.

박정호·김은주. 2017.『2017년 ODA에 대한 국민인식조사』. 한국행정연구원.

박준희·권혁주. 2021.「공공조직에서 윤리적 리더십이 윤리적 행위에 미치는 영향: 공공봉사동기 및 조직문화의 조절적 매개효과를 중심으로」.『한국행정학보』 55(4): 267-299.

박천오. 2016.「한국 공무원의 책임 확장: 법적·계층적 책임에서 윤리적·개인적 책임으로」.『한국행정학보』 50(1): 1-25.

박천오·박시진. 2018.「핵심 공직가치의 우선순위 정립과 실효성 제고」.『행정논총』 56(1): 1-32.

박천오·주재현. 2007.「정부관료제와 민주주의: 정부관료제의 책임과 통제확보를 통한 조화의 모색」.『행정논총』 45(1): 221-253.

배귀희·임승후. 2010.「공공갈등과 네트워크 거버넌스 구조: 한탄강댐 사례에서 네트워크 특성과 주요 행위자들의 변화를 중심으로」.『행정논총』 48(4): 107-144.

보건복지부. 2018.「제4차 국민연금 재정계산을 바탕으로 한 국민연금 종합운영계획」.

서울경제. 2022.「국민연금 개혁 안하면 90년생부터 한푼도 못 받는다」.『서울경제』. 2022.

1. 14.
신고리 5·6호기 공론화위원회. 2018. 『숙의와 경청, 그 여정의 기록: 신고리 5·6호기 공론화 백서』 Vol. 1. 신고리 5·6호기 공론화위원회.
양재진. 2003. 「정권교체와 관료제의 정치적 통제에 관한 연구: 국민의 정부를 중심으로」. 『한국행정학보』 37(2): 263-287.
양재진. 2005. 「발전 이후 발전주의론: 한국 발전국가의 성장, 위기, 그리고 미래」. 『한국행정학보』 39(1): 1-19.
양재진. 2021. 「판도라의 상자, 전 국민 기본소득」. 『월간 공공정책』 184: 17-19.
엄석진. 2009. 「행정의 책임성」. 『한국행정학보』 43(4): 19-45.
여유진·김태완. 2006. 「한국의 소득불평등 동향과 정책방향」. 『보건사회연구』 26(1): 95-134.
오성호. 2011. 「직업관료를 위한 변론: 한일 비교를 통한 중립성 요구에 대한 대응방안 모색」. 『현대사회와 행정』 21(3): 269-289.
오성호. 2017. 「정치적 변혁기에 공무원의 정치적 중립성을 확보하기 위한 대안: 사무차관제 도입의 검토」. 『한국인사행정학회보』 16(4): 217-235.
유자영·권혁주. 2020. 「한국 일·가정 양립 지원정책의 확대와 정책 정합성에 관한 연구」. 『한국행정학보』 54(3): 253-280.
윤견수·박진우. 2016. 「개발연대 국가관료제의 정책집행에 관한 연구」. 『한국행정학보』 50(4): 211-242.
윤순진. 2018. 「원자력발전 정책을 둘러싼 사회갈등 해결을 위한 쟁점과 과제」. 『경제와 사회』 118: 49-98.
윤재호·김현정. 2011. 「은퇴와 가계소비 간 관계 분석」. 『경제분석』 17(1): 1-44.
윤태범. 1993. 「한국 관료부패의 유형과 구조의 변화에 관한 연구: 제3공화국에서 제6공화국까지」. 서울대학교 박사학위논문.
윤혜선. 2019. 「인공지능 규제 정책에 관한 연구: 주요국의 규제 정책 사례를 중심으로」. 『정보통신정책연구』 26(4): 135-176.
은재호. 2018. 「정책논단: 신고리 원전 공론화가 남긴 것: 평가와 전망」. 『The KAPS』 52: 18-31.
이광석. 2014. 「행정과 생활세계의 충돌과 조화에 관한 연구: 의식의 흐름 방법을 적용한 밀양 송전탑 사태의 분석」. 『한국행정학보』 48(3): 147-174.
이달곤. 2005. 『협상론: 협상의 과정, 구조, 그리고 전략』. 법문사.
이명석. 2002. 「거버넌스의 개념화: 사회적 조정으로서의 거버넌스」. 『한국행정학보』 36(4): 321-338.
이선우·문병기·주재복·정재동. 2001. 「영월 다목적 댐 건설사업의 협상론적 재해석」. 『한

국지방자치학회보』 13(2): 231-252.
이원우. 2011.「현대적 민주법치국가에 있어서 행정통제의 구조적 특징과 쟁점」.『행정법연구』 29: 105-133.
이은희. 2010.「협력적 거버넌스 기제로서 노사정위원회의 제도화에 대한 연구」. 서울대학교 석사학위논문.
이재호·정소윤·강정석. 2019.「인공지능 기술의 행정분야 활용에 관한 탐색적 연구」. 한국행정연구원 기본연구과제.
이정동·권혁주·김기현·장대익·문병로. 2019.『공존과 지속: 기술과 함께하는 인간의 미래: 서울대 23인 석학의 한국의 미래 프로젝트』. 민음사.
이종수. 2009.「한국의 정치-행정 맥락의 분석」.『한국사회와 행정연구』 20(3): 17-39.
인사혁신처. 2020.「공무원연금 내부자료」. 인사혁신처.
장새미. 2014.「갈등관리방안으로서 협력적 거버넌스에 관한 연구」. 서울대학교 석사학위논문.
전병유·김복순. 2005.「노동시장의 양극화와 정책과제: 고용 양극화를 중심으로」.『노동리뷰』 7: 36-51.
전영한. 2007.「정책도구의 다양성: 도구유형분류의 쟁점과 평가」.『정부학연구』 13(4): 259-295.
전혜선. 2022.「변화이론의 관점에서 볼리비아의 현금이전 프로그램 평가: 교육·보건·노인빈곤 분야를 중심으로」. 서울대학교 석사학위논문.
정병걸. 2018.「공직행동으로서 복지부동: 담론의 재생, 확장과 역설」.『한국행정학보』 52(4): 441-465.
정성호. 2015.「중앙-지방 상생발전 가능한 거버넌스 대안: 복지재정과 지방재정 간 관계를 중심으로」.『한국비교정부학보』 19(2): 135-155.
정용덕. 2011.『공공갈등과 정책조정 리더십』. 법문사.
정재중. 2017.「협력적 거버넌스를 이용한 갈등관리: 경인아라뱃길 민관공동수질조사단 운영을 중심으로」. 서울대학교 석사학위논문.
정정길·이시원·정준금·김재훈·권혁주·문명재·김두래. 2017.『새로운 패러다임 행정학』. 대명출판사.
정정길·이시원·최종원·정준금·권혁주·김성수·문명재·정광호. 2020.『정책학 원론』. 대명출판사.
정지범. 2010.「입지정책 분야에서의 갈등과 조정: 경주 방폐장과 스웨덴 방폐장 사례 비교 연구」.『행정논총』 48(4): 145-169.
정지원. 2021.『OECD 개발원조위원회(DAC) 가입 10주년 성과와 과제』. 대외정책연구원.
정해식·이다미·이병재·한겨레. 2020.「노후소득보장 제도개혁 담론 분석」. 한국보건사회

연구원.
정형안·이윤석. 2020. 「숙의민주주의의 실현?: 신고리 5·6호기 공론조사 관련 쟁점들에 대한 경험적 접근」. 『조사연구』 21(2): 25-49.
차동세·김광석. 1996. 『한국경제 반세기: 역사적 평가와 21세기 비전』. 한구개발연구원.
천연옥. 2020. 「재난기본소득과 기본소득, 그리고 기본소득의 한계」. 『정세와 노동』 165: 8-21.
최병선·구민교. 2019. 『국제무역의 정치경제와 법: 자유무역 이상과 중상주의 편향 사이에서』, 박영사.
최재식. 2016. 『공무원연금제도 해설』. 공무원연금공단.
최창용. 2018. 「고령화시대 정책과제와 정책 거버넌스 평가」. 『한국거버넌스학회보』 25(1): 95-122.
최창환. 2017. 『인공지능 개요』. 아이리포.
최태현. 2018. 「참여 및 숙의제도의 대표성: 신고리 5·6호기 공론화위원회 사례를 중심으로」. 『한국행정학보』 52(4): 501-529.
통계청. 2021. 인구동향조사. 국가통계포털.
통계청. 2021. 장래인구추계. https://kosis.kr/statisticsList/
통계청. 2022. '가구주의 연령/가구유형/가구원수별 추계가구-전국', https://kosis.kr/statisticsList/statisticsListIndex.do?vwcd=MT_ZTITLE&menuId=M_01_01#content-group.
하혜영. 2007. 「공공부문 갈등해결에 미치는 영향요인 연구」. 서울대학교 박사학위논문.
한승주. 2017. 「공무원의 전문가적 책임: 일반채용과 경력채 공무원의 인식 탐색」. 『한국조직학회보』 13(4): 1-32.
한승주. 2018. 「정권교체와 관료제의 정치적 중립」. 권혁주 편저. 『성공하는 정부를 위한 국정운영: 민주적 공화주의 관점』. 박영사.
황한찬·엄석진. 2019. 「소셜미디어 활용을 통한 지방행정의 반응성 개선: 성남시의 트위터 활용 사례를 중심으로」. 『한국행정학보』 53(4): 243-273.

Aberbach, J. D. & B. A. Rockman. 1994. "Civil Servants and Policymakers: Neutral or Responsive Competence?" *Governance*, 7(4): 461-469.
Acemoglu, D. & P. Restrepo. 2019. "The wrong kind of AI? Artificial intelligence and the future of labour demand." *Cambridge Journal of Regions, Economy and Society*, 13(1): 25-35.
Adelman, I. 1997. "Social Development in Korea, 1953-1993." D. Cha, K. Kim, & D. Perkins (eds.), *The Korean Economy 1945-1995*. Seoul: Korea Development

Institute.

Ansell, C. & A. Gash. 2008. "Collaborative Governance in Theory and Practice." *Journal of Public Administration Research & Theory*, 18(4): 543-571.

Arendt, Hannah. 1958. *The Human Condition*. Chicago: University of Chicago Press.

Aristotle. 1992. *The Politics*. London: Penguin Books.

Attar, A. & A. Genus. 2014. "Framing public engagement: A critical discourse analysis of GM Nation?" *Technological Forecasting & Social Change*, 88: 241-250.

Beattie, A. 1995. "Ministerial Responsibility and the theory of British state." R. A. W. Rhodes & P. Dunleavy (eds.), *Prime Minister, Cabinet and Core Executive*. London: Macmillan Press.

Bellamy, A. J. 2011. *Global Politics and the Responsibility to Protect: From Words to Deeds*. London: Routledge.

Bellman, R. & E. S. Lee. 1979. "Decision Making, Fuzzy Set Theory and Computers." *DTIC Technical Reports*.

Berlin, I. 1969. "Two Concepts of Liberty." I. Berlin (ed.), *Four Essays on Liberty*. Oxford: Clarendon Press.

Berman, M. 2018. "Resource rents, universal basic income, and poverty among Alaska's Indigenous peoples." *World Development*, 106: 161-172.

Bourdieu, P. 2004. *Science of Science and Reflexivity*. Chicago: University of Chicago Press.

Bourgon, J. 2007. "Responsive, responsible and respected government." *International Review of Administrative Sciences*, 73(1): 7-26.

Bovens, M. 2005. "Public Accountability." E. Ferlie, L. E. Lynn Jr, & C. Pollitt (eds.), *The Oxford Handbook of Public Management*. Oxford: Oxford University Press.

Bovens, M. 2010. "Two Concepts of Accountability: Accountability as a Virtue and as a Mechanism." *West European Politics*, 33(5): 946-967.

Bovens, M. & S. Zouridis. 2002. "From Street-Level to System-Level Bureaucracies: How Information and Communication Technology Is Transforming Administrative Discretion and Constitutional Control." *Public Administration Review*, 62(2): 174-184.

Brandsman, G. J. & T. Schillemans. 2013. "The Accountability Cube: Measuring Accountability." *Journal of Public Administration Research and Theory*, 23(4): 953-975.

Brin, D. 1998. *The Transparent Society: Will Technology Force us to Choose between Privacy and Freedom?* Reading, Mass.: Addison-Wesley.

Budge, I. 1996. *The New Challenge of Direct Democracy*. Cambridge, Mass.: Polity Press.

Burke, E. 1774. "Speech to the Electors of Bristol." https://press-pubs.uchicago.edu/founders/documents/v1ch13s7.html.

Burke, J. P. & R. E. Cleary. 1989. "Reconciling Public Administration and Democracy: The Role of the Responsible Administrator." *Public Administration Review*, 49(2): 180-186.

Choi, B. S. 2014. "Managing Economic Policy and Coordination: A Saga of the Economic Planning Board." Kwon, H., & Koo, M(eds.), *The Korean Government and Public Policies in a Development Nexus*, Volume 1. Cham: Springer International Publishing.

Citizens Assembly of Electoral Reform. 2007. "One ballot, two votes: a new way to vote in Ontario, recommendation of the Ontario Citizens' Assembly on Electoral Reform." Citizens' Assembly on Electoral Reform. http://www.citizensassembly.gov.on.ca/assets/One%20Ballot,%20Two%20Votes.pdf.

Cohen, G. A. 1993. "Equality of What? on Welfare, Goods, and Capabilities." A. Sen & M. Nussbaum (eds.), *The Quality of Life*. Oxford: Oxford University Press.

Constant, B. 1818. *De la liberté des anciens comparée à celle des modernes*.

Dahl, R. 1989. *Democracy and Its Critics*. New Haven: Yale University Press.

Dahl, R. 1998. *On Democracy*. New Haven: Yale University Press.

Dahl, R. & C. E. Lindblom. 1953. *Politics, Economics, and Welfare: Planning and Politico-Economic Systems Resolved into Basic Social Processes*. New York: Harper and Brothers.

Deutch, M. 2006. "Justice and Conflict." Morton Deutsch, M. Coleman, & P. Parcus (eds.), *The Handbook of Conflict Resolution: Theory and Practice*. San Francisco: Jossey-Bass.

Devereux, S. 2016. "Is Targeting Ethical?" *Global Social Policy*, 16(2): 166-181.

Dutrey, A. P. 2007. "Successful targeting?: reporting efficiency and costs in targeted poverty alleviation programmes." Geneva: United Nations Research Institute for Social Development.

Easton, D. 1953. *The Political System: An Inquiry into the State of Political Science*. New York: Knopf.

Esping-Andersen, G. 1990. *The Three Worlds of Welfare Capitalism*. Cambridge, UK: Polity Press.

Federal Constitutional Court. 2009. "Use of voting computers in 2005 Bundestag election unconstitutional." https://www.bundesverfassungsgericht.de/SharedDocs/Pressemitteilungen/EN/2009/bvg09-019.html

Finer, H. 1941. "Administrative Responsibility in Democratic Government." *Public Administration Review*, 1(4): 335-350.

Fishkin, J. S. 2009. *When the People Speak: Deliberative democracy and public consultation*. Oxford: Oxford University Press.

Floridi, L., & J. W. Sanders. 2004. "On the Morality of Artificial Agents." *Minds and Machines*, 14(3): 349-379.

Freedom House. 2022. http://freedomhouse.org/countries/freedom-world/scores

Friedrich, C. J. 1935. "Responsible government service under the American Constitutio." W. C. Beyer, J. F. Miller, G. A. Graham, S. D. Spero, & C. J. Friedrich (eds.), *Problems of the American Public Service: Five monographs on specific aspects of personnel administration*. New York; London: McGraw-Hill.

Fukuyama, F. 2014. *Political Order and Political Decay: From the industrial revolution to the globalization of democracy*. Macmillan.

Fukuyama, F. 2015. *Political Order and Political Decay: from the industrial revolution to the globalization of democracy*. New York: Farrar, Straus and Giroux.

Fung, A. 2003. *Deepening Democracy: Institutional Innovations in Empowered Participatory Governance*. London: Verso.

Fung, A. 2015. "Putting the Public Back into Governance: The Challenges of Citizen Participation and Its Future." *Public Administration Review*, 75(4): 513-522.

Goodin, R. 2004. "Democracy, justiced and impartiality." K. Dowding, R. Goodin, & C. Pateman (eds.), *Democracy and Justice*. Cambridge: Cambridge University Press.

Goodin, R. E. 1988. *Reasons for Welfare: The Political Theory of the Welfare State*. Princeton: Princeton University Press.

Goodin, R. E. 2008. *Innovating Democracy: Democratic Theory and Practice after the Deliberative Turn*. Oxford: Oxford University Press.

Gore, A. 1995. *Common Sense Government: Works Better and Costs Less*. New York: Random House.

Gutmann, A. & D. Thompson. 1996. *Democracy and Disagreement*. Cambridge: Belnap Press.

Gutmann, A. & D. Thompson. 2004. *Why Deliberative Democracy?* Princeton: Princeton University Press.

Gutman, A. & D. F. Thompson. 1996. "The Value of Publicity." In A. Gutman & D. Thompson (eds.), *Democracy and Disagreement*. Belknap Press of Harvard University Press.

Hamati-Ataya, I. 2013. "Reflectivity and reflexivism: IR's 'reflexive turn? and beyond.'" *European Journal of International Relations*, 19(4): 669-694.

Hanlon, J., Barrientos, A., & Hulme, D. 2010. *Just Give Money to the Poor: The Development Revolution from the Global South*. Lynne Rienner Publishers.

Harsanyi, J. C. 1982. "Morality and the theory of rational behaviour." Amartya Sen and Bernard Williaams (eds.), *Utilitarianism and Beyond*. Cambridge: Cambridge University Press.

Heaton, B. 2015. "New York City Fights Fire with Data." *Government Technology*.

Hill, M. 1997. "Bureaucrats and professionals in the policy process." M. Hill (ed.), *The Policy Process in the Modern Market*. London: Prentice Hall.

Hood, C. 1976. *The Limits of Administration*. London: Wiley.

Hood, C. 1991. "A Public Management for All Seasons." *Public Administration*, 69: 3-19.

Hooijer, G. & D. King. 2021. "The Racialized Pandemic: Wave One of COVID-19 and the Reproduction of Global North Inequalities." *Perspectives on Politics*, 1-21.

Howlett, M. 2005. "What Is a Policy Instrument? Tools, Policy Mixes, and Implementation Styles." F. P. Eliadis, M. M. Hill, & M. Howlett (eds.), *Designing Government*. Montreal: Mcgill University Press.

Hulme, D. 2015. *Global Poverty: Global governance and poor people in the post-2015 era*. London: Routledge, Taylor & Francis Group.

Hulme, D. 2016. *Should Rich Nations Help the Poor?* Cambridge, UK: Cambridge University Press.

Jarvis, M. D. 2014. "The Black Box of Bureaucracy: Interrogating Accountability in the Public Service." *Australian Journal of Public Administration*, 73(4): 450-466.

Jung, Y. D. 2014. "Institutional Presidency and National Development." H. Kwon & M. Koo, *The Korean Government and Public Policies in a Development Nexus*, Volume 1. Cham: Springer International Publishing.

Kabeer, N. & S. Cook. 2010. "Introduction: Overcoming Barriers to the Extension of Social Protection: Lessons from the Asia Region." *IDS bulletin*, 41(4): 1-11.

Kahneman, D. 2011. *Thinking, fast and slow*. New York: Farrar, Straus and Giroux.

Khras, H. 2021. "The impact of COVID-19 on global exteme poverty." *Brookings*.

brookings.edu/blog/future-development/2020/10/21/

Kim, E. & J. Yoo. 2015. "Conditional Cash Transfer in the Philippines: How to Overcome Institutional Constraints for Implementing Social Protection." *Asia & the Pacific Policy Studies*, 2(1): 75-89.

Kim, S. 2011. "Bridging Troubled Worlds? An analysis of the ethical case for South Korean Aid." *Journal of International Development*, 23(6): 802-822.

King, D. S. 1987. *The New Right: Politics, markets and citizenship*. Basingstoke: Macmillan Education.

Knight, A. 1998. "Populism and Neo-populism in Latin America, especially Mexico." *Journal of Latin American Studies*, 30(2): 223-248.

Koble, N. 2019. "The Complicated Truth about China's Social Credit System." *Wired* (2020년 12월 31일 접속).

Kohli, Atul. 2004. *State-Directed Development: Political Power and Industrialization in the Global Periphery*. New York: Cambridge University Press.

Krislov, S. & D. Rosenbloom. 1981. *Representative Bureaucracy and the American Bureaucracy*. New York: Praeger.

Kwon, H. J. 1997. "Beyond European Welfare Regimes: Comparative Perspectives on East Asian Welfare Systems." *Journal of Social Policy*, 26(4): 467-484.

Kwon, H. J. 2020. "Policy Options for International Development Cooperation in the COVID Pandemic: A Global Perspective." *International Development and Cooperation Review*, 12(3): 23-29.

Kwon, H. J. & W. Kim. 2015. "The Evolution of Cash Transfers in Indonesia: Policy Transfer and National Adaptation." *Asia & the Pacific Policy Studies*, 2(2): 425-440.

Kwon, H.-J., S. Lee, & Y. E. Ha. 2022. "Policy analysis of Korea's development cooperation with sub-Saharan Africa: a focus on fragile states." *International Development Planning Review*, 44(3): 345-369.

Lancaster, Carol. 2007. *Foreign Aid: diplomacy, development, domestic politics*. Chicago: University of Chicago Press.

Lane, J. 1987. "Implementation, accountability and trust." *European Journal of Political Research*, 15(5): 527-546.

Lascoumes, P. & Le Gales, P. 2007. "Introduction: Understanding Public Policy through Its Instruments-From the Nature of Instruments to the Sociology of Public Policy Instrumentation." *Governance*, 20(1): 1-21.

Lasswell, H. D. 1951. "The Policy Orientation." D. Lerner & H. D. Lasswell (eds.),

The Policy Science: Recent Development in Scope and Methods. Stanford: Stanford University Press.

Leisering, L. 2009. "Extending Social Security to the Excluded: Are Social Cash Transfers to the Poor an Appropriate Way of Fighting Poverty in Developing Countries?" *Global Social Policy*, 9(2): 246-272.

Lerner, J. S., Y. Li, P. Valdesolo, & K. S. Kassam. 2015. "Emotion and Decision Making." *Annual Review of Psychology*, 66(1): 799-823.

Linders, S., & Peters, G. B. 1998. "The Study of Policy Instruments: Four Schools of Thoughts." G. B. Peters & F. van Nispen (eds), *Public Policy Instruments: Evaluating the Tools of Public Administration*. Cheltenham: Edward Elgar.

Lipsky, M. 1980. *Street-level Bureaucracy: Dilemmas of the individual in public services*. New York: Russell Sage Foundation.

Livingston, S. & M. Risse. 2019. "The Future Impact of Artificial Intelligence on Humans and Human Rights." *Ethics & International Affairs*, 33(2): 141-158.

Lowi, T. 1964. "American Business, Public Policy, Case Studies and Political Theory." *World Politics*, 16(4): 677-715.

Macdonald, L. & M. Durkee. 2020. "Public trust and transparency." *Centre for Data Ethics and Innovation*. Government of the United Kingdom.

MacIntyre, A. C. 1981. *After Virtue: a study in moral theory*. Notre Dame: University of Notre Dame Press.

Maihofer, W. 1990. "The ethos of the republic and the reality of politics." G. Bock, Q. Skinner, & M. Viroli (eds.), *Machiavelli and Republicanism*. Cambridge: Cambridge University Press.

Marcus, G. E., W. R. Neuman, & M. MacKuen. 2000. *Affective Intelligence and Political Judgment*. Chicago: University of Chicago Press.

Margetts, H. 1999. *Information technology in government: Britain and America*. New York: Routledge.

Marshall, T. H. 1964. *Class, Citizenship, and Social Development; Essays*. Garden City: Doubleday.

Marx, M. 1957. *The Administrative State: An Introduction to Bureaucracy*. Chicago: University of Chicago Press.

Mashaw, J. L. 1983. *Bureaucratic Justice: managing social security disability claims*. New Haven: New Haven: Yale University Press.

McGregor, L. 2019. "Accountability for Governance Choices in Artificial Intelligence:

Afterword to Eyal Benvenisti's Forward." *The European Journal of International Law*, 29(4): 1079-1085.

McLean, S. 2006. *First Do No Harm: Law, Ethics and Healthcare*. Aldershot: Ashgate.

Mehr, H. 2017. "Artificial Intelligence for Citizen Services and Government." *Harvard Ash Center for Democratic Governance and Innovation*. Harvard Kennedy School.

Merton, R. K. 1940. "Bureaucratic Structure and Personality." *Social Forces*, 18(4): 560-568.

Midgley, J. 2014. *Social Development: Theory and Practice*. London: Sage.

Mill, J. 2012[1859]. *On Liberty*. London: Start Publishing.

Mill, J. S. 1995[1895]. *On liberty and other essays*. Oxford; New York: Oxford University Press.

Miller, D. 2004. "Justice, democracy and public goods." K. Dowding, R. E. Goodwin, & C. Pateman (eds.), *Justice and Democracy*. Cambridge: Cambridge University Press.

Mkandawire, T. 2005. "Targeting and Universalism in Poverty Reduction." Geneva: United Nations Research Institute for Social Development.

Montesquieu. 2015[1748]. *De l'esprit des Lois*. Cork: Ligaran Editions.

Morgenthau, H. 1962. "A Political Theory of Foreign Aid." *The American Political Science Review*, 56(2): 301-309.

Morsink, J. 1999. *The Universal Declaration of Human Rights: origins, drafting, and intent*. Philadelphia: University of Pennsylvania Press.

Moyo, D. 2008. *Dead aid: why aid is not working and how there is another way for Africa*. London: Allen Lane.

Mulhall, S. & Adam Swift. 1996. *Liberals and Communitarians*. Cambridge, Mass.: Blackwell.

Murray, C. A. 1984. *Losing Ground: American social policy, 1950-1980*. New York: Basic Books.

Murray, C. A. 2006. *In Our Hands: A plan to replace the welfare state*. Washington, D.C.: AEI Press.

Müller, W. C. & V. Wright. 1994. "Reshaping the State in Western Europe: The Limits to Retreast." *West European Politics*, 17(3): 1-11.

Nagel, T. 2005. "The Problem of Global Justice." *Philosophy & Public Affairs*, 33(2), 113-147.

Neff, B. 2018. *Artificial Intelligence, Government Employment and Productivity: Implications for Canadian Federal Government Employment and Costs From AI-augmented*

Services Implementation. University of Calgary, Calgary, AB.

Nozick, R. 1974. *Anarchy, State, and Utopia*. New York: Basic Books.

Nussbaum, M. 1993. "Non-Relative Virtues: An Aristotelian Approach." A. Sen & M. Nussbaum (eds.), *The Quality of Life*. Oxford: Oxford University Press.

OECD. 2008. *Development Co-operation of the Republic of Korea: DAC Special Review*. Paris: OECD.

OECD. 2018. *OECD Development Co-operation Peer Reviews: Korea 2018*. Paris: OECD.

OECD. 2020. OECD Economic Outlook. oecd.org/economic-outlook/

OECD. 2021. *Pensions at a Glance 2021: OECD and G20 indicators*. Paris: OECD.

O'Neill, O. 2013. "Intelligent accountability in education." *Oxford Review of Education*, 39(1): 4-16.

Ostrom, E. 1990. *Governing the commons: the evolution of institutions for collective action*. New York: Cambridge University Press.

Parker, R. 2007. "Networked Governance or Just Network? Local Governance of the Knowledge Economy in Limerick (Ireland) and Karlskrona (Sweden)." *Political Studies*, 55(1): 113-132.

Pearse, H. & M. Warren. 2008. *Designing Deliberative Democracy: The British Columbia Citizens' Assembly. Cambridge*. UK: Cambridge University Press.

Peters, B. G. 2014. "Accountability in Public Administration." M. Bovens, T. Schillemans, & R. E. Goodin, *The Oxford Handbook of Public Accountability*, Vol. 1 . Oxford University Press.

Peters, B. G. 2018. *The Politics of Bureaucracy: An Introduction to Comparative Public Administration*. Florence: Routledge.

Pettit, P. 1993. *Consequentialism*. Brookfield: Dartmouth.

Pettit, P. 1999. "Non-domination as a political ideal." P. Pettit (ed.), *Republicanism: A Theory of Freedom and Government*. Oxford: Oxford University Press.

Pierre, J. 2000. "Democracy and Governance." J. Pierre (ed.), *Debating Governance*. Oxford: Oxford University Press.

Pierson, P. 1994a. "Interest, institutions, and policy feedback." P. Pierson (ed.), *Dismantling the Welfare State? Reagan, Thatcher, and the Politics of Retrenchment*. Cambridge: Cambridge University Press.

Pierson, P. 1994b. "The Logic of retrenchment." P. Pierson (ed.), *Dismantling the Welfare State? Reagan, Thatcher, and the Politics of Retrenchment*. Cambridge: Cambridge

University Press.

Plato. 2007. *Republic.* Oxford: Aris & Phillips.

Pogge, T. W. M. 2008. *World Poverty and Human Rights: Cosmopolitan Responsibilities and Reforms.* Cambridge Malden, MA: Polity.

Poulantzas, N. 1968. *Pouvoir Politique et Classes Sociales.* Paris: F. Maspero.

Quality of Government Institute. 2022. https://www.gu.se/en/quality-government

Raider, E., S. Coleman, & Gerson Janet. 2000. "Teaching Conflict Resolution Skills in a Workshop." Deutsch, M. & Coleman, P. T. (eds.), *The Handbook of Conflict Resolution: Theory and Practice.* San Francisco, CA: Jossey-Bass/wiley.

Rawls, J. 1971. *A Theory of Justice.* Cambridge, Mass.,: Belknap Press of Harvard University Press.

Rawls, J. 1982. "Social unity and primary goods." A. Sen & B. Williams (eds.), *Utilitarianism and Beyond.* Cambridge: Cambridge University Press.

Rawls, J. 1993. *Political liberalism.* New York: Columbia University Press.

Ringen, S. 1997. *Citizens, Families and Reform.* Oxford University Press.

Ringen, S. 2007. "What Should Welfare States do?" *What Democracy Is For?* Oxford: Princeton University Press.

Romzek, B. & M. Dubnick. 1987. "Accountability in the Public Sector: Lessons from the Challenger Tragedy." *Public Administration Review,* 47 (3): 227-238.

Rothstein, B. 1998. *Just Institutions Matter.* Cambridge: Cambridge University Press.

Rousseau, J.-J., S. Dunn, & G. May. 2002[1762]. *The Social Contract and The First and Second Discourses.* New Haven: Yale University Press.

Ryan, A. 2012. *On Aristotle: Saving Politics from Philosophy.* New York: Liveright.

Ryan, A. 2012. *On Politics: A History of Political Thought from Herodotus to the Present.* New York: W. W. Norton & Company.

Salamon, L. M. 2002. *The Tools of Government: A Guide to the New Governance.* Oxford: Oxford University Press.

Salter, B. 1998. "Citizenship and the Politics of Welfare: The Case of the NHS." *Public Policy and Administration,* 13(3): 38-55.

Sandel, M. J. 1982. *Liberalism and the Limits of Justice.* Cambridge: Cambridge University Press.

Sen, A. 1993. "Capability and Well-Being." A. Sen & M. C. Nussbaum (eds.), *The Quality of Life.* Oxford: Oxford University Press.

Sen, A. 1999. *Development as Freedom.* New York: Alfred A. Knopf.

Simon, H. 1957. *Models of Man: Social and Rational*. New York: Wiley.

Singer, P. 1972. "Famine, Affluence, and Morality." *Philosophy & Public Affairs*, 1(3): 229-243.

Skinner, Q. 1990. "The Republican ideal of political liberty," G. Bock, Q. Skinner, & M. Viroli (eds.), *Machiavelli and Republicanism*. Cambridge: Cambridge University Press.

Skinner, Q. 1998. *Liberty before Liberalism*. Cambridge: Cambridge University Press.

Skocpol, T. 1991. "Targeting within universalism: Politically viable policies to combat poverty in the United States." J. Chistopher & P. Peterson (eds.), *The Urban Underclass*. Washington D.C.: Brookings Institution.

Smith, G. 2009. *Democratic Innovations: Designing Institutions for Citizen Participation*. Cambridge University Press.

Stallings, B. 2017. *Promoting Development: The Political Economy of East Asian Foreign Aid*. Singapore: Springer Singapore.

Stilz, A. 2009. *Liberal Loyalty: Freedom, Obligation, and the State*. Princeton: Princeton University Press.

Sunstein, C. R. 2018. *Polarization*. Princeton: Princeton University Press.

Svara, J. H. 2001. "The Myth of the Dichotomy: Complementarity of Politics and Administration in the Past and Future of Public Administration." *Public Administration Review*, 61: 176-183.

Taylor, C. 2007. *The Malaises of Modernity*. Cambridge: Harvard University Press.

Tegmark, M. 2017. *Life 3.0: being human in the age of artificial intelligence*. New York: Vintage Books.

Thelen, K. 2004. *How Institutions Evolve: The political Economy of Skills in Germany, Britain, the United States, and Japan*. Cambridge: Cambridge University Press.

United Nations. 2015. *The Millennium Development Goals Report*. New York: United Nations.

van Parijs, P. 1995. *Real Freedom for All: What (if Anything) Can Justify Capitalism?* Oxford: Clarendon Press.

van Parijs, P. 2013. "The Universal Basic Income: Why Utopian Thinking Matters, and How Sociologists Can Contribute to It." *Politics & Society*, 41(2): 171-182.

Waltz, K. N. 1979. *Theory of International Politics*. Boston, Mass.: Boston, Mass.: McGraw-Hill.

WHO. 2021. WHO Coronavirus (COVID-19) Dashboard. https://covid19.who.int/

(2021년 7월 31일 접속).

World Nuclear News. 2018. "Swedish repository gets positive regulatory response." *world Nuclear News*. 23 Janyary 2018. world-nuclear-news.org/WR-Swedish-repository-gets-positive-regulatory-response-2301184.html

찾아보기